袁坦中 著

叙述的定罪论

A Narrative Theory of Conviction

法律出版社
LAW PRESS · CHINA
北京

图书在版编目(CIP)数据

叙述的定罪论 / 袁坦中著. -- 北京 : 法律出版社, 2023

ISBN 978 - 7 - 5197 - 8311 - 2

Ⅰ. ①叙… Ⅱ. ①袁… Ⅲ. ①定罪—研究 Ⅳ. ①D914.04

中国国家版本馆 CIP 数据核字(2023)第 169712 号

叙述的定罪论
XUSHU DE DINGZUILUN

袁坦中 著

责任编辑 孙 慧 韩超群
装帧设计 李 瞻

出版发行 法律出版社
编辑统筹 司法实务出版分社
责任校对 李慧艳
责任印制 胡晓雅
经　　销 新华书店

开本 A5
印张 8.75　**字数** 228 千
版本 2023 年 11 月第 1 版
印次 2023 年 11 月第 1 次印刷
印刷 北京虎彩文化传播有限公司

地址:北京市丰台区莲花池西里 7 号(100073)
网址:www.lawpress.com.cn
投稿邮箱:info@lawpress.com.cn
举报盗版邮箱:jbwq@lawpress.com.cn

销售电话:010 - 83938349
客服电话:010 - 83938350
咨询电话:010 - 63939796

书号:ISBN 978 - 7 - 5197 - 8311 - 2　**定价**:58.00 元

凡购买本社图书,如有印装错误,我社负责退换。电话:010 - 83938349

导 言

刑法学底层的思考方式构成了刑法学范式,他塑造着刑法学的基本面貌。平时各种具体的体系或者观念,不管怎样“桀骜不驯”,其实都在同一个范式内活动,就像孙悟空跳不出如来神掌一样。法学大师考夫曼在《类推与“事物本质”——兼论类型理论》第二章提出,法律的现实化过程可以分为三个阶段或者三个阶层,第一阶段是作为法律理念的法律原则;第二阶段是作为法律规范的制定法;第三阶段是作为具体法的法律判决。划分了三个阶段(阶层)之后,考夫曼集中探讨具体的法,即法律判决是怎样形成的,他认为是以类推的方式在法律规范与现实生活进行互动的过程中形成的。考夫曼的问题与回答意味着刑法学的范式转型,也构成了本书思考的起点。

但是考夫曼的转型只是初步的,就他关于事实与规范的关系,关于法律适用的方式,很多方面跟概念法学藕断丝连;他的新展开也有空想和错漏粗疏,需要在批判中完善。通过对他的范式进行批判地吸收而推陈出新,这也是本书的主旨所在。本书将刑法实现的最后一个阶段称为三阶刑法;认为三阶刑法是二阶刑法(刑法规范或者书面刑法)的适用或者实现。换句话说,三阶刑法其实就是对二阶刑法的解释;就过程而言,三阶刑法其实就是刑事诉讼法,其中既有形成判决的程序,又有依程序作出的判决,但考夫曼无视了三阶刑法的程序侧面,认为只有作为结论的部分才是三阶刑法;就方式而言,三阶刑法解释二阶刑法的方式是叙述,而不是考夫曼主张的类推。在公诉案件定罪论的范围内,叙述的三阶刑法可以表述为这样一个命题:公诉机关指控的被告人违反刑法罪状之事,当其是以证据为依据,以司法罪状为原型,而得到被告人在辩证的诉讼程序中的有效承认时,法院即应确认为犯罪事实。

我国的刑事法学范式,大体上属于一种接近概念法学的前考夫曼范式,把刑法(书面刑法)和刑事诉讼法当作主法和助法,彼此外在,就像张飞和岳飞那样,而不是作为生命有机体的刑法的不同发展阶段。现行刑事法学范式认为刑法适用的过程是三段论,作为大前提的是犯罪构成(有构成要件论和阶层论的争议),由刑法学探讨;作为小前提的是外在于构成要件的裸的案件事实,由刑事诉讼法探讨,没有证据、没有法律规定、没有人加以认识,这样的案件事实也自在存在;定罪正确与否,取决于判决书的事实认定是否反映了自在的案件事实,解释犯罪构成是否反映了纸面刑法的本来意思,而不取决于正当程序。

这种前考夫曼范式,对于人们感到困惑的一些问题组成的群落,至少在形式上给了一个体系化的回答,为进一步的探讨提供了出发点。但是这个范式与其说澄清了困惑,不如说带来了更多的困惑,如果刑法是以三段论的方式适用的,那荀子的“有法者以法举,无法者以类行”是错的吗,没有引入三段论的法域不会判案吗?事实和法律是彼此外在的吗?如果彼此外在,没学过法律的人怎么知道武松打虎在今天是一件犯罪的事?如果没有证据也有犯罪,那是不是要开发出一套无证据定罪的审判体系来?如果不需要取得正当程序中被告人的承认,法官或者其他有权人员认为被告人有罪就有罪,无罪就无罪,那还有法律吗?诸如此类。每一个没有完全麻木的心灵,自然会涌现出这样的困惑。

不要压制这样的困惑,不要害怕不合群,诚实面对,让他们呈现出来吧!尽管让他们如其所是呈现出来不仅取决于意愿,更取决于我们的理解能力!在这方面,热爱真理之士,孜孜以求,不倦探索,提出了很多的新观点,看一看刑法学界的犯罪论体系,听一听刑诉法学界的证明标准学说,琳琅满目,让人兴奋!尽管这些洋溢着智慧的观点学说让笔者受益,不过笔者认为,有些问题需要放在范式转型的层次登高望远,才能看得真切,不然,如果构成思考框架的范式有缺陷甚至不成立,那么怎么期待各种具体困惑的深层次澄清呢——毕竟烙饼大不过烙它的锅!在这样的背景下,为了回答心中的困惑,本书针对我国的前考夫曼范式,以批判吸收考夫曼范式的方式,提出了叙述的定罪论,意在探寻实用的刑法学范式,实现刑法学的范式更新。

范式的根系四通八达,一旦生长出新的范式,刑事法学所有的基本概念都会呈现新的面貌。犯罪事实不再是自在的,而是四位一体的存在论犯罪事实,证据观也成为传来事实中作为依据的那一些亲历实情,司法罪状不再以犯罪构成论的方式预定,而是在叙述案件事实中显现,属于存在论解释学的范畴。刑事诉讼法就是三阶刑法,两者异名而同谓;正当定罪程序是一种审查式程序,在这种程序下取得被告人承认,指控之事才能成长为犯罪事实。在这些基本概念以下,成百上千的其他概念,在"似曾相识燕归来"之际,会不会惊叹换了人间!

以上铺陈,作为导言。

目 录

第一章 叙述的定罪论导论 1

一、定罪论 1

二、叙述的定罪论 2

（一）叙述的定罪论概述 2

（二）叙述者的视角 3

（三）叙述的阶段 3

（四）自发的叙述定罪观需要升华 10

三、三段论的定罪观不能成立 18

（一）三段论的定罪观 18

（二）三段论的定罪观不能成立的理由 20

四、等置论的定罪观不能成立 28

（一）等置论 28

（二）等置论的定罪观不能成立的理由 30

五、走在叙述定罪论的道路上 51

第二章 叙述的犯罪事实观导论 56

一、四位一体的叙述的犯罪事实观 56

（一）四位一体的叙述的犯罪事实观的所指 56

（二）犯罪事实是叙述中存在的犯罪行为 57

（三）四位一体的犯罪事实叙述 60
二、脱叙述的自在的犯罪事实观意义不明 62
（一）脱叙述的自在犯罪事实观 62
（二）自在的犯罪事实观混淆了叙述事实和描述客体 63
（三）自在的犯罪事实观是叙述的自我遗忘性所致的假象 66
（四）自在的犯罪事实观误以为叙述是没有存在论根基的游戏 68
三、脱犯罪行为的犯罪事实叙述观不能成立 69
（一）建构的犯罪事实观 69
（二）自在的犯罪事实观 70
（三）认识论的犯罪事实观 72
（四）脱犯罪行为的犯罪事实叙述观不能成立的理由 72

第三章 叙述的定罪证据观导论 80
一、叙述的定罪证据观 80
二、定罪证据是使指控之事成为案件事实的内在依据 81
（一）定罪证据是使指控之事属实的依据 81
（二）依据性与关联性 82
（三）二元论的关联性不能成立 83
（四）证明力的术语应当由依据性替代 89
三、定罪证据是亲历者讲述的真实情况 90
（一）亲历性的所指 90
（二）亲历性与证据结构 92
（三）定罪证据的真实性 94
四、定罪证据必须取得被告人在正当程序保障下的承认 96
（一）承认事项是证据材料是否可以作为依据的亲历实情 96
（二）承认方式是被告人质证无疑 98

第四章　阐释的司法罪状导论　99
一、阐释的司法罪状　99
（一）阐释的司法罪状概述　99
（二）司法罪状是作为叙述原型的典型事例　100
（三）司法罪状是具体化为个案罪状的立法罪状　106
（四）司法罪状是视域融合意义上的司法罪状　108
（五）司法罪状是在协同式法律审程序中获得各方一致认可的司法罪状　110
（六）蕴含的司法罪状　116
（七）明述罪状　121
二、犯罪构成论的否定　134
（一）犯罪构成论是司法罪状的抽象退化形态　134
（二）司法罪状不可定义为犯罪构成　136
（三）司法罪状并非以三段论方式适用　145
（四）犯罪构成论的合理成分应当为司法罪状论所吸收　147
三、立法解释观的革新　148
（一）法律解释、立法解释和审判解释　148
（二）立法机关解释　156
（三）作为准立法解释的司法解释　162
四、审判解释观的改造　167
（一）刑法的审判解释观概述　167
（二）法律适用论批判　172
（三）法律意义观批判　178
（四）法律方法论批判　194

第五章　叙述的正当程序观导论　212
一、正当定罪程序的含义　212
（一）正当定罪程序是以获得承认为目的的司法程序　212

（二）正当定罪程序是行使交往性追诉权力的程序 221
（三）正当定罪程序是使二阶刑法成长为三阶刑法的纯粹程序 222
（四）正当定罪程序是兼顾其他价值的正当法律程序 231
（五）正当定罪程序的含义 235
二、审查式正当定罪程序 237
（一）纠问式定罪程序——以秦制为例 237
（二）审判决断式定罪程序 243
（三）审查式正当定罪程序 250
三、我国建立审查式程序的展望 260
（一）现行的以混合式程序为基础的多元程序 260
（二）建立我国的审查式程序 266

后 记 271

候,犯罪事实从一个角度来说是证据事实,从另一个角度来说是法律事实,但这并不意味着实际上犯罪事实是由一个传来事实加上一个法律事实组成,这里没有两个事实,只有一个事实。就如同一张纸,我们说它既有正面又有反面,但是不能说存在只有正面的纸,或者存在只有反面的纸,或者说只有正面的纸加上只有反面的纸合起来就成为一张完整的纸。也就是说,事实问题和法律问题两者的区分,出现在论证当中,是反思性的区分,是以论证犯罪事实是否成立为前提的,在这样的前提下,需要用是否有证据来回答的问题,属于事实问题;需要用是否有相应的罪状规定作为依据来回答的问题,属于法律问题;两者都涉及的,既是事实问题又是法律问题。实务当中人们往往需要警惕这样的倾向,即脱离论证的前提,以为不是反思中才存在的问题,而是自始即存在两分的问题。

第三阶段是达成共识。孔子编《春秋》,旨在寓褒贬、明是非,使乱臣贼子惧,因而只选择诸侯之间的朝聘、会盟、征战等事项。司马迁作《史记》,也是以"六艺"为标准定取舍的。历史学家的立场会影响他的叙述,同样一件事情,在不同历史学家的笔下甚至可能呈现出截然相反的面貌,这与他们的意识形态立场有关。犯罪事实叙述中,不同的参与者也有不同的立场,但是定罪活动不是历史学家那样的独白式的叙述,因为惩罚被告人必须取得他的承认,否则不具有正当性。因此犯罪事实叙述要求各参与主体首先必须本着追究真相的兴趣参与其中,这是第一位的。下面以非亲历者叙述为例具体说明。

非亲历者所叙述的犯罪之事,应当以证据为依据并以罪状为原型,否则不能转化为犯罪事实。但是何以见得相关的论证兑现了以证据为依据以司法罪状为原型的要求呢?这里没有进一步的根据可以遵循,只能在对话中展开。毕竟,赵高指鹿为马是对还是错,没有人会去问立于朝堂的那个动物,而是要问立于朝堂上的群臣。在这个对话过程中,对于证据进行质证,达到无可置疑的状态的,那么传来事实即告成立;对于罪状进行解释和论证,就此达成共识的,那么犯罪事实即告成立。

对话的参与者是哪些人呢？追诉者自然是一方，需要注意的是，被告人也是必不可少的参与者。因为叙述的目的就是要对被告人进行刑罚，惩罚被告人自然需要取得其同意，如果不需要取得其同意，那和杀鸡杀鸭有什么区别呢？可以说，既然被告人是我们的同类，与追诉者一样具有平等人格，那么施罚于他就应当取得他的同意，确认指控之事是否构成犯罪事实就应当取得他的同意，没有取得他的同意，对他施加刑罚意义上的犯罪事实就不存在。换句话说，犯罪事实总是由“我们”叙述而成的犯罪事实，这个“我们”共同体中，被告人是不可或缺的参加者，追诉者叙述指控之事并声称是以证据为依据、以罪状为原型，就是说给被告人听的，如果没有取得被告人的承认，那么就不是“我们”共同体中的犯罪事实，对被告人没有约束力，就像要约没有经过承诺就不成立为合同一样。

不过，是否只要被告人承认了，追诉者叙述的犯罪事实就成立了呢？也不是。我们可以继续类比合同的成立和合同的效力，合同成立并不见得合同就是有效的，已经成立的合同可能是有效的，也可能是无效的，还可能是效力待定的。类似地，取得被告人承认的方式多种多样，如威胁、拷问、欺骗、利诱或者哀求等，都是可用的手段，这些手段都是不正当的，由此取得的承认是无效的承认，遵循对话理性基于更佳论据的力量而使人不得不承认的，才是有效的承认。哈贝马斯认为：“交往结构必须排除一切强制（无论是外在对沟通过程的强制，还是沟通过程自身内部自发形成的强制）——当然，追求更好论据的强制不包括在内。”[1]也就是说，讲道理，服从理性，基于对更佳论据理性力量的接受而承认指控，这样的承认才是有效承认。为了保障承认的成立及其有效性，我们需要建立一套程序，这套程序一般

〔1〕［德］尤尔根·哈贝马斯：《交往行为理论——行为合理性与社会合理化》（第1卷），曹卫东译，上海人民出版社2004年版，第25页。

称为正当程序——特指辩证的诉讼化司法程序，本书第五章将具体探讨。研究这套程序的学说，就是正当程序论。

我们已经提到了叙述的事质论、事实论和正当程序论，将这些结合起来，泛泛来说，刑法适用就是将刑法适用于案件当中，认定被告人是否犯有刑法规定的罪状的活动，为了回答被告人是否犯有刑法规定的罪状的问题，追诉者需要叙述一个被告人犯有刑法某某罪状的事情，如果这个事情以证据为依据，以司法罪状为原型，其正确性得到了被告方在审查式定罪程序保障下的承认，即有效成立为犯罪事实。在我国刑事公诉中，也可以表述为：人民检察院关于被告人犯有刑法罪状的指控，当其是以证据为依据并以司法罪状为原型，正确性得到被告人在正当程序（辩证的诉讼化司法程序）保障下的承认时，人民法院应即认定存在应予追究的犯罪事实。这样的法律适用，具有“一体、两面、三环节、四要素”的特征。“一体”是指被告人犯有刑法规定的罪状或者不犯有刑法规定的罪状，该事项需要通过叙述在案件中具体化。“两面”是指被告人犯有刑法规定的罪状或者不犯有刑法规定的罪状之事具有意义和指称两个侧面，一方面叙述出案件事实作为其指称，另一方面阐释出司法罪状作为其意义。“三环节”中，第一个环节是前叙述环节，解释者基于追诉的目的将立法罪状和证据等纳入视野，形成被告人犯有刑法规定的某某罪状的预断、假设；第二个环节是指阐释环节，叙述案件事实和阐释司法罪状，循环进行，形成明确的犯罪之事；第三个环节是反思与论证环节，反思分为事实论和事质论两个维度，事实论反思所叙之事作为传来事实是否成立，以及是否由证据作为依据，事质论反思所叙之事作为法律事实是否成立，以及所阐释的司法罪状是否正确。以上任一方面有争议都需要展开论证，并根据论证结果对叙述之事进行修正。“四要素”是指刑法适用涉及诉讼主体、证据、司法罪状和犯罪事实四个要素，之间相互联系、相互影响、相互作用，缺一不可。

(四)自发的叙述定罪观需要升华

1. 人民检察院自发的叙述定罪活动

虽然叙述的定罪过程尚未被我国实务和理论界自觉意识到,但是实务中人们会自发按照这样的逻辑进行叙述,不过这样的自发逻辑很难坚持到底。下面以人民检察院为例来说明。

在我国刑事公诉案件中,进行追诉的是人民检察院,定罪的主体是人民法院,所指向的对象是人民检察院起诉书的指控,亦即人民检察院关于被告人犯有刑法分则规定的罪状的指控;因此刑事公诉程序中的定罪,就是指人民法院确定被告人是否犯有人民检察院所指控的刑法规定的罪状的活动。

人民检察院叙述犯罪之事,实际上是为了确定被告人是否犯有刑法分则规定的罪状,而将刑法规定的罪状具体化于案件之中。为了回答这样的问题,人民检察院以司法罪状为原型来对证据加以组织,将其转化成为犯罪事实。具体来说,这样的叙述往往经历了三个阶段:先行猜测、情节编排以及论证解释、事实定型。

叙述的第一阶段是先行猜测。例如,人们面对一叠伪造的百元大钞,一把沾满血迹的匕首,立即就会直觉到它们意味着某某犯罪,如伪造货币的犯罪,伤害的犯罪。在生活中,只有先假定某地有矿藏,然后人们才会去开采,开采的结果或者是有矿,从而验证了当初的假设是正确的;或者是无矿,从而验证当初的假设是错误的,但是如果没有当初的假设,就没有开采的行动,更没有什么对错可言,可见假设(设证)是人们行动的先导。同样,在叙述犯罪事实时,人们只有先对什么事件意味着什么犯罪事实作出先行假定,才会有以后的情节编排和定型事实等行动,因而先行猜测是叙述犯罪事实过程中的第一步骤。叙述犯罪事实的第二个阶段是情节编排和论证解释。在对犯罪事实的主题作出先行猜测后,叙述者接着会问自己对犯罪事实所作的猜测是对还是错,于是叙述犯罪事实进入了情节编排阶段。一方面,叙述者根据刑法规定的罪状要素挑选证据,将相关的事实选择进来。另一方面,叙述者也会根据证据调整先行猜测的罪状,淘汰不能由证据事实支持的那些罪名,以新的适宜的罪名取而代之。叙述者在这种活动中受到两种相互冲突的力量挟裹,倍感痛苦,而又欲罢不能,于是进行澄清,加以论证。但这种痛苦并非永无止境,忽有一时,他欣喜若狂地发现,这些原本冲突的力量在刹那之间安定了下来,变得能够和谐共处了,于是叙述犯罪事实进入了收获的阶段,即事实定型的阶段。于是,在行云流水般的道说中,流淌出了一个司法罪状和证据相互适应、和谐统一的犯罪事实,那个缘定直觉的先行猜测,至此得到实现。

人民检察院怎么进行异想天开的叙述,可以把这件事情当作文学创作,在法律上没有意义。无论人民检察院阐释之事如何与众不同,法律上具有意义的、应当关注的只有:它是否能够有效证成? 人民检察院自认为犯罪事实成立的,也只能当作一种主张,还需要在诉讼中接受被告方的检验和人民法院的确认,否则不能转化为对被告人也有约束力的犯罪事实。为此,人民检察院指控的犯罪之事应当附有证据和罪状,论证其是有证据支持的“传来事实”和以罪状为原型的“法律事实”,只有以证据为依据和司法罪状为原型而形成的事实,才有资格称为犯罪事实。如果不是以证据为依据的,或者不是以司法罪状为原型的,就不能称为犯罪事实。为此,起诉书上写明了所指控的犯罪之事之后,接着还要写明以上事实有以下证据作为依据,足以认定,以及认定上述事实为犯罪事实系依据《刑法》某某条款之规定。这些都是在履行论证责任——包括举证责任和法律论证责任。

2. 叙述结构的升华

自发叙述的定罪论,对于叙述结构缺乏反思,容易误解叙述的法律适用的性质。针对这样的情况,我们可以将“叙述犯罪事实”自觉表达为通过“一体两面三环节四要素”的方式展开的。这在前文已经有所说明,不过还存在一些需要进一步理解的地方,说明如下。

(1)立法罪状和刑法适用的关系

立法罪状是解释对象,“一体两面三环节四要素”则是对它的解释。立法罪状大致无外,“一体两面四要素”都是它的具体化,犹如它的身躯四肢一样。但人们总是忘记这样的整体与部分的关系,提出了法律和事实的二分,甚至以此作为法律适用方法论的不言而喻的预设。然而,一方面,立法罪状是刑法规定的典型事例,而不是与事例无关的纯粹规范;另一方面,叙述的案件事实并非外在于立法罪状,而是立法罪状的具体化,它使立法罪状在适用中获得指称与意义。另外,就像身体哪个部位发生变化,身体也就随之变化了一样,“四要素”对于“一体”当然也有反作用,“四要素”发生了变化,“一体”也需要跟着调整,以新的姿态出现。例如,关于证据要素,保障相关人员正当权利与适用刑法之间并不总是一致的,可能需要权衡,如果承认一些免证特权,则刑法适用应当受到某种限制。又如,在犯罪嫌疑人、被告人被羁押的案件中,程序应当及时终结,不得久押不决,被告人享有受无罪推定保护的权利,这些都会使立法罪状呈现新的姿态。

(2)对“两面”的误解

关于“两面”的误解如下:

首先,传统方法论的刑法解释学只讲意义不顾指称,认为刑法解释是对刑法文本意义的理解与说明,等置者的刑法解释学也是如此,认为刑法解释的目的是获得个案规范。这些观点遗忘了利科揭示的意义与指称的辩证法:刑法解释除了阐释意义外,还有获得指称的一面,叙述案件事实也属于刑法解释。加达默尔指出,理解、解释和应用是解释学的三个要素。笔者认为加达默尔的意思在此是说,理解立法罪状,一方面是事实解释,即将其应用于案件中获得明确事实作为指称;另一方面是法律阐释,即为了回答案件提出的问题而将其发展为司法罪状。两个方面都是正确的,才能说理解了立法罪状——哪怕解释司法罪状是正确的,如果叙述案件事实出错了,也属于对立法罪状的错误解释。

其次，对于案件事实和司法罪状（传统刑法学称为犯罪构成）的关系，三段论的观点认为两者彼此外在，等值论的观点认为两者需要通过一个第三方进行比较才能连接起来。这其实是一种误解。含义和指称是立法罪状的含义和指称，两者的联系是无中介的内在联系，不是外在联系，也不需要第三方作为中介。这一点后文将具体说明。

最后，我国法学研究和司法实务中，通说以为可以把案件事实和法律解释对立起来，先查明裸的案件事实，然后再对其适用法律。这样的理解无疑是不能成立的。

(3)“三环节”的进一步解释

关于“三环节”，进一步解释四点如下：

首先，任何叙述都建立在前叙述的默认背景之下，这样的默认背景构成了叙述者之间进行交涉的生活世界。如果没有这样的共同生活世界作为背景，任何叙述都无法进行，也无法交流。如果生活世界变了，叙述也会作出相应的调整，并没有脱离生活世界的永恒不变的叙述真理。

其次，《刑事诉讼法》第200条规定：案件事实清楚，证据确实、充分，依据法律认定被告人有罪的，应当作出有罪判决。该规定如果结合叙述与叙述之后的反思和论证两个环节进行解释，应当解读为“总分总”结构。案件事实叙述清楚是第一个“总”的要求。“分”的要求有两个：一个是作为传来事实应当以证据为依据，亦即证据确实、充分；另一个是作为法律事实应当以司法罪状为准绳，这两个要求并行不悖，都是在反思和论证中才有的。最后一个“总”的要求是，这三点都符合要求，则人民法院应当认定被告人有罪。但是在立法上仍然有值得斟酌的地方。一方面，叙述案件情况时，所指控之事是否成立为事实还不确定，还要看其是否系以证据为依据，以司法罪状为原型而获得被告方承认。因此，笔者认为“案件事实清楚”的表述可以修改为“指控之事清楚”，或者“认定之事清楚”。另一方面，“依据法律认定”的表述值得商榷,因为其实是根据司法罪状叙述,而不是直接根据刑法文本上的立法罪状叙述案件事实。作为刑法文本的立法罪状作为“一体”,已经通过意义和指称的成长,具体化到作为准绳的司法罪状和证据确实、充分的事实之中。

再次,《刑事诉讼法》第200条还规定“依据法律认定被告人无罪的,应当作出无罪判决”。对于该规定应当注意三点:第一,这里讲的“依据法律”,是指“依据刑法”。依据刑法认定被告人无罪,是指将刑法具体化之后,被告人或者事实上无罪,或者法律上无罪;前者没有作为传来事实依据的证据,后者没有作为原型的司法罪状。不要看到“依据刑法”,就以为这只是属于事质论的法律上无罪。第二,缺乏证据的事实上无罪,包括没有任何证据怀疑有罪,也包括有证据怀疑其有罪但不足以使该怀疑转化为事实的情形,后者是基于无罪推定原则而拟制的无罪。按照该条规定,对拟制的无罪,判决书上的措辞为“证据不足、指控的犯罪不能成立的无罪判决”,以区别于前一种事实上无罪。对于没有任何证据怀疑有罪,《刑事诉讼法司法解释》第295条第1款第3项表述为案件事实清楚,证据确实、充分,依据法律认定被告人无罪。该表述似乎欠妥,因为无罪不需要证明,有罪才需要证明。第三,根据《刑事诉讼法司法解释》第295条第1款第6项和第7项的规定,对于由于主体不适格而不认定为有罪的,判决书类型为“被告人不负刑事责任”。笔者认为,这样的判决书类型可以更为精确地表达为“被告人没有刑事责任能力”。

最后,叙述犯罪之事之后,应当就叙述的正确性进行反思,反思无疑的才能确定所作叙述成立为犯罪事实。反思包括事实论和事质论两个方面,反思是否有证据作为依据的属于事实论,反思用作原型的司法罪状是否正确的属于实质论,前者又称为事实问题,后者又称为法律问题。《刑事诉讼法》第236条规定:第二审人民法院对不服第一审判决的上诉、抗诉案件,经过审理后,原判决认定事实没有错误,但适用法律有错误,或者量刑不当的,应当改判;原判决事实不清楚或者证据不足的，既可以在查清事实后改判；也可以裁定撤销原判，发回原审人民法院重新审判。该条规定明确区分了事实问题和法律问题，但是需要注意，该条所讲的事实问题和法律问题，是在反思中才出现的。在反思中，凡需要用证据来回答的问题就是事实问题，凡需要通过阐释司法罪状来回答的问题就属于法律问题，两个方面都有疑问的既是事实问题又是法律问题。我国刑事法学界通说观点认为，事实问题就是所叙述的案件事实是否有证据支持的问题，法律问题就是对于这个案件事实如何适用法律的问题。这样的理解是不能成立的，因为人们叙述的案件事实是"大全"，既是传来事实又是法律事实，既属于是否有证据作为依据的事实论问题，又属于是否有司法罪状作为原型的事质论问题。

(4)对"四要素"的误解

通过叙述，立法罪状成长为由司法罪状、诉讼当事人、证据以及犯罪事实组成的四位一体的原始整体。从这个整体出发，我们可以在思维中将四个要素分别加以讨论——不过这是形式上的可分，而不是实质上的可分。但我国刑事法学界认为它们各自都是独立于其他三者而存在的，形成了自在的犯罪事实观、自在的证据观、自在的犯罪构成论、自在的刑事程序观，然后再去探讨它们之间的联系。这样的思路把真实情况颠倒过来了。对此，让我们记住陈嘉映的揭示："把事后能够分析开来的东西视作事先就有两个部分合成，或一个部分附加到另一个部分上，这是初级反思最严重的错误。"[1]

3.叙述的正当程序化

公诉机关在起诉书中一律宣称：指控被告人有相关犯罪之事，事实清楚、证据充分、确实，足以认定。若果真如此，既然足以认定，为什么还要被告人一方进行辩护呢？既然足以认定，怎么不直接定罪量刑，还要多此一举进行审判干什么呢？显然，公诉机关知道，自己

---

〔1〕 陈嘉映：《简明语言哲学》，中国人民大学出版社2013年版，第49页。

只是事实认定中的一方,起诉书并不是自言自语的独白,而是写给被告人看的对话,被告人是对话的另一方,自己的指控能否成立取决于被告人是否认可,没有获得认可之前,只是指控而已。换句话说,公诉机关和被告人看似"势不两立",实则相反相成,构成了一个对话共同体,这个对话共同体构成了犯罪事实的叙述者。在这个对话共同体中,叙述者没有达成共识,犯罪事实就不能成立,也就是说,如果被告人不予认可公诉人所叙述的犯罪事实,那么公诉机关叙述的犯罪事实不能成立;反过来,即使被告人一方供述了自己的犯罪事实,如果公诉机关不予认可,也不构成犯罪事实。被告人的承认是"我们"的犯罪事实的内在组成部分,没有被告人的承认,公诉方的指控不能谓之社会事实。没有被告人的承认也可以办成"铁案"的观点是不能成立的。被告人和公诉人在法院主持下围绕承认与否进行的话语辩论活动,并不外在于犯罪事实,而是在惩罚被告人意义上的"我们"的犯罪事实的组成部分。

被告人对检察机关所叙之事的同意、承认,可能是基于叙述内容本身是有合理根据的,也有可能不是基于叙述内容本身的合理,而是基于被强迫或者被哀求等因素。只有在前一种情况下作出的承认才是有效的承认,在后一种情况下作出的承认则是无效的承认。为了避免无效承认,保障有效承认,法律上需要建立相应的正当程序。而人民法院的职责在于发现被告人是否已经在获得正当程序保障的前提下承认了人民检察院叙述之事背后的依据,唯有被告人承认了公诉人所控之事既是有证据作为依据的证据事实又是以罪状为原型的法律事实,人民法院才能确定被告人犯有所指控的犯罪事实,从而宣告被告人犯有刑法分则规定的罪状。

正当程序的理念起源于1215年英国《大宪章》,当我们强调正当程序的作用之际,要记住尽管受到外来观念的启迪,但其并非完全陌生的舶来品,而是扎根于本土之中,依据如下。

其一,"中孚"才能施加刑罚是西周时代就有的传统。

《尚书·吕刑》多次提到“孚”，例如，“五辞简孚，正于五刑”“五罚不服，正于五过”“简孚有众”“狱成而孚”“输而孚”。这里的“孚”，意思是让人信服，获得认同、承认的意思。这个意思，《周易》以“中孚”的卦名表示。中孚之名，孔颖达的《正义》释为：信发于中，谓之中孚。也就是说，所谓中孚，就是心悦诚服的意思，统治者决断狱事，必须让罪犯一方心服口服。中正和中孚的关系如何呢？用《尚书·舜典》的话来说，就是“惟明克允”。“明”是情实之意，“克”是能、方之意，“允”是允许、同意、信服之意，综合起来，就是因为中正而中孚，犯罪事实弄明白了，才能取得大家的同意。否则，用《左传·僖公二十三年》的话来说：《周书》有之，乃大明服；已则不明而杀人以逞，不亦难乎？

其二，在日常生活中，社会事实具有主体间性，一主体从事影响另一主体的行为，需要取得受影响的人的同意，乃是不言自明的生活常识。

问：她是你女朋友吗？答：你得问她，看她承不承认。可见，是与不是，存在与不存在，取决于与此相关的人员承认不承认。我怀疑别人做了一件坏事，我的怀疑是否妥当呢？一方面我应当继续收集材料，另一方面即使收集了足够的材料，觉得有把握了，我还需要和对方见面，看对方是否认可，对方认可之后，我才放下心来，才觉得自己的判断是正确的。可见，真实、正确之类和承认的关系密不可分，只有对方承认了我的理由是充分的，我才会认为自己的判断是真实的。正如黑格尔说：“自我意识只有在一个别的自我意识那里才获得它的满足。”〔1〕

其三，刑事程序的全部设置，都以犯罪事实的成立需要被告人的承认作为默示的基石。刑事程序的运转，要以被告人参加审理为前

〔1〕［德］黑格尔：《精神现象学》（下卷），贺麟、王玖兴译，商务印书馆1981年版，第121页。

提，被告人死亡或者去向不明，刑事程序就要停止运转；因为被告人不能表态的话，对其加以惩罚的犯罪事实就失去了意义。我国《刑事诉讼法》将刑事诉讼的基本任务之一规定为准确及时查明案件事实，笔者认为其实质内涵可以更加明确地表述为：准确及时查明被告人也承认的案件事实。

三、三段论的定罪观不能成立

（一）三段论的定罪观

通常讲的司法三段论是“确定法效果的三段论法”[1]，以刑法分则罪刑规范中的“要件—效果”为大前提，以个案事实系要件的一个事例为小前提，从而确定该个案事实的法律效果。确定法效果的三段论不能直接适用于定罪论，因为它假定个案事实已经符合刑法分则罪刑规范规定的“要件”或者罪状，把这当作了理所当然的前提。而定罪论则是针对这个前提的，所要探讨的是这个前提本身是否成立，亦即被告人是否犯有刑法分则规定的罪状。三段论的定罪论认为，定罪过程和确定法效果的过程，逻辑上是一样的，也是以三段论的逻辑判断具体行为是否符合犯罪构成的过程。例如，陈兴良认为：“将个别案件事实归属于一定的构成要件，通过演绎方法获得了定罪的正确性。”[2]张明楷认为：“应当以法定的犯罪构成为大前提，以具体的事实为小前提，从而得出正确结论。”[3]按照定罪的三段论逻辑，定罪过程是一个裸的事实然后加上一个裸的法律，按照三段论的方式组合而成，分为三步：第一步是运用证据认定案件事实，获得小前提；第二步是找到刑法规定的罪状，作为大前提；第三步是适用犯

---

〔1〕［德］卡尔·拉伦茨：《法学方法论》，陈爱娥译，商务印书馆2003年版，第150页。

〔2〕陈兴良：《本体刑法学》，商务印书馆2001年版，第415页。

〔3〕张明楷：《刑法学》（第6版），法律出版社2021年版，第74页。

罪构成评价案件事实,从而得出是否符合刑法分则规定的犯罪构成的结论。依照这样的分段论,我国刑事庭审分为事实调查和法律辩论两个阶段,在上诉、申诉和抗诉理由中,认定事实错误和适用法律错误泾渭分明;研究刑诉法的学者只研究事实,不研究对事实适用法律,说这是由刑法学管辖的;同样,研究刑法的学者只研究对事实的法律适用,不研究事实认定,认为这是由刑诉法学管辖的。

三段论的法律适用观,历史上为我国法家所奉行。“法者,编著之图籍,设之于官府,而布之于百姓者也。”〔1〕春秋以前,“先王议事以治”,不预设法。春秋以来,诸侯国出现了公布成文法代替议事以治的潮流,在这股潮流中,有两种对立的法律适用观念引人注目。法家循名责实,以三段论推理的方式适用法令。墨子云:“所以谓,名也;所谓,实也;名实耦,合也。”〔2〕法家吸收了墨子的三段论逻辑学观点,如韩非子认为君主要“循名实而定是非,因参验而审言辞”〔3〕。在欧洲大陆的近代资产阶级革命之后,“近代曾有一个可以用理性主义、法典化、法官克制和机械司法加以概括的严格法制时期”〔4〕。人们一般认为这个时期的法律适用观是三段论的法律适用观。现在我国学界基本上模仿欧洲大陆的司法三段论,认为“从逻辑上讲,定罪就是三段论方式的演绎推理。其中,法律规定的犯罪构成扮演着大前提的角色,而小前提则被认为是现实中发生的具体犯罪”〔5〕。不同时期的司法三段论,都梦想以此限制司法官员随心所欲,保障立法者意志得到贯彻实施。然而三段定罪论是一种不合逻辑的空想,不可能付诸实施,也起不到限制司法恣意的作用,是不能成立的。

---

〔1〕《韩非子·难三》。

〔2〕《墨子·经说上》。

〔3〕《韩非子·奸劫弑臣》。

〔4〕王瑞君:《罪刑法定的实现——法律方法论角度的研究》,北京大学出版社2010年版,第9页。

〔5〕王勇:《定罪导论》,中国人民大学出版社1990年版,第58页。

（二）三段论的定罪观不能成立的理由

1. 三段论定罪观是一种残缺的定罪观

三段论的定罪观，采用了叙述者是亲历者的视角，假定事实认定者亲历其事，无所不知，掌握了全部事实，对其来说没有运用证据证明主张的问题。在这样的视角下，三段论不讨论事实论，只讨论事质论，亦即对于已知的事实如何确定是否犯罪，因而只是一种片段残缺的定罪观。

2. 三段论遗忘了出发点

定罪活动面对的问题是：被告人是否犯有刑法规定的罪名。面对这个问题，叙述者给出的猜测性的结论是被告人犯有刑法规定的罪名或者被告人没有犯刑法规定的罪名，为了解释这个结论，叙述者向前追溯被告人的所作所为。三段论和叙述论一样，都是用来解释这个先行假定的结论的。如果没有这个先行假定的结论作为前提，无论叙述还是三段论都无从展开。加达默尔说：一切认识都是从历史的在先给定的东西开始的，这种在先给定的东西，是一切主观见解的主观态度的基础，规定和限制了理解历史流传物的一切可能性。[1] 叙述者是先知先觉的，一开始就已经知道了（猜测到了）犯罪事实，尽管可能是错误的，也可能不甚清晰。然而三段论忘记了这个前理解的阶段，以为犯罪事实是在三段论推理过程中才被推导出来的。在这个前理解的阶段，被告人的行为对于我们直接就是犯罪或者不是犯罪，就像红萝卜对于兔子直接就是或者就不是食物一样，这是一种直觉，兔子不推论，我们的前理解也不是逻辑的演算。

3. 三段论在反思中没有用武之地

叙述者在前理解中先行假定被告人犯有刑法规定的罪状（罪名）之后，接下来检验这个结论是否正确，所使用的方式并非三段论。

---

〔1〕 参见［德］汉斯-格奥尔格·加达默尔：《真理与方法——哲学诠释学的基本特征》（上卷），洪汉鼎译，上海译文出版社1999年版，第387页。

(1)不可能适用三段论

三段论的演绎,本来是以概念为推论对象,将外延较窄的概念划入外延较宽的概念之内。然而,案件事实不是概念,罪状也不是概念,两者都属于“事”的范畴,怎么可能适用三段论推理?罪状是“年满14周岁者故意杀人的”,案件事实是被告人年满18周岁故意杀人。这两个句子各自讲述一件事情,而不是下定义,无法想象这样两件事情之间竟然可以用三段论的方式连接起来。对此,拉伦茨辩解说:可以将法律规定理解为一个由若干要素构成的法律概念,看案件事实里面是否具备全部要素,从而判断案件事实是否从属于该法律概念,用三段论的公式可以表示为:

T借要素m1、m2、m3而被穷尽描述。

S具有m1、m2、m3等要素。

因此S是T的一个事例。[1]

参照拉伦茨的观点,刑法分则的罪状规定其实由两部分组成,一部分是构成要件,另一部分是罪名,两者的关系是法律概念和其构成要件或者构成要素的关系。我国有的刑法学者也从这样的角度理解我国刑法分则的罪状规定。刘艳红认为:“所谓罪名,是指犯罪行为的名称,是根据罪状对犯罪本质特征的高度概括。”[2]张明楷在《刑法学》中,将“为境外窃取、刺探、收买、非法提供国家秘密、情报罪”分为“为境外窃取、刺探、收买、非法提供国家秘密、情报罪的概念与犯罪构成”[3]。他对很多个罪都作了这样的二分法处理,与拉伦茨的理解如出一辙。笔者认为,将罪名和罪状的关系理解为定义与其构成要素的关系,是一种范畴错误。在这样的场合,罪状如果是一个

---

〔1〕 参见[德]卡尔·拉伦茨:《法学方法论》,陈爱娥译,商务印书馆2003年版,第152页。

〔2〕 刘艳红:《罪名研究》,中国方正出版社2000年版,第7页。

〔3〕 张明楷:《刑法学》(第6版),法律出版社2021年版,第875页。

故事或者一个事件,那么罪名就是这个故事或者事件的标题。我们经常提取罪状的关键要素,作为罪状的标题,以标题替代罪状,是基于简洁的考虑,避免表达冗长。因此,罪名和罪状,并不是什么概念与构成要素的关系,而是同一个罪状的缩写版与完整版之间的关系。之所以要把缩写版拓展为完整版,是为了防止遗漏情节要素,以致错误定罪。

或许有人说,即使这样,我们仍然可以像拉伦茨所说的那样,把罪名当作一个概念,把罪状的构成要素及其组成关系当作这个概念的要素,一一穷尽地列举;然后以此为大前提,对比手头的案件事实,从而得出其是否构成该罪名的判断。可是,当人们这样设想的时候,已经把罪状当作原型,按照《刑事诉讼法解释》的要求,对案件事实进行了组织和转化,不然的话就不会有这样的案件事实出现,何况立法上的罪状都是未完成的,需要在具体案件中发展为个案规范,然后才能予以适用,所以不可能出现拉伦茨设想的意义穷尽的列举。

另外,三段论的定罪论,在逻辑上还存在以下自相矛盾之处。首先,刑事法学界从一种事实与规范二分的信条出发,认为案件事实中不包含法律规定,而法律规定中同样不包含事实。问题在于:既然两者不具有共同的属性,怎么可能以三段论的方式加以涵摄呢?其次,有的三段论者认为"制定法完美无漏洞",制定法涵盖了生活中会发生的一切事实,亦即制定法和各个具体案件的案件事实完全重合,相当于制定法就是案件事实,和案件事实没有存在性质的区分了。换个角度引申来说,这种观点还要求各个具体案件的案件事实按照法律规定展开,犯罪行为按照刑法规定进行,这也是荒谬的。最后,如果第一步已经认定了事实,那么所认定的或者是犯罪事实或者不是犯罪事实,设若不是犯罪事实,那么第二步的适用刑法条款就没有必要了,设若认定了是犯罪事实,那么再去适用刑法罪状条款将其转化为法律上的犯罪事实就是多此一举了。例如,已经认定了一个人犯有伪造货币罪,然后又适用法律将该人犯有伪造货币罪的事实再评价为伪造货币罪，岂不荒谬！

(2) 不需要适用三段论

只有事实和罪状彼此外在，才需要通过三段论的方式铆接起来，但这种情形在定罪中并不存在。按照《刑事诉讼法解释》，刑事诉讼中需要查明的事实包括：被告人的身份；被指控的犯罪行为是否存在；被指控的行为是否为被告人所实施；被告人有无罪过，行为的动机、目的；实施行为的时间、地点、手段、后果以及其他情节；被告人的责任以及与其他同案人的关系；被告人的行为是否构成犯罪，有无法定或酌定的从重、从轻、减轻处罚以及免除处罚的情节；其他与定罪有关的事实。刑事诉讼法学者一般将这样的案件事实称为"构成要件事实"，概括为何人，何时，何地，基于何种动机、目的，采用何种方法、手段，实施何种行为，造成何种危害后果。可见，公安司法机关所叙述的一开始就是犯罪事实，刑法上的罪状和证据事实已经"先验"地内在于其中。由于刑法规定的罪状等已经以不可说的方式内在于案件事实中，我们无须逻辑推理就直接感受到了被告人是否触犯了刑法分则规定的罪状。

(3) 实际的定罪过程不是三段论的过程

我国学界以为，司法实务中的定罪过程是三段论过程。但是这样的设想不但自相矛盾，而且不符合实际情况，我们平时总是说："被告人的犯罪事实如下……"如果有人分为两步说："被告人的事实如下……依据法律规定，该事实属于犯罪事实……"，我们会听不懂。

而且人民检察院起诉书和人民法院判决书，并没有以三段论的方式表述定罪过程。在人民检察院发布的《刑事诉讼法律文书格式样本》(2020 版) 中，起诉书先叙述经审查查明的案件事实，然后说明认定上述案件事实的证据，接着表示本院认为被告人的行为触犯了《刑法》第 × × 条款，应当以 × × 罪追究其刑事责任。在最高人民法院发布的《刑事判决书格式范文》(2018 版) 中，判决书先叙述经审理查明的案件事实，然后说明认定上述事实的证据，接着表示本院认为指控的犯罪是否成立，最后依据刑法条款规定宣告刑罚。在上述格式中，被告人是否犯有刑法分则规定的罪状由他们查明的犯罪事实来确定；而犯罪事实是否成立，又取决于他们是否系以证据为依据和刑法的罪状规定为原型，并不是什么三段论的表达。这一点如果孤立起来难以看清楚，结合前述“不需要三段论”的论证，应该是显而易见的。

（4）倒装三段论的观点不能成立

张明楷认为：“在三段论推理过程中结论是最后形成的，但在定罪时，往往出现先有结论（预判），后寻找大前提（所谓三段论的倒置）的情况。”[1]笔者对此有不同的观点。

首先，参照前引起诉书和刑事判决书的写作方法，先写所认定的指控之事，然后写作为依据的证据和刑法罪状，最后得出结论。这样的写法实际上是一种叙述加上论证的两步走的方法：为了说明被告人构成刑法上的某某罪状的结论，人们需要叙述被告人的所犯之事；为了论证所叙之事是否构成犯罪事实，人们需要补充说明据以认定该指控之事的证据和罪状，这两个方面都有依据而且达成了协调一致，才能认定犯罪事实成立。这样的论证，将以前已经理解的事物赖以成立的前提或者原因予以补充，并接受检验，看是否协调一致，属于对先前已经理解的事物的继续反思，这样的反思会反过来影响当初所叙之事，使之成立或者不成立，是解释学循环过程，并非线性的三段论推理过程。

其次，在知情者的自然表达中，人们可能无须这样的论证过程就自然理解了被告人犯有刑法分则规定的某某罪状，不过，在刑事司法中，参与诉讼的主体并不知情，断罪需要以证据为依据并且“具引律令格式”，根据这样的要求，犯罪事实叙述需要采用论证的方式进行，先把作为结论的犯罪之事叙述出来，然后把作为依据的证据和司法

---

〔1〕 张明楷：《刑法学》（第6版），法律出版社2021年版，第74页。

罪状叙述出来,并且在指控犯罪之事、证据和司法罪状之间形成在解释学循环意义上的协调一致。这属于叙述加论证的表达方式,而不属于倒置的三段论。倒置的三段论本来可以选择正常的演绎顺序,但是叙述加论证本来就是正常的表达方式,公安司法机关认定的犯罪事实无法把这样的顺序颠倒过来。

最后,被告人的某某犯罪事实,是以司法罪状条款为根据,对证据加以转化,从而使其成为法律上的犯罪事实。这样的叙述具有意会知识[1]的结构,默会知识是从波兰尼那里借用过来的,通常译为默会知识,我们用来表示叙述中的辅助意识和焦点意识,据以叙述的罪状规定(A1)和证据(A2),以及所生成的法律上的犯罪事实(B),它们在意识中的地位不一样,据以叙述的罪状和证据,我们处于无意注意状态,属于默会之知;我们有意注意的是所叙述的刑法上的犯罪事实,它处于我们的焦点意识之中,属于明述之知。我们表述所认定的犯罪事实之际,据以表述的罪状和证据事实处于"不可说"的状态,如果说出来了,就无法叙述犯罪事实,正如我们用眼睛看东西,但是看不到眼睛自身,如果看到了眼睛自身,那么我们就看不清东西了。而在三段论推理中,即使是倒装的三段论,大前提和小前提都必须以明述的方式陈述出来。

4. 三段论中事实和法律二分的预设不能成立

人们之所以运用三段论解释定罪过程,与人们接受了近代世界观中事实与价值二分的观点有关。在古代世界观中,万物有灵,物我不分,我们的所作所为都是有意义的,洋溢着真善美或者假恶丑的,没有所谓事实和意义二分的问题。近代的科学世界观以主体和客体二元对立、事实和意义二元区分为特点,意义被从事物中剥离出来,事物成为客体,客体自身并不具有意义,我们成为主体,意义是我们

---

〔1〕 参见[英]迈克尔·波兰尼、[美]马乔里·格勒内编:《认知与存在》,李白鹤译,南京大学出版社2017年版,第121页。

主观赋予的。近代自然科学取得的巨大成就使人文学术自愧不如，于是按照自然科学的模式来改造人文学术，这在法学上的表现之一就是三段论和概念法学的兴起。

三段论运用于法律，也预设了事实和法律二分的前提，从这样的前提出发，认为犯罪事实不是最初的存在，最初存在的是裸的事实和裸的法律，它们彼此外在，人们以三段论的方式把它们结合起来，于是推导出犯罪事实。下文将要提到的等置的三段论认为，事实和法律性质不同，不能直接作为三段论的前提，为了成为三段论的前提，需要提前在事实和法律之间进行解释学循环，使事实成为法律事实，使法律成为适用于案件事实的个案规范。按照等置论者的观点，进行解释学循环之前没有犯罪事实和个案规范，只有裸的事实和立法规范。等置论的这种理解仍然存在问题。从逻辑上来说，事实和应当的性质如果是彼此对立的，世间事物只能于二者中居其一的，怎么可能发展为融为一体的呢？而且，如果通过循环已经知道了犯罪事实是什么，还去适用三段论不是多此一举吗？更为重要的问题是，“实与法律是彼此外在的”这样的预设并不成立。三段论主张的犯罪事实观，实际上是一种机械合成的事实观，一边有事实一边有法律，把两者组合起来就成为犯罪事实。但是犯罪事实不是这样的机械合成体，而是生命有机体。在这个生命有机体中，事实和法律一开始就是融为一体的。

对于事实和应该，学者们在进行理论沉思时，不由自主地将它们引入了根深蒂固的二元论之中，以为“是”和“应当”是两码事——事实和规范二分，这是休谟以来的哲学常识。例如，从“甲一怒之下开枪杀死了乙”的事实判断的前提下并不能推出“甲的行为是有害的”的价值结论，因为前一判断仅是对于某种事实状态的客观描述，其本身并不包含“有害”还是无害的信息，而后一判断又只是人们的一种情感态度——不同的人有不同的情感态度，它并不当然地蕴含于前一判断之中。[1] 学者举的这个例子中，甲看到的只是开枪杀人，是一个可以用物理词汇描述的事件，甲举枪，瞄准，扣动扳机，子弹以每秒1000米的速度进入乙的身体，乙倒地，呼吸消失。然而我非常怀疑，甲不带感情地看待开枪杀人这件事情，这可能吗？如果做得到，甲还是人吗？扪心自问：我们看到的，一开始就是有害的开枪杀人之类，有害就在开枪杀人之中，价值就在事实之中。笔者也举个例子，前面有一位行人，驾驶员看见了马上猛踩刹车，二元论者非常好奇，问驾驶员为什么要猛踩刹车，驾驶员回答："前面有人，当然得踩刹车。"又问："有人归有人，踩刹车归踩刹车，这是两件事，本来没有联系的两件事，你是怎么把它们联系上的？"驾驶员大惊失色："难道有人还能不踩刹车吗，你是哪个部落来的，滚下车去！"二元论者下车时摔倒在地上，痛得打滚，驾驶员看着，一动也不动，二元论者冲他吼道："我摔伤了，你怎么见死不救！"驾驶员一边施救，一边告诉二元论者："你刚才的意思是'我摔伤了，你自然就应当来救'，其实你也明白，'应当'不在别处，就在'是'中。"

从前面的例子中可以看到，"行人"一开始就是驾驶员应当踩刹车以免侵犯的行人，"踩刹车"一开始就是应当为之的踩刹车，"摔伤了"一开始就是应当施以援手的摔伤了，"施以援手"一开始就是应当为之的施以援手。推而广之，根据当时情况，做应当做的事，"做"和"应当"结合在一起，情景和"应当之做"联系在一起，这就是原始现象。"一起"的意思，是两者的联系没有中介，"应当"内在于"做"之中，"应当之做"内在于情境之中，本来就是一体，不需要借助第三者作为中介，不是默诵了见人受伤应当予以救助的规则，才对受伤的人施以援手，而是不假思索就施以援手，不是想起了杀人犯罪的法律条文才踩刹车，而是情不自禁就踩刹车。原始现象的意思，是"一起"

---

[1] 参见冯亚东：《理性主义与刑法模式》，中国政法大学出版社1999年版，第24页。

乃直觉而非推论，并非经过推论才知道某事该做与否，而是“不学而能”“不虑而知”[1]，直截了当就知道，凭直觉就知道；而且，此直觉截断众流，不能向前追溯，不能还原为其他事物，自己就是存在。

5. 三段论定罪观实际上不能起到限制司法恣意的作用

墨子云：“所以谓，名也；所谓，实也；名实耦，合也。”[2]法家吸收了墨子的三段论逻辑学观点，循名责实，以三段论推理的方式适用法令。但是把法条和案件联结起来的是人，而不是这种三段论逻辑。三段论排斥人的参与，但是没有人的参与，就不会有定罪的实践。循名责实并没有起到限制司法恣意的作用，西汉的时候，“文书盈于几阁，典者不能遍睹。是以郡国承用者驳，或罪同而论异。奸吏因缘为市，所欲活则傅生议，所欲陷则予死比，议者咸冤伤之”。[3] “有治人，无治法……故有君子，则法虽省，足以遍矣；无君子，则法虽具，失先后之施，不能应事之变，足以乱矣。”[4]相对于法家而言，荀子看到了人的参与不可替代，抑制司法恣意不能寄希望于循名责实，就此而言是可取的，不过他开出的药方是让有君子之德的人担任司法官员。笔者认为，我们不能把希望寄托在君子个人身上，而是要努力形成正当的法律制度，让法律制度具有君子一样的美德，这样才能从制度上避免司法恣意。这种正当法律制度的基本要求是承认被告人属于“我们”共同体，取得被告人承认的事实才是对我们有约束力的犯罪事实。

四、等置论的定罪观不能成立

（一）等置论

考夫曼等学者对传统的法效果三段论提出挑战，认为“使规范与

---

[1] 《孟子·尽心上》。
[2] 《墨子·经说上》。
[3] 《汉书·刑法志》。
[4] 《荀子·君道》。

具体的生活事实相互‘对应’，但这并非立刻经由简单的三段论即可发生，因为规范与事实并不相同：规范是处于以概念方式规定的当为领域中，事实是处于经验现实的领域中。因此，在开始进行三段论法之前，必须使其相同，亦即，必须使以概念方式规定在法定‘构成要件’中的规范事实与现实具体的生活事实进入一种关系，在其中，两者的类似性系透过一种‘目的论的’程序而被确定。而这就是类推。"[1]他所讲的类推，是等置性质的类推，他所讲的以类推为前提的法律适用三段论，就是以等置为前提的三段论。这是三段论的定罪论的新形态，显著的特点有四：其一，三段论的大前提和小前提并不是自动具备的，大前提不等于传统三段论设想的法条规定，而是可以适用于具体案件的个案规范，需要经过人们结合生活事实进行解释才能形成，小前提并非传统三段论设想的现成的自在的案件事实，而是与个案规范相对应的法律事实，需要经过人们的叙述才能转化而成。其二，为此，人们的目光来回穿梭于大前提和小前提之间，生活事实和法律规定之间，一方面在法律规范观点下对特定生活事实进行筛选，使生活事实发展成为法律事实；另一方面法律规范必须与生活事实相关，使抽象的法律规定发展成为个案规范。其三，案件事实和法律规范原本不同，之所以能够等同视之，是因为法官引入了一个第三者，从这个第三者的角度来看，"物虽胡越，合则肝胆"[2]，故而可以拟制为相同者。其四，这个法官引入的第三者，就是"法律的意义"、"事物的本质"或者"类型"，既不同于单纯的定义，又不同于单纯的事物，而是介于两者之间的中介。

上述等置前提下的三段论对我国学者产生影响，如郑永流认为，

---

〔1〕［德］亚图·考夫曼：《类推与"事物本质"——兼论类型理论》，吴从周译，台北，学林文化事业有限公司1999年版，第85页。

〔2〕《文心雕龙·比兴》。

绝大部分法律运用都采用"先等置+后推论"的等置模式。[1] 在刑法学界,张明楷认为:"但定罪不是标准的三段论推理过程。其一,在三段论的推理过程中,大前提是确定的,但在定罪时,作为法律规范的大前提的含义并非固定不变,因为法律的基本含义是在社会生活中不断发现的,是通过审理案件发现的。其二,在三段论的推理过程中,小前提也是清楚明白的,但在定罪时,作为小前提的案件事实,具有多个侧面、多重属性,对之可以作出多种归纳和判断。"[2] 他讲的具备这两个特点的不标准的定罪三段论,其实就是以等置为前提的定罪三段论。比较起来,杜宇关于等置论的表述更为"标准":传统的刑法适用机制,被理解为三段论式的逻辑涵摄;然而,这只是看到了法律适用过程的最后环节,而使得涵摄之外或之前的一切思维程序都陷入迷雾;事实上,刑法适用的核心主要不在于概念式的涵摄,而在于归类式的比较。[3]

(二)等置论的定罪观不能成立的理由

1. 等置论虚构了需要解释的问题

日常生活中人们在问答逻辑的意义上使用"解释"一词,做解释和给说法是一个意思,凡是存在问题需要给说法之处,人们自然期待有人作出解释。等置论者也在给说法的意义上使用"解释"一词。如前所述,他们的思路是这样的:一方面承认三段论作为定罪方法论,另一方面认为三段论需要一个前提作为本体才能适用,因为大前提本来属于规范的范畴,而小前提本来属于事实的范畴,规范和事实是彼此对立排斥的,如果不能消除两者的对立与排斥,使两者可以等同视之,那么三段论就无法适用。以前的法学方法论是朴素的,没有意

---

〔1〕 参见郑永流:《法律判断形成的模式》,载《法学研究》2004 年第 1 期。

〔2〕 张明楷:《刑法学》(第 6 版),法律出版社 2021 年版,第 74 页。

〔3〕 参见杜宇:《刑法解释的另一种路径:以"合类型性"为中心》,载《中国法学》2010 年第 5 期。

识到这个问题。而等置论者则自觉地意识到三段论的存在论预设，追问三段论适用的可能性前提。但是等置论者所针对的问题却是不能成立的。因为定罪中需要回答的原初问题，是被告人是否犯有指控的罪状，人们为了回答被告人是否犯有指控的罪状而作出的叙述，也是一种解释，可以称为叙述解释。叙述解释的具体情况已经在上文说明，此不赘述。下文仅补充一点：事实一开始就是法律事实，而非与规范无涉的裸的事实，因此事实和规范如何等置的解释问题并不存在，是等置论者虚构而来的。

考夫曼认为："案件和规范是方法过程的'原材料'，未经加工，它们根本不可以相互归类，因为它们处在不同层面的范畴中。规范属于抽象性——普遍性意义上定义之应然，具有未终了的诸多事实的案件，则属于杂乱无章的无定形之实然。只有在用经验来丰富规范，用规范来丰富案件之后，其方式为它们相互'适应'，并应对这种适用通过论证加以说明，归序方为可能。"〔1〕按照考夫曼的观点，在没有进入循环之前就存在案件事实，这个案件事实没有包含刑法罪状或者犯罪构成要件，是裸的纯粹的事实。关于事实的所指，恩吉施分为三个构成部分来说明："1. 具体的生活事件，实际上已发生之案件事实的想象；2. 该案件事实确实发生的确认；3. 将该案件事实作如下评断：其确实具备法律的构成要件，或者更精确地说，具有大前提第一构成部分（法律构成要件）的构成要素。"〔2〕按照笔者的理解，这其实是把事实按照他设想的进程分为三种形态：没有进入陈述的事实本身、作为陈述的案件事实和作为陈述的法律事实。

传统三段论认为，事实和规范二分是不言而喻的前提，从这样的

〔1〕［德］阿图尔·考夫曼、［德］温弗里德·哈斯默尔主编：《当代法哲学和法律理论导论》，郑永流译，法律出版社2002年版，第184页。

〔2〕［德］卡尔·拉伦茨：《法学方法论》，陈爱娥译，商务印书馆2003年版，第160页。

前提出发，法律规定外在于事实，事实本身和作为陈述的案件事实自始至终是裸的事实，法律事实的提法是不成立的。等置论者有所调整，他们认为，在起点处，事实和法律是二分的，无论陈述之前的事实本身，还是作为陈述的案件事实，都不包含法律规定，是裸的案件事实，而不是法律事实；在定罪的过程中，案件事实才和法律规定发生相互循环的运动，从而变成了法律事实。笔者认为，等置论关于案件事实的折中观点是不能成立的，犯罪事实自始就是法律事实，具体说明如下。

其一，事实是叙述中存在的有意义的事实。

等置论者一方面反对近代主客二元对立的思考方式对法学的殖民，另一方面又接受了其对象式思考方法，将犯罪事实理解为像一块石头一样地立于主体对面的对象，而不是理解为存在者的存在。

然而一方面，叙述事实不同于描述客体，在陈述之前没有所谓的自在事实存在。问："你说的是事实吗？"这话说得通。问："你做的是事实吗？"这话却说不通。由此可见，事实和叙述、言说相关，人们的所作所为本身不能称为事实，言说所作所为，它们才在言说中成为事实。拉伦茨认为："法条要适用在实际事件，即事实上发生的案件事实上……这只有在已发生的案件事实被陈述了之后，才有可能。"[1]拉伦茨作了不必要的让步，已经发生的事情，只要不被言说，是不可能作为事实呈现的。另一方面，所叙述的事实必有其性质。让我们看一则对话：问："你看到了什么？"答："我看到了一个事实。"问："什么样的事实？"答："就是一个事实，没有什么样。"这个对话中，回答者的回答是没有意义的，事实一定是"怎么样"的事实，需要说出意义或者性质，没有脱离意义或者性质而存在的事实。

由此可见，定罪活动中，人们为了回答被告人是否构成刑法规定

---

〔1〕［德］卡尔·拉伦茨：《法学方法论》，陈爱娥译，商务印书馆2003年版，第160页。

的罪状（罪名），已经先行假定了案件事实是构成某某罪名的事实，他的叙述是围绕这个主题展开的；只要进入言说，进入叙述，自然就要服从叙述的逻辑，以刑法规定的罪状为原型引导叙述，从而说出案件事实。

而且从逻辑上说，如果事实是指过去的行动或者事件本身，是指没有被陈述污染的本来的案件事实，那么过去事件、过去行动或者本来的案件事实没有进入陈述之中，与陈述异质，就不可能转化成为陈述性质的案件事实，后面的陈述充其量只是那种事实的反映，而不是事实本身。

其二，就实际情况而言，案件事实一开始就是法律事实，自始至终都是法律事实，没有经历等置论者所讲的变化。

按照等置论的观点，案件事实本身并不具有规范性，外在于法律规定，是裸的事实。然而，目击者去作证，被害人去报案，犯罪嫌疑人作坦白，这样的讲述是已经包含了法律规定在内的，一开始就是在讲述法律事实——构成犯罪或者不构成犯罪的事实，不然就不会有作证、报案或者坦白。人们的陈述是从富有意义的地方开始的，不能设想他们在讲述一个裸的事实，与犯罪与否没有联系。当然，这些人进行陈述时，办案人员可能要求他们把法律解释的部分忽略不说，只讲剩下的裸的事实。例如，证人说："嫌疑人用刀刺被害人的胸部，构成故意杀人。"法官则说："你只陈述用刀刺被害人的胸部，是否构成故意杀人由我们来确定。"在这里，法官允许的证人陈述，其实是从证人所知的事实中抽象而来的，并不是证人陈述的原初形态、完整形态。

其三，有三点误解需要澄清。

首先，拉伦茨说到：判断法律事件的法律家大都以"未经加工的案件事实"作为工作的起点，然后根据法律构成要件有所判断有所取舍，最终形成法律事实。[1] 笔者认为，无论妇人讲述的案件事实还是法官讲述的案件事实，都属于法律事实，而不是前者属于裸的事实后者属于法律事实。妇人最初的讲述就有所选择，是为索赔而作的陈述，那只狗是什么颜色，跑得快不快，怎么来到邻居家的，她都没有说，因为她认为这些与索赔无关。就此而言，她最初的陈述就属于法律事实讲述的范畴。当然，她讲的法律可能是习俗中的法律，而不是作为制定法的法律，法院断案只能援引制定法，对此她也是知道的，她知道自已可能不得要领，会努力去寻找制定法的对应规范，以此为准绳进行调整，所以才有了后面的那些补充和删除。但是不能因为她在讲述法律事实中存在的这些缺陷，就否认她所陈述的属于法律事实的范畴。拉伦茨似乎把法律事实讲述得正确与否的区别，误会成法律事实与法外空间的事实之间的区别。

其次，有的人认为刑法规定不是事实本身自始具有的，而是人为编织进去的——尽管未必是以三段论的方式。例如，幕友王又槐说叙供"……与作文无异。作文以题目为主，叙供以律例为主"；"善办案者，叙供之时，即已布置看语，及其作看，则一线穿成，毫无驳杂"[2]。王又槐讲叙供时以律例为主，必须建立在这样的前提和基础之上：已经模糊理解到了与这个供述相关联的律例是什么。如果凭以叙述的律例都不知道，以其为主的叙供又从何谈起呢？而那个已经若有所悟的前理解还是模糊不清的，所以需要查阅律书进行检验，并把律书规定的罪状发展到足以引导本案叙述的程度，然后按照律例的意思将叙供组织到清晰流畅、无一丝驳杂的程度，这才算把指控的行为构成律例上的犯罪弄清楚查明白了。

最后，还有人有疑问，我们平时也没有学习法律，怎么能把所作

---

〔1〕 参见[德]卡尔·拉伦茨：《法学方法论》，陈爱娥译，商务印书馆2003年版，第161页。

〔2〕《办案要略·叙供》。

所为和刑法规定的犯罪构成联系起来呢？换句话说，这个前理解从何而来呢？这是一个真问题，不过，没学习法律并不表示没有法感受，两者的区别不在于懂不懂法，而在于理解程度。按照罪刑法定的要求，起诉书上的指控需要具体化到具体犯罪的犯罪构成的程度，而日常生活中的理解，只要笼统感受到所叙的行为是“犯法”的即可。官员因为贪污受贿被审判，在法庭上忏悔说自己忙于工作，疏于学习，和一般老百姓一样无异，不知道贪污受贿是违法的，以后一定要提高觉悟，带头守法。可是，这样精准地理解违法犯罪，谁会心安理得！杀人偿命，他人之物不得妄取，盗者有罪，公职人员不得假公济私，徇私舞弊犯法，这些都是生活中自然而然就懂得的，一辈子不读书不看报不和政府打交道的文盲，和学法看报的官员一样，知道这些事情不应该做，做了就应当受到法律惩罚。所以，官员贪污受贿，普罗大众就会愤愤不平要求追究，如果法律规定不周到，导致有的贪污受贿如收受礼金没有受到处罚，人们也会出来指指点点：这个行为本来就是犯罪，法律为什么不把它写上去？由此看来，“礼之所去刑之所取”，法律并不外在日常生活，在理解制定法上罪状的具体要素之前，我们在日常生活中就已经笼统理解了某某行为是犯罪。

2. 等置论混淆了叙述解释中的原型类推和罪状解释中的类推解释

等置论误置了解释问题的内容，自然对于解释方案也会给出错误的回答。在说明其回答方案之前，我们需要继续梳理概念。前面讲了日常生活中的解释，日常生活中的解释和传统解释学意义上的解释是不同的。解释学本来是以文本为对象的解释学，到了狄尔泰时代，狄尔泰拓展了解释学的范围，把理解视作“各门精神科学的通用方法”，视作系统精神科学的基础。[1] 这样的拓宽带来了一些困

---

〔1〕 参见安延明、李河编：《精神科学中历史世界的建构》（狄尔泰文集第3卷），安延明译，中国人民大学出版社2010年版，第188页。

惑。陈嘉映认为,阐释学的原本问题是阐释文本问题,建议返回我们旧时的用语习惯,把“阐释”一词保留给这一领域,说到一般人时则使用解释这个词。[1] 本书接受陈嘉映的建议,将解释界定为对文本的解释,同时认为对文本的解释其实是事件叙述,包括了含义和指称两个侧面,缺一不可。同时再将事件叙述学区分为含义阐释和事实叙述两个分支,其中阐释法条含义的那个分支可以称为文本解释学。希望通过这样的梳理可以避免用词的混淆。

厘清上述关系之后,我们再来看等置论者对于解释问题给出的回答。考夫曼一方面认为:“……使以概念方式规定在法定‘构成要件’中的规范事实与现实具体的生活事实进入一种关系,在其中,两者的类似性系透过一种‘目的论的’的程序而被确定,而这就是类推。”[2]另一方面又认为:“……以一个证明为重要的观点为标准,而将不同事物相同处理之理想,亦即类推……”[3]考夫曼所讲的前一种类推发生在叙述中:以叙述案件事实的方式作出解释,回答被告人是否犯有指控的罪状的问题;后者属于法律概念(罪状要素)的隐喻解释或者类推解释。前者并非文本解释学意义上的解释,而是事件解释学意义上的解释,后者才是文本解释学意义上的解释。但他对两者没有加以区分,认为两者是同样的。这样的理解混淆了事件的叙述解释和法律的隐喻解释、类推解释,是不能成立的。就此说明以下四点:

其一,隐喻解释和叙述解释。

等置论者认为案件事实和法律规定(构成要件)之间的关系是案

---

〔1〕 参见陈嘉映:《谈谈阐释学中的几个常用概念》,载《哲学研究》2020 年第 4 期。

〔2〕 [德]亚图·考夫曼:《类推与“事物本质”——兼论类型理论》,吴从周译,台北,学林文化事业有限公司 1999 年版,第 85 页。

〔3〕 [德]亚图·考夫曼:《类推与“事物本质”——兼论类型理论》,吴从周译,台北,学林文化事业有限公司 1999 年版,第 61 页。

件比较关系，以法官认为重要的观点为基准，确定案件事实和法律规定（构成要件）是否可以等同视之。以考夫曼自己举的一个例子加以说明：×携带盐酸泼洒于一名女会计脸上，进而抢走她的钱包；该人是否构成《德国刑法典》第250条的加重抢劫罪取决于盐酸是否构成该条所称的武器。[1] 回答这个问题时，据林立解释，考夫曼的思路是泼盐酸：毁容=用刀砍：断肢。两组事态的道理是相同的，即想伤害人时还借助工具，有意使他人受到比没有工具时更为严重的伤害；[2]据此可以认定泼洒盐酸进行抢劫属于携带武器进行抢劫。然而，考夫曼所举的例子，回答的问题是盐酸和武器两个概念之间的关系，而不是两件事情之间的关系——一件事是行为人泼盐酸于女会计脸上抢走其钱包，另一件事是罪状上写明的行为使用武器进行加重抢劫。盐酸是否构成武器，这属于概念的隐喻解释的范畴，而不属于叙述解释的范畴。等置论者从来没有举出过两件事情之间可以进行等置比较，从而可以将一件事情视为另一件事情的例子。隐喻解释采用了"甲是乙"的表达式，"隐喻的本质是通过另一种事物来理解和体验当前的事物"[3]。宽泛地说，叙述解释也采用了"甲是乙"的表达式。不过在隐喻中，甲和乙是一个句子内的两个语词，而在叙述中，甲和乙分属于两个不同的句子。在隐喻中甲和乙可能是现成的，说"司马懿是老狐狸"，这又可以解释为司马懿在狡猾这一点上可以和老狐狸等同视之。但是两件事情之间无法使用这样的方式进行比较——在一个句子之内进行比较，因为它们涉及的本来就是句子之间的关系，是句子之间的比较。而且，人们需要确定的是被告人是

---

〔1〕 参见[德]考夫曼：《法律哲学》，刘幸义等译，法律出版社2004年版，第107页。

〔2〕 参见林立：《法学方法论与德沃金》，中国政法大学出版社2002年版，第123页。

〔3〕 [美]乔治·莱可夫、[美]马克·约翰逊：《我们赖以生存的隐喻》，何文忠译，浙江大学出版社2015年版，第3页。

否犯有刑法规定的罪状，而等置论给出的回答是：刑法规定的罪状是乙：存在“故意杀人的罪行”，甲：被告人也是故意杀人，所以这两者具有同一性，都是故意杀人——可是这样的比较答非所问，意义何在？两个句子、两个事件之间的“甲是乙”，两端的甲和乙都不是现成的，是通过叙述的方式进行的，而不是比较的方式进行的，以乙为原型，对甲加以组织，从而出现了“甲是乙”，这属于叙述的解释学，超出了概念的隐喻解释领域。利科将哲学解释和叙述学联系起来，形成叙述的解释学，为我们理解犯罪事实叙述提供了新的视角。

其二，隐喻和叙述的一个区别，可以表述为水平类推和原型类推的区别。

考夫曼所讲的类推属于水平类推，如果有意义的话，只存在于法律文本的概念解释当中，叙述犯罪事实中实际出现的类推不是水平类推，而是叙述中的原型类推。叙述案件事实需要一个原型进行引导，以刑法规定的典型事例为原型进行叙述，理解了刑法规定的这个典型事例，就可以依此类推，举一反三，闻一知十，“举一隅不以三隅反，则不复也”[1]。这是一种类推，可以称为原型类推。正如一段广为流传的名言：真正的教育是用一棵树去摇动另一棵树，用一朵云去推动另一朵云，用一个灵魂去唤醒另一个灵魂。真正的刑法适用也是这样以刑法规定的典型事例（罪状）去引导人们叙述犯罪事实。

由此引申，叙述犯罪事实中也不可能出现水平类推，因为没有现成的两个事物可供比较。拉伦茨说道：“在判决的事实部分出现之‘案件事实’，是作为陈述的案件事实。基于此项目的，事件必须陈述出来，并予以整理。在无限多姿多彩，始终变动不居的事件之流中，为了形成作为陈述的案件事实，总是要先做选择，选择之时，判断者已经考量到个别事实在法律上的重要性。因此，作为陈述的案件事实并非自始‘既存地’显现给判断者，毋宁必须一方面考量已知的事

---

〔1〕《论语·述而篇》。

实,另一方面考虑个别事实在法律上的重要性,以此二者为基础,才能形成案件事实。法律家的工作通常不是始于就既存的案件事实作法律上的判断,毋宁在形成——必须由他作出法律判断的——案件事实时,就已经形成了。"[1]由此可见,人们所叙述的案件事实已经包含了法律规定在内。就犯罪事实而言,刑法规定的罪状并不外在于犯罪事实,只要人们叙述了法律上的犯罪事实,罪状就一定内在于其中。既然罪状已经内在于犯罪事实之中成为犯罪事实的组成部分,而不是两个不同事物,自然不存在比较异同的前提,怎么可能出现比较论意义上的水平类推呢?而且,如果犯罪事实已经在叙述中完成了,把这个已经完成的犯罪事实和罪状进行比较也是没有意义的。

其三,隐喻和叙述的又一区别,也表现为表达式"甲是乙"中甲和乙的关系不同。

案件事实和刑法罪状(构成要件)之间的地位并不等同,而是一个表层一个深层,后者决定前者。考夫曼说过:"我们谈了法律发现之方法论过程的'两个方面'是:一方面针对规范调适生活事实,另一方面针对生活事实调适规范。"[2]但是实际上两者的地位不一样,罪状的作用是决定性的。正如人们看到了什么,很大程度上取决于他怎么看;一件事情是否构成法律上的犯罪事实,不取决于事情自身,而取决于是否可以按照罪状加以转化。罪状是犯罪事实成立的根据和原型,如果人们不能从罪状的角度叙述一件事情,那么就没有法律上的犯罪事实存在。人们叙述的犯罪事实是否成立,取决于是否正确适用了罪状及其构成要素。当然案件事实也会反作用于罪状,有

---

〔1〕[德]卡尔·拉伦茨:《法学方法论》,陈爱娥译,商务印书馆2003年版,第160页。

〔2〕[德]亚图·考夫曼:《类推与"事物本质"——兼论类型理论》,吴从周译,台北,学林文化事业有限公司1999年版,第91页。

时候也让罪状呈现新的意义,但是案件事实是否成立为犯罪事实,最终还是要取决于是否以罪状的新意义为依据。

对此,我们还可以引用索绪尔的观点。索绪尔发现,语词之间存在两种关系,一种是结构段关系,即某一语词和其前后可能出现的语词的关系,如“河水流逝”中“河水”与“流逝”的关系;另一种是聚合体关系,即一个句子的一个词可以用另一个词置换而不被结构段所拒绝,那么这些词之间就具有了聚合关系,如可以用“时光”替代“河水”,说“时光流逝”,那么“河水”和“时光”之间就具有聚合关系。〔1〕在这两类关系中,结构段关系是前提,聚合体关系则要依附于相应的结构。虽然笔者不是结构主义者,但在反对类推式案件之间的水平比较的意义上,笔者乐意借用结构主义。我们可以将罪状要素之间的关系理解为类似于索绪尔所讲的结构关系,由一系列要素或要件按恒定不变的关系组成,它是犯罪事实形成的根据,而形形色色的犯罪事实则是基于同样一个罪状产生的,它们之间具有聚合关系。

其四,叙述包容了隐喻,叙述中可能需要对罪状的要素进行概念解释(隐喻解释)。

仍以盐酸案为例,确定盐酸是否属于一种武器的过程,是一个解释学循环的过程。盐酸无所谓武器不武器,无所谓是否导致比徒手攻击更严重的损害,它本身并没有这样的意思,我们用加重抢劫罪的武器来叙述这件事情的时候,把它和武器联系起来,才会问它是否体现了这样的意思。只有我们在事件解释中把携带盐酸抢劫这种现象“先前理解”为加重抢劫罪的可能案件,而不是诸如杀人未遂之类的案件,我们才会遇到盐酸是否构成武器的问题。而只有我们知道了

〔1〕 参见刘放桐等编著:《新编现代西方哲学》,人民出版社 2000 年版,第 414 页。

什么是加重抢劫罪,我们才有可能将盐酸"先前理解"为武器。[1] 但是出现在叙述背景下的概念解释,不会是水平类推意义上的隐喻解释。该案当中,盐酸是否构成武器取决于该条中"武器"的所指是什么,如果是指比徒手攻击更为严重的伤害,那么盐酸就构成武器,否则不构成武器。即使盐酸构成比徒手攻击更为严重的伤害,如果武器是指以火药或者压缩气体等为动力,利用管状器具发射金属弹丸或者其他物质,足以致人伤亡或者丧失知觉的各种枪支,那么盐酸就不是加重抢劫罪意义上的武器,泼洒盐酸进行抢劫就不是携带武器的加重抢劫。由此可见,武器和盐酸的关系,并非等比例的类推关系,而是决定与被决定的关系。

3. 等置论误解了案件事实与司法罪状之间的循环关系

关于叙述案件事实与阐释司法罪状之间的循环关系,我们需要把镜头拉得长一点。从哲学史来说,狄尔泰将解释学发展为精神科学认识论或者方法论,"在这个方面,海德格尔与狄尔泰稍有不同,在前者那里,基础的基础是生存论分析,作为精神科学方法论的阐释学并不直接等同于生存论分析,而是依附于后者。人文科学的方法论植根于生存的生存论建构的分析工作这层意义上的阐释学,只可在派生方式上称作'阐释学'"。[2] 也就是说,从海德格尔开始,解释学就分为两个层次:一个层次是存在论解释学——如果与我国法学界的用词习惯相适应,可以称为本体论解释学;另一个层次是建立在存在论解释学基础上的方法论解释学,鉴于新的方法论解释学建立在存在论解释学基础之上,本书称为反思解释学,以区别于狄尔泰及之前的方法论解释学。

在哲学史新视野之下,叙述犯罪事实属于存在论解释学,从传来

---

〔1〕 参见[德]考夫曼:《法律哲学》,刘幸义等译,法律出版社2004年版,第59页。

〔2〕 陈嘉映:《谈谈阐释学中的几个常用概念》,载《哲学研究》2020年第4期。

事实和法律事实两个维度对叙述进行反思的解释属于反思解释学。反思解释中,前者为事实论,探讨证据问题,后者为事质论,探讨法律问题;前者是证据解释学,后者是法律解释学,前者是事实解释学,后者是文本解释学。

在法学解释学新视野下,叙述案件事实是存在论的事件解释学,它是大全,无所不包,而司法罪状解释属于文本解释学,该文本解释学有两个层次,一个层次是存在论的,通过叙述显现出来;另一个层次是反思层面的,属于传统方法论解释学的疑难解释范畴。在叙述解释学的新视野之下,可以看出等置论已经突破了传统的方法论解释学,也容易看出等置论对于案件事实与司法罪状之间的循环关系存在误解。

其一,等置论的成就。

在简易案件中,罪状直接适用于案件事实的叙述当中,与案件事实叙述交织在一起,悄无声息,并不存在什么循环互动。在疑难案件中,人们对叙述是否坚持了以证据为依据以罪状为原型有疑问,从而论证传来事实是否以证据为依据,法律事实适用法律是否正确。在这样的论证中,法律论证那一支会把司法罪状找出来作为对照,反思所叙事实是否可以如此这般定性,这样的活动是反思司法罪状正确性的再解释活动。更有甚者,在疑难案件中,人们找到罪状规定之后,会感觉案件事实与罪状及其要素之间既有意思不相适应,存在紧张,从而回过头来反思罪状及其要素的意义问题,待厘清罪状及其要素的意义之后,再以新的解释为依据重新叙述案件事实。这样的疑难解释,构成了传统方法论法律解释的工作内容。

在这样的背景下,哪怕在简易案件中,其实也存在解释。对于"甲是乙"——被告人犯有指控的罪状的表达式,等置论揭示了它是属于存在论的哲学解释学的范畴。这种揭示的意义主要是相对于主客二分以及三段论而言的。等置论对于三段论的异议前面已经论及。考夫曼也说到:诠释学的主要关怀之一在于区别"理解的"人文科学和“说明的”自然科学，自然科学的认识方式以主体—客体模式进行，认识主体不进入认识之中，认识是“纯客观的”；相反地，对于理解现象而言，这种主客模式一开始就不适合，因为理解者并不出于诠释状态之外，而是包含于其中作为共同形成之因素。[1] 在现代哲学由认识论重返存在论的大背景下，考夫曼的观点揭示了法律解释的存在论前提，具有开创性。不过我们在理解的时候需要注意：一方面，考夫曼残留了对象式“纯客观”思考的观点，如果将存在论贯彻到底，他本来完全可以说犯罪事实是一个解释性的概念，是在人们的叙述中形成的，法律解释从属于犯罪事实叙述。另一方面，存在论的解释学这个术语，其使用场合是回应性的，主要是对于主客二分的科学说明的否定性回应，如果没有这样的前提，我们并不需要将存在论层面的“甲是乙”在方法论层面称为解释大书特书，因为这样会导致对于方法论解释学的放逐。洪汉鼎说：“海德格尔和伽达默尔通过阐释(Auslegung)这一概念将诠释学(Hermeneutik)发展为存在论，从而把认识论和方法论完全排除在诠释学之外，这也引来另一种认知的缺陷，即把真理与方法完全分开了。这里似乎需要一种综合，一种新的解释概念，以使说明和阐释之间的对立逐渐进到一种相互依赖和相互补充的关系……”[2]这样的情况体现在考夫曼那里，就是《类推与“事物本质”——兼论类型理论》整本书，只讲存在论，不讲方法论，让人难以接近。

其二，案件事实和司法罪状是同属一体的无中介联系，不需要类型作为中介。

考夫曼认为：“法律发现是使法律规范与现实的生活事实调试。

---

〔1〕 参见[德]亚图·考夫曼：《类推与“事物本质”——兼论类型理论》，吴从周译，台北，学林文化事业有限公司1999年版，中文版序言第5页。

〔2〕 洪汉鼎：《关于Hermeneutik的三个译名：诠释学、解释学与阐释学》，载《哲学研究》2020年第4期。

但此种调适,此种同化,此种使当为与存在相对应须以下前提:有一个能使理念或者说规范与事实在当中取得一致的第三者,亦即,当为与存在之间的调和者。"[1]这个第三者,就是考夫曼所称的法律意义、法律理由。然而人们所讲的法律意义、法律理由,不是案件事实和罪状共享的第三方。人们平时所讲的法律解释具有个案相关性,是根据具体案件提出的问题来诠释立法罪状及其要素的意义,使之发展成为个案规范或者司法罪状,这就是法律文本的意义之所在。案件事实及其要素如果能够以此为原型进行叙述,那么就体现了这样的法律意义,但它们本身还不是这样的法律意义。一方面,叙述犯罪事实的过程,就是形成司法罪状,以此为原型引导犯罪事实叙述的过程;另一方面,这样的叙述其实也是一种阐释,在叙述犯罪事实的同时阐释出作为原型的司法罪状。在叙述案件事实中阐释司法罪状,在阐释司法罪状中叙述案件事实,叙述和阐释原始地结合在一起,构成了解释学循环关系,这样的法律适用方式,可以称为"一体两面"的法律适用方式。

在这种"一体两面"的法律适用中,犯罪事实与司法罪状其实同属立法罪状,两者是立法罪状的意义与指称的关系。利科提出了意义与指称之间的辩证法。"指称是句子依据某种用法所指谓的东西,它也是说话者把自己的话应用于现实时所谈及的东西。某人某时指称某物是一个说话事件,但这个事件从意义中吸取其结构。说话人以意义的观念结构为基础,并通过这种观念结构指称某物……"[2]循着利科提示的方向看,叙述案件事实和解释司法罪状,两者是相互依存的。从叙述案件事实的角度来说,法律事实是根据作为犯罪原

---

〔1〕[德]亚图·考夫曼:《类推与"事物本质"——兼论类型理论》,吴从周译,台北,学林文化事业有限公司1999年版,第103页。

〔2〕徐友渔等:《语言与哲学——当代英美与德法传统比较研究》,三联书店1996年版,第203、204页。

型的司法罪状对证据进行组织,从而使罪状获得具体指称,它以司法罪状已经得到确定为前提。从司法罪状的角度来说,司法罪状是在根据证据提出的问题对罪状进行解释从而使罪状形成具体意义的过程中形成的,它以案件事实已经在叙述中得到确定为前提。

从意义与指称的"一体两面"结构中可以看出:一方面,我们可以说,司法罪状是立法罪状在案件中的意义,案件事实是立法罪状在案件中的指称,意义和指称一体相关,不可分割地交织在一起,这就是原初的叙述,并不存在一个处于它们之上的第三方。立法罪状犹如一张纸。换个角度说,意义和指称犹如纸的正面和反面,它们之间的关系是内在的无中介的关系,不像两个水桶需要通过一根扁担联系起来;因此根本不可能给作为类型的第三方存在空间。另一方面,在这种原始的叙述学循环结构中,考夫曼所称的类推,涉及的是根据罪状叙述事实的一端,而不是根据事实阐释罪状形成叙述原型的一端,"花开两朵各表一枝"是无可非议的,不过他经常以偏概全,把两者混为一谈。鉴于这里的主题是对考夫曼的等置论作出回应,本章只探讨以司法罪状作为原型组织证据叙述犯罪事实的一支,至于为了回应犯罪事实叙述提出的原型问题而解释立法罪状形成司法罪状的一支,属于文本解释学意义上的解释,将在本书第四章专门讨论。

例如,在"张某强虚开增值税专用发票案"中,被告人张某强于2004年与他人合伙成立龙骨厂,因该厂系小规模纳税人,无法为购货单位开具增值税专用发票,张某强遂以他人开办的鑫源公司的名义对外签订销售合同。在2006-2007年,张某强先后与6家公司签订合同,购货方均将货款汇入鑫源公司账户,鑫源公司为这6家公司开具增值税专用发票共计53张,税额647,700.18元。一审法院认定张某强构成虚开增值税专用发票罪,在法定刑之下判决其承担刑事责任,并依法逐级报请最高人民法院核准。最高人民法院认为,张某强借用其他企业的名义为自己的企业开具增值税专用发票,虽不符合当时的税收法律规定,但张某强并不具有偷逃税收的目的,其行为未对国家造成税收损失,不具有社会危害性。[1] 最终,发回重审后的一审法院宣告张某强无罪。在这个案件中,张某强确实有虚开,但是该虚开是否属于增值税专用发票意义上的虚开?进行法律解释时,一方面,我们需要确定的不是请他人代开的意思,而是虚开的意思。具有偷逃增值税目的者,谓之虚开,这是罪状中"虚开"的意思。这个意思就是罪状本身的意思,而不是罪状以外的第三方。另一方面,对于请他人代开,我们需要确定的是它是否体现了偷逃增值税的意思,为此,我们把它和虚开联系起来,如果能够体现,则属于虚开,否则不是。综上两个方面,以偷逃增值税为目的意义上的虚开,并不是由请他人代开和虚开共有的一个第三者,而是虚开自身的意思,尽管这个"法律意义"并非固定不变的事物,它随着生活事实而变化——尽管法律文字始终不变——也就是随着生活本身而变化。[2]

其三,案件事实和司法罪状之间的循环需要分别说明。

一方面,应当区分存在论解释和反思解释。从哲学上来说,我们说被告人犯有刑法规定的罪状,其表达式为"甲是乙",亦即把甲理解为乙,这已经是一种解释,属于存在论解释的范畴。但在方法论解释学领域,在简易案件中,刀刺心脏就是杀人,杀人就在刀刺心脏之中,看到了刀刺心脏也就看到了杀人,断人肢体直接就是伤害,伤害就表现在断人肢体之中,看到了断人肢体也就看到了伤害。这些行为不言自明无须解释,人们并不会说这里竟然存在法律解释!换句话说,关于叙述中的原型类推,在方法论上人们并不将其当作一种解释,学理探讨中我们称为存在论解释。另一方面,反思的方法论解释如果对事实的法律意义出现怀疑,怀疑叙述事实时适用法律是否正确,这个时候我们可以说"你说明一下你的法律依据是什么",于是人们引

---

〔1〕 参见最高人民法院刑事裁定书,(2016)最高法刑核51732773号。

〔2〕 参见[德]亚图·考夫曼:《类推与"事物本质"——兼论类型理论》,吴从周译,台北,学林文化事业有限公司1999年版,第89页。

证法条,如果有必要,还要对法条进行校对、勘定等。这种解释,可以称为罪状注释。如果对所援引的罪状的意思是否清楚也有疑问,单纯注释还不够,需要对罪状的构成要素进行解释,这个时候的解释就是典型的法律解释——方法论意义的法律阐释。这是法律解释的第三种形态,在这样的解释过程中存在解释学循环,但是不属于等置论所讲的水平的循环,而属于这样的循环:适用司法罪状叙述犯罪事实—解释法律的含义或者用法—在新用法的基础上适用新的司法罪状叙述犯罪事实。这是在适用中反思、在反思中适用的螺旋式上升的循环过程。

其四,刑法的类推解释属于法律文本解释学的范畴,而不是原型解释的叙述解释学范畴。

刑法解释中的类推的解释对象是罪状要素,有的要素没有明文规定在罪状之中,但是在义理上和已经明文规定的要素一致,故而基于这样的义理作扩张解释,将没有规定的要素拟制为罪状明文规定的要素,按照解释的三种形态区分,这就是刑法的类推阐释。原型类推本身并不是刑法解释,而是叙述的内在属性,按照解释的三种形态区分,属于哲学存在论意义上的范畴。原型叙述和刑法类推解释的性质并不相同。前者是叙述案件事实的本质规定,后者以刑法规定的罪状为阐释对象。前者在任何案件中都必不可少,后者只有刑法缺乏明确规定出现适用的疑难的场合下才会发生。前者是刑法不能禁止的,后者在罪刑法定的时代则是禁止的。

但是考夫曼混淆了两种类推,当他说“法原本即带有类推的性质”〔1〕的时候,他所讲的是原型类推,亦即以司法罪状作为原型叙述犯罪事实的意义上的类推。当他说罪刑法定原则中的禁止类推要求是无法实现的,他讲的是作为刑法阐释方法的类推。实际上,刑法上

---

〔1〕 [德]亚图·考夫曼:《类推与“事物本质”——兼论类型理论》,吴从周译,台北,学林文化事业有限公司1999年版,第45页。

虽然禁止以类推解释入罪,但是不可能禁止类推的原型叙述。

仍以盐酸案为例,有人用盐酸泼在女会计脸上抢走钱包,是否构成法条上规定的携带武器的加重抢劫罪。考夫曼认为,这个案子中需要决定的问题是:盐酸是否构成一种武器。考夫曼的这个问题是错误的——因为盐酸本来不是武器,在盐酸本来不是武器的前提下,人们才考量两者是否具有相似之处,从而将前者拟制为后者,因此考夫曼的问题应该是:盐酸是否可以拟制为武器,而不是盐酸是否本来就是武器。这是典型的类推解释,而且是入罪的类推解释,并不是什么原型类推。而且需要重申:这里用来类比的盐酸,是一个全称命题,是指任何用来攻击时可能导致比徒手攻击更为严重伤害的盐酸,而不特指本案中泼在会计脸上的盐酸——虽然法律解释问题是由它而起的。如果不做这样的重申,人们容易出现习惯性的混淆,从而以为在案件事实和法律规定之间出现了比较和等置。

等置论者混淆两种类推,在我国学界也有呼应者。例如,张明楷认为:“刑法解释就是正义理念、刑法规范与生活事实的相互对应。”“……总之,刑法的解释就是在心中充满正义的前提下,目光不断往返于刑法规范与生活事实的过程。”〔1〕这样的观点涵盖范围较广,把案件事实叙述也纳入了刑法解释之中,如前所述,这样的解释如果算作解释的话,属于哲学存在论意义上的解释,而不是刑法解释。刑法解释的对象指向刑法规定的罪状,不是指向案件事实的,尽管刑法解释具有个案相关性——对刑法罪状要素进行解释的原因是确定案件事实的法律性质。另外,他还认为:“类推解释,是指需要判断的具体事实和法律规定的构成要件基本相似时,将后者的法律结果适用于前者。”笔者认为,不能混淆犯罪事实的原型叙述和刑法的类推解释。例如,行为人劫持列车迫使其中途停站不走,是否构成了劫持汽车

---

〔1〕 张明楷:《刑法分则的解释原理》(第2版),中国人民大学出版社2011年版,序说第10、11页。

罪？对于案件事实定性中提出的这个问题，回答的关键在于对于《刑法》第122条规定的劫持汽车罪中的“汽车”如何理解。如果允许进行类推解释，将“汽车”解释为载人的交通工具，那么就可以这样定性，否则不能。在这里，罪状中的“汽车”如何解释，决定了案件中的列车是否构成“汽车”，如果允许作类推解释，那么解释者就看到了可以和“汽车”这一构成要素等同视之的列车；如果不允许作类推解释，那么解释者就只能看到不能和“汽车”这一构成要素等同视之的列车。在这里，一方面，案件事实提出了“汽车”意义为何的问题。另一方面，第一，我们追问的是“汽车”的意义，而不是列车的意义，而且没有出现介入两者之间的第三方；第二，“汽车”的意义决定了本案中被劫持的那辆列车是否可以列入其中，两者之间是决定与被决定的关系，被劫持的那辆列车提出的问题与“汽车”作出的回答，是螺旋形上升的过程，而不是同一个平面上的比较关系；第三，“汽车”的意义解释具有全称命题的性质，可以适用于同类的任何情况，而列车特指本案中被劫持的那辆列车，不具有这样的性质。

在我国历史上，孔子出现在法家之前，曾任鲁国司寇，他提出了类推的理解观：“举一隅不以三隅反，则不复也。”〔1〕人们掌握了几个事例，就可以作为原型，举一反三，依此类推，从而理解其他的事物。孔子所讲的类推属于原型类推。后来荀子主张“有法者以法行，无法者以类举，听之尽也”〔2〕。也就是说，有法律的直接适用法律，没有法律以类推的方式进行拟制解释后适用法律。之后两千多年，我国古代一直实行“援法定罪与类推裁断”〔3〕相结合的法律适用制度。《明律·名例·刑律》云：“凡律令该载不尽事理，若断罪而无正条

〔1〕《论语·述而篇》。

〔2〕《荀子·王制》。

〔3〕张晋藩：《中国法律的传统与近代转型》（第3版），法律出版社2009年版，第303页。

者，引律比附。”直到清末变法，“从《大清现行刑律》到《大清新刑律》，代表着中国传统法向现代法的转型……一个典型的代表是比附的删除和近代意义上的罪刑法定原则的正式确立”[1]。1979 年《刑法》第 79 条规定：“本法分则没有明文规定的犯罪，可以比照本法分则最相类似的条文定罪判刑，但是应当报请最高人民法院核准。”1997 年我国修订《刑法》时，删除了允许对条文进行类推解释的条款。我们今天对于类推的理解，需要和这一段历史承接起来，像孔子那样举一反三的类推是叙述犯罪事实必不可少的，而像荀子那样对刑法罪状进行类推入罪解释才是不允许的。

4. 等置论将叙述案件事实的四要素循环误解为三要素循环

考夫曼混淆了亲历者的三要素循环与非亲历者的四要素叙述。等置论叙述犯罪事实，只有案件事实和法律规范（构成要件）这两个要素，两个要素以解释学循环的方式互动，使裸的案件事实变成了法律事实。我国学者张明楷也引用了德国学者科殷的观点：“判断者‘必须把他应当判决的、个别的具体的个案与组成实在法的法制的或多或少是抽象把握的各种规则联系起来。规则和案件是他思维的两个界限’”[2]。两要素的相互循环，假定了叙述者就是事件的亲历者，对他们来说，案情是无所不知的，不存在还需要收集证据才能了解案情的问题，他们唯一关心的是这些事情的法律意义如何确定。然而公安司法机关以及辩护人都没有亲身经历这些事情，他们只能就这些事情进行猜测、提出主张，然后收集证据予以证明，因此除了叙述者所讲的事情和法律规范以外，还有证据也是叙述犯罪事实必不可少的要素。换句话说，犯罪事实的叙述是四要素叙述，而不是三要素循环。历来的法学方法论都假定解释者对于案件事实无所不知，所需要讨论的只有法律规范的意义如何解释的问题。这样的法

〔1〕 李贵连：《沈家本评传》，南京大学出版社 2005 年版，第 396 页。
〔2〕 张明楷：《刑法学》（第 6 版），法律出版社 2021 年版，第 129 页。

学方法论，充其量只能作为定罪论的一个分支，即事质论的分支，它必须和另一个分支——事实论的分支结合在一起，才能确定被告人是否构成犯罪。在司法实务当中，更为常见的问题是指控之事究竟有没有、存在不存在，法律适用方面定性是否正确的问题相对较少一些。

而且，在指控之事是否属实方面，等置论者承认存在所谓的自在事实，同时要主张所谓自由心证，最终会导致事实认定方面的独断，一朝权在手，便把事来定，我说事情是怎样的，事情就是怎样的。在案件事实的法律适用是否正确方面，在等置论看来，案件事实和罪状一开始就不相同，经过相互适应的所谓解释学循环之后依然彼此外在，然后法官作为解释者行使权力确定一个比较点，才能将两者等同起来。在这样的格局中，司法者完全可以翻手为云覆手为雨，无论事实认定还是事质认定，等置论都没有摆脱法官独白，无法从制度上以正常程序保障客观地认定犯罪事实。

5. 等置论不能成立为定罪论

综上所述，等置论对不同意义上的解释没有加以区分，虽然以全部解释情形为探讨对象，但是所讲的类型或者类推解释，只是属于其中的反思解释的一种方法。等置论虽然属于存在论解释学，但将本属于事件解释的犯罪事实叙述，强行套用为反思解释中的类推解释，出现了以偏概全的错误。在等置论所指向的存在论领域，等置论应当退出，这里的守护者应当是叙述解释学，而等置论从属于叙述的定罪论这个整体，仅仅作为罪状文本的反思解释方法之一，安居其中。

五、走在叙述定罪论的道路上

1. 三段论的刑法适用观

三段论早在古希腊就作为形式逻辑的组成部分得到研讨，但是一直没有和法律适用联系起来，两者发生联系是近代的事情。如本书前文所述，近代主流的刑法适用观是三段论。贝卡里亚说：“法官对于任何案件都应进行三段论式的逻辑推理。大前提是一般法律，小前提是行为是否符合法律，结论是自由或者刑罚。”[1]回望近代法律三段论，它的产生和大行其道与三个前提息息相关：一是事实和法律二分为前提的近代认识论世界观，这种世界观把事实抽象为对象，把人抽象为主体。二是立法与司法分立的近代政治观，这种近代观念认为法官限于适用立法者制定的法律，不应当把自己的理解带入法律适用论中，为了防止司法权侵犯立法权，法官应当通过三段论的方式适用法律。三是近代自然科学方法论，近代自然科学的方法论要么是演绎要么是归纳。自然科学方法论取得的巨大成就对人文学术施加压力、影响，如果不按照这样的方法改造自身，那么人文学术就“不配”称为科学。然而，这三个方面的预设都是难以为继或者本来就是不能成立的。第一，马克思在《关于费尔巴哈的提纲》中讲道：“从前的一切唯物主义——包括费尔巴哈的唯物主义——的主要缺陷是：对事物、现实、感象，只是从客体的或直观的形式去理解，而不是把它们当作人的感性活动，当作实践去理解，不是从主体方面去理解。”[2]哲学在转型，世界观在转型，现代哲学由认识论哲学转型为存在论哲学，存在论哲学揭示：原初的世界是生活世界，人不是主体，而是在世界之中的存在者，文本是和人类似的存在者，事物也是世界之内的存在者，都是一开始就富有意义的，主体和客体的对立，事实和价值的区分，并不是生活世界中的原始现象。第二，法律的司法适用必然是解释性的，立法和司法的界限，无法通过三段论的形式逻辑消除解释者的参与而得以明确，只有通过区分阐释、阐发和起兴才能得到实现。第三，人文科学的方法不同于自然科学，自狄尔泰以来就提出了与自然科学认识论相当的解释学作为自己的方法论，如今已

---

〔1〕［意］贝卡里亚：《论犯罪与刑罚》，黄风译，中国大百科全书出版社1993年版，第12页。

〔2〕《马克思恩格斯选集》（第2卷），人民出版社1995年版，第54页。

经蔚为大观。第四,“不要想,而要看!”[1]实际上人们从来不用三段论的方式适用法律,而且也不用三段论对适用法律进行事后的包装。

2. 等置论的刑法适用观

考夫曼认为,我们可以把法律现实化的过程区分为法律理念—法律规范—法律判决三个阶段,法律判决作为现实的法并非圆满地包含在法律规范中,只从法律规范无法得出法律判决。[2] 等置论认为,作为文本的法律规范是未完成的,需要具体化为法律判决。这样的观点笔者是赞成的,也构成了本书继续探讨的前提和出发点。但是在探讨如何具体化的时候,考夫曼的等置论并不否定三段论作为法律适用论的地位,只是认为在这之前需要解决小前提和大前提如何实现同一的问题,为了解决这个问题,他提出“法原本即带有类推的性质”[3]。本不相关的法律和事实,在类推中对于某种证明为重要的观点可以等同视之;等同视之后即可适用三段论。在法律具体化的路径中,考夫曼要回答的问题是:在具体案件中被告人是否触犯了刑法规定。但是在等置论的路径中,考夫曼的问题不知不觉中改弦易辙了:走向了事实和规范如何取得同一性的问题,这样的路径使他退回到了事实和法律二分的近代世界观中,并且沾染了三段论的所有不足。考夫曼的等置论迷路了,我们不要把等置论和他的法律实现理论混为一谈,要明辨方向,用叙述的法律适用论继续推进他的法律实现理论。

3. 叙述的刑法适用论

刑法罪状适用的问题,即确定被告人是否犯有刑法规定的罪状

---

[1] [英]维特根斯坦:《哲学研究》,陈嘉映译,上海人民出版社2001年版,第48页。

[2] 参见[德]亚图·考夫曼:《类推与“事物本质”——兼论类型理论》,吴从周译,台北,学林文化事业有限公司1999年版,第29页。

[3] [德]亚图·考夫曼:《类推与“事物本质”——兼论类型理论》,吴从周译,台北,学林文化事业有限公司1999年版,第45页。

的问题,刑法罪状在回答这个问题的过程需要具体化,具体化的方式是叙述,人们通过叙述一个具体的案件事实来回答这个问题——当公诉人指控的被告人触犯刑法罪状之事,既是以证据为依据的传来事实,又是以司法罪状为原型的法律事实,而得到了被告人在正当程序保障下的承认时,人民法院即应确定被告人有触犯了刑法罪状的犯罪事实。这也是本书主张的叙述的定罪论。

通过叙述的定罪论,实现了由二阶刑法向三阶刑法的转化和升华。关于二阶刑法和三阶刑法的关系,笔者补充说明如下三点:

其一,刑法是为了定罪量刑而存在的,需要具体化于定罪量刑的诉讼实务中,体现在被告人是否犯有刑法规定的罪状的案件事实中,作为适用刑法而存在。欧阳修云:"儒者之于礼乐,不徒诵其文,必能通其用。"[1]类似地,人们如果只是背诵法条,还不能够适用法律对案件做出正确的判断,那他就还没有掌握这个法条。还没有具体化于定罪量刑的刑法文本,是尚未完成的纸面刑法。由国家专门机关按照一定的规程具体化于定罪量刑之中的刑法,人们往往称为行动中的刑法、适用刑法、实用刑法。但这些名称都没有揭示纸面刑法和判决中刑法的关系,两者的关系仍然被遮蔽在云山雾罩之中,为了有所揭示,本书沿着考夫曼的法律实现道路,称前者为二阶刑法,称后者为三阶刑法。

其二,三阶刑法其实就是刑事程序法,因为从二阶刑法向三阶刑法转化,是通过刑事程序实现的。这个刑事程序,我们今天称为刑事诉讼程序,相应地,三阶刑法可以称为刑事诉讼法。正如云朵是天空中的云朵一样,法律判决一定是程序内的判决——考夫曼讲的法律判决,自然是在刑事程序中由法院根据证据和司法罪状依据一定的规程作出的法律判决,亦即刑事诉讼中的判决。另外,刑事程序,自然是就刑法适用亦即被告人是否犯有刑法规定的罪状进行交涉作出

〔1〕 钱穆:《宋明理学概述》,九州出版社2010年版,第11页。

决定（判决）的程序。在这里，刑事程序和被告人是否犯有刑法规定罪状的决定是无法分割的整体。这样的整体，既可以称为刑事诉讼法，又可以称为三阶刑法。三阶刑法和刑事诉讼法，前者侧重于法律判决，亦即结果角度的刑事程序，后者侧重于作为过程的刑事程序，两者异名而同谓，是诸葛亮和孔明的关系。

其三，三阶刑法或者刑事诉讼法由犯罪事实和刑事处罚两部分组成，叙述的定罪论构成了其第一部分。本书只探讨第一部分，刑事处罚部分留待以后探讨。

4. 走在叙述定罪论的道路上

叙述的定罪论让我们回到了定罪制度的原初视野，这样的视野给了我们以叙述的犯罪事实为出发点重新理解刑事法学基本观念的机会。对于犯罪事实、证据、罪状和正当程序等基本概念，本书以下各章将分别予以重新梳理。

CHAPTER 02 >>

第二章

叙述的犯罪事实观导论

犯罪行为和犯罪事实既有区别又有联系,定罪论的探讨对象是犯罪事实。这样的犯罪事实是在叙述中形成的四位一体的犯罪事实,在叙述之前没有犯罪事实,也没有独立于其他三要素而存在的犯罪事实。

一、四位一体的叙述的犯罪事实观

(一)四位一体的叙述的犯罪事实观的所指

如第一章所述,在公诉案件中,公诉方指控犯罪就是叙述一个四位一体的犯罪之事,当该四位一体的指控的传来事实要求和法律事实要求的正确性都得到被告方在正当程序保障下的承认时,法院即认可其为应受惩罚的犯罪事实。这样的犯罪事实具有两个要点:一是在犯罪事实和犯罪行为的关系方面,认为犯罪事实是继续存在于叙述之中的犯罪行为;二是定罪活动中的犯罪事实是众多犯罪叙述中具有权威性的那一种,是四位一体的犯罪事实。

（二）犯罪事实是叙述中存在的犯罪行为

1. 犯罪事实是在叙述中存在的犯罪行为

毫无疑问，在没有进行四位一体的叙述之前也存在犯罪行为，不过同样没有疑问的是：没有叙述就不存在犯罪事实——犯罪事实是在叙述中继续存在的犯罪行为，犯罪行为并非犯罪事实，但是当它事后进入叙述之中，就成长为了犯罪事实，就像一粒种子在春天就成为一棵小树苗一样。

人们经常把犯罪行为和犯罪事实当作同义词，然而犯罪行为和犯罪事实是有区别的。行为在特定时空中进行，而事实不在时空之中，事实在观念之中。例如，你在做什么事情？这话说得通。你在做什么事实？这话却说不通。我说的都是事实，这话讲得通。我做的都是事实，这话却讲不通。做出来的行动，说出来的事实，这就是两者的基本区别，一个行动如果没有进入叙述之中，就不能转化为事实。

行为本身并不是事实，回过头对这个行为的叙述，才能称为事实。事实是从事情已经结束了来指事情，具有事后性，这是两者的又一区别。陈嘉映揭示：我们能说"事情发生了""事情正在变化""事情的经过一波三折""事情终于过去了"，但我们不能说"事实发生了""事实的经过""事实过去了"。"事情"和"事实"的不同语词搭配提示了："事情"既可以就（事情的）发生、演变、结束来指一件事情，也可以就事情已经完成来指一件事情，"事实"却只能就（事情）的确发生了、现成摆在那里来指一件事情。[1]

如果我们把过去的行动比作 18 岁的我，那么就可以将事实比作 20 岁的我。18 岁的我和 20 岁的我是同一个我，而不是张飞和岳飞那样的关系，但是 18 岁的我已经成长，进入到 20 岁的我之中，我们只能从 20 岁的角度来说 18 岁的我，离开 20 岁的参照系来说 18 岁的

---

〔1〕 参见陈嘉映：《冷风集》，东方出版社 2001 年版，第 179 页。

我，无异于刻舟求剑。20 岁的我所理解的 18 岁的我，和 80 岁的我理解的 18 岁的我，虽然都指向 18 岁，但是可以说是不同意义上的 18 岁。叙述者面临的处境不同，每一次都会让 18 岁的我呈现新的面貌。

周建漳解释丹图的观点时也说道："根据这个观点，一方面，我们都置身当下存在中，是生活与历史事件的当事人，我们又可以具有类似叙事者（不论是史家还是小说家、戏剧家之类讲故事者）那样的超越当下事件的事后他者即旁观者的眼光，这使我们能够从某一预拟结局的视角将自己当下经历的事件作为今后被述说的故事的一个有机部分来看待。"[1] 行为已经结束了之后，人不能两次踏进同一条河流，作为物理事件已经一去不复返了，但是行为也是一种意义现象，人们仍然可以继续叙述，让行为在人们的叙述之中继续存在。例如，我们经常说，孔子虽然已经出世了，但是他的事迹继续存在，他的言论一直活在我们心中；哪里有对他的讨论，他就出现在哪里，就存在于哪里。这些都是从行为的意义层面来说的。在后面的叙述中，叙述者的生活世界不同于当事人，面临的问题不同，所连接的后来事件不同，从而使历史事件呈现新的面目。换句话来说，历史事件的意义犹如一个生命体，它进入了叙述者的当下，一直处于发展之中。

鉴于行为和事实之间的上述关系，犯罪行为是个生命有机体，它和犯罪事实没有所谓的决定与被决定的关系，犯罪行为结束之后，人们事后谈论它，叙述它，它就生长为了犯罪事实。犯罪事实就是在叙述中存在的犯罪行为，就同一性而言，犯罪事实和过去行为是同一的，过去行为继续存在于其中；就差异性而言，犯罪事实是从叙述者处境中回顾的过去行为，和正在发生的与叙述者处境无关的行为是不同的，处境不同，叙述出来的犯罪事实自然有所不同。更为重要的

---

〔1〕［美］阿瑟·丹图：《叙述与认识》，周建漳译，上海译文出版社 2007 年版，译者序第 13 页。

是,如果割裂了和叙述者处境的联系,犯罪事实就不存在了,就像 18 岁的我依托着 20 岁的我继续存在一样,如果没有进入 20 岁的我之中,那么 18 岁的我也就不存在了。

2. 在叙述中继续存在的犯罪行为是一个不可分割的有机整体

"一朝被蛇咬十年怕井绳","蛇咬"还在,不过是从"怕井绳"中展示其存在,而不是直接存在。"吃一堑长一智",那"一堑"还在,不过是从"长一智"中展示其存在,而不是直接存在。可是上屋抽梯,去掉那个展示者,不就直接达到了"蛇咬"和那"一堑"吗? 当然,可以不是"怕"中显示的"蛇咬","长一智"中显示的"一堑",可以在治疗中显示"蛇咬",在沉沦中显示"一堑",诸如此类,但是如果没有进入这些任何的活动之中,那么我们从何说起它的存在呢? 就叙述与犯罪行为的关系而言,实际上,叙述犯罪行为其实是一种意向性行为,在意向性活动中,意识总是对某物的意识,意识和意识对象自始就是融为一体的,而非心物二分。例如,爱总是对某物的爱,恨总是对某物的恨,没有某物,也就没有爱恨本身;又如,我问你在干什么,你回答在思考,我又问在思考什么,你说什么也没思考,你的回答表明,你既没有"思考",也没有"什么",可见思考是对某物的思考,两者自始结合在一起,而不是一边是对象,一边是心灵,先分后合。就犯罪行为叙述而言,一方面,犯罪行为作为物理事件已经一去不复返,无法作为对象供人们反映,作为意义现象,如果离开了叙述,那么它就无法和后来的及其他事物联系起来,没有产生影响,从而不可能成为犯罪事实。另一方面,叙述总是对犯罪行为的叙述,离开了犯罪行为,叙述就在空转。因此,叙述犯罪行为是一个原初的整体,其中的叙述和犯罪行为是不可分割的,叙述是对犯罪行为的叙述,犯罪行为是叙述中的犯罪行为。

叙述犯罪行为作为一个原初的有机整体,一方面当然是对犯罪行为的模仿,另一方面这种模仿又具有创造性,用利科的话来说:

"……它指涉现实并非为了复制现实,而是为了规定某种新的理解。"[1]也就是说,叙述犯罪事实的原初有机整体,具有融合模仿和创造两个方面的新特征。正如海登·怀特说:"有人说历史学家的目的是要通过'发现'、'辨认'或'揭示'编年史中隐藏的'故事'来解释过去。'历史'与'小说'之间的区别就在于这样一个事实:历史学家'发现'他的故事,而小说家则'发明'他的故事。然而,这一观点也掩盖了一个事实,即'发明'在历史学家的运作中起到一定的作用。"[2]犯罪事实叙述也是如此,可以说叙述者在某种意义上"发明"了犯罪事实。

3. 定罪论的探讨对象是犯罪事实,不是正在发生的犯罪行为

外面正在发生一个抢劫的活动或者事件,警察必须马上出动予以制止;警察赶到的时候抢劫已经结束了,警察需要将其作为一个案件进行调查,查明事实。警察可以介入事件、控制事件,进行现场处置;但警察不能介入事实,控制事实,只能作为案件事后调查事实。警察的工作和司法人员的工作方式有一个很大的不同,警察处理正在发生的事件,需要立马做事,而法官和检察官在事后处理案件事实,需要像"事后诸葛亮"一样说事。刑事诉讼法的任务是准确、及时查明案件事实,而不是处置正在发生的当下事件。当下的犯罪行为可能很暴力;处置当下事件时可能一言不发,也可能刀光剑影、剑拔弩张;而法庭上讨论案件则是摆事实讲道理,文质彬彬,羽扇纶巾。

(三)四位一体的犯罪事实叙述

叙述就是以情节化的方式将不同事件联系起来,人是"讲故事的动物",叙述是人之为人的本质规定。海德格尔说:"是人,就叫作:是

---

〔1〕 [法]保罗·利科:《诠释学与人文科学——语言、行为、解释文集》,孔明安、张剑、李西祥译,中国人民大学出版社2012年版,第256页。

〔2〕 [美]海登·怀特:《后现代历史叙事学》,陈永国、张万娟译,中国社会科学出版社2003年版,第375页。

言说者。人是能说出是与否的言说者,而这只因为人归根到底就是一个言说者,是唯一的言说者。这是人的殊荣又是人的困境。这一困境才把人和木石和动物区别开来。"[1]叙述可以是口头的,也可以是书面的,还可以是行动的;生活中的叙述,主要是以行动表达的,如"一朝被蛇咬,十年怕井绳"就是以行动所作的表达。杀人者乔装打扮,亡命天涯,那就是对于之前杀人之事的回应,这样也是一种叙述。目击者去作证,被害人去报案,这些都是过去的行为在当下起作用的表现,人们以这种方式对所见闻所遭受的过去行为作出反应,也属于一种叙述。即使没有法律上的定罪过程,人们也在以这种方式进行叙述。众多叙述中,定罪活动中的叙述是行使国家司法权的一种特别的叙述,也是权威性的叙述,未经这样的叙述,不得在法律上有效地确定一个人有罪。

在当代司法制度下,本书倡导的犯罪事实叙述是四位一体的,和作为通说的自在论的犯罪事实观相比,有以下不同:第一,在犯罪事实与叙述的关系方面,主张犯罪事实就存在于叙述之中;第二,在犯罪事实和司法罪状的关系方面,主张犯罪事实是法律事实,司法罪状已经内在于犯罪事实之中;第三,在犯罪事实和证据的关系方面,主张犯罪事实是证据事实,证据属于犯罪事实的内在组成部分;第四,在犯罪事实和正当程序的关系方面,主张犯罪事实是主体间事实,正当程序保障下的被告人承认决定着公诉方所讲的事实是否属于"我们"的事实。以上并非独自存在,而是诉讼主体、证据、罪状和犯罪事实四要素共存于叙述之中,一体相关,缺一不可。苏轼有云:"若言琴上有琴声,放在匣中何不鸣?若言声在指头上,何不于君指上听?"也就是说,弹琴的活动是一个原始的整体,琴与人,都是作为这个整体活动的参与者而存在,如果离开了弹琴的整体,在孤立的人或者孤立

---

〔1〕陈嘉映:《海德格尔哲学概论》,生活·读书·新知三联书店1995年版,第299页。

的琴那里，是不会有琴声响起的。与此类似，犯罪事实也是在叙述中形成的，是由叙述者、证据和司法罪状融合而成的四位一体的生命整体。

既然日常生活中已经有人在叙述犯罪事实，为什么还要建立一套定罪论的犯罪事实叙述体系呢？非常重要的一点是：日常生活中的叙述，哪怕是亲历者坚信不疑的叙述，也有可能出错。我们都看到棍子在水中是弯曲的，然而眼见也不属实，见到的是假象。定罪论的犯罪事实叙述体系，则把这些叙述作为反思对象，提供了进行论证的平台，给予相关人员尤其是被告人进行检验的机会，从而避免冤假错案。

二、脱叙述的自在的犯罪事实观意义不明

（一）脱叙述的自在犯罪事实观

我们说了犯罪事实在叙述中存在，所以称为叙述的犯罪事实。可是，难道在叙述之前就没有犯罪事实吗？如果在叙述之前就有犯罪事实，那么叙述不就是对它的反映吗？对于这样的问题，通说的回答是肯定的，认为在叙述之前就存在犯罪事实，叙述是对它的反映。本书将这样的观点称为脱叙述的或者自在的犯罪事实观。犯罪事实是自在存在的，这对三段论定罪观来说自不待言。如本书第一章所述，等置论的理解也大同小异，其区分生活事实和案件事实，认为生活事实就是实际发生的事件、行为本身，不依赖于叙述而存在，案件事实是以陈述的方式呈现出来的生活事实，依据法律构成要件对生活事实加以选择和组织之后，生活事实就转化成为案件事实。[1] 按照等置论的观点，首先，案件事实是生活事实的另外一种表现形态，而不是另外一个事实；其次，生活事实是与叙述无关的事件本身；最

---

〔1〕 相关观点也可以参见黄茂荣：《法学方法与现代民法》（第5版），法律出版社2007年版，第233－241页。

后,生活事实是裸的事实,不是法律事实,需要经过叙述才能转化为法律事实。我国学者在为上述观点不断寻找哲学依据。笔者认为,这些哲学依据具有不合逻辑的空想成分。

(二)自在的犯罪事实观混淆了叙述事实和描述客体

1.把事实当作客体的若干观点

罗素认为:"事实的意义就是某件存在的事物,不管有没有人认为它存在还是不存在。"[1]我国学者孙伟平认为,罗素不把事实当作精神性、观念性或主观性的东西,而把事实当作客观存在的事物、事件及其过程的现实状况,坚持了客观性原则;但是根据实践唯物主义的理解,事实是与人或主体及其活动相关的,处于人类实践认识之外的对象并非事实,因而罗素定义的外延应缩减。考虑到这些因素,孙伟平认为,狭义地讲,所谓事实,就是人的实践和认识活动对象自身的客观存在状态。[2] 由以上两者的观点可知,事实在近代哲学框架内相当于主客二分中的客体、对象,它立于人的对面,不依赖于人而存在,有固定不变的本质,也就是说,事实的根本特征是自在客观性。

以上哲学界的观点在法学界也比较普遍。法学界裴苍龄的自在事实观是针对彭漪涟的观点引申而来的。彭漪涟认为:"事实是人对呈现于感官之前的事物或其情况的一种判断,是关于事物(及其情况)的一种经验知识,亦即是关于客观事物的某种判断的内容,而不是客观事物本身。"[3]裴苍龄对此提出异议,他认为:"关于客观事物的某种判断的内容"是事实,而"客观事物本身"并不是事实;彭氏这样理解事实,就是颠倒了存在和意识的关系。"关于客观事物的某种判断的内容"属于意识范畴,而"客观事物"属于存在范畴;属于存在

---

〔1〕 [英]罗素:《人类的知识——其范围与限度》,张金言译,商务印书馆1983年版,第177页。

〔2〕 参见孙伟平:《事实与价值——休谟问题及其解决尝试》,中国社会科学出版社2000年版,第74-83页。

〔3〕 彭漪涟:《事实论》,上海社会科学院出版社1996年版,第4页。

范畴的“客观事物”不是事实,属于意识范畴的“判断的内容”怎么能成为事实呢?[1]他进而认为,这里的“判断”,无非是“客观事物”(及其情况)的反映。“客观事物”(及其情况)是事实,“判断”才能反映出事实,这就叫存在决定意识;“客观事物”(及其情况)不是事实,“判断”却能成为事实,这不成了意识决定存在了吗?[2]所以他的结论是:把“客观事物本身”不看作事实,却把反映了“客观事物”的“判断”看作事实,这是明显讲不通的。[3]

法学界的张继成引用早期维特根斯坦和罗素的观点来理解命题(陈述)和事实的关系,认为事实和命题既有区别又有联系,事实是使命题为真或假的东西,命题是事实的表现形式,命题有真假而事实无真假。[4] 将这样的观点加以引申,那么他不会反对以下观点:犯罪行为本身是事实,命题是对该犯罪行为(事实)的描述,与犯罪行为(事实)符合一致的是正确的命题,否则是错误的命题。

2. 叙述事实和描述客体的区别

人们经常把事实和物体、客体之类相提并论,认为事实独立于叙述而存在。然而这样的类比是不能成立的。事实叙述和客体描述应当加以区分,不能混为一谈。椅子、桌子只是物体,尽管我们可以描述它,我们不说它也存在。但椅子也好,桌子也好,都是自然存在物,并不是事实。对于椅子、桌子有所述说,如椅子在客厅里,桌子在厨房里,这才有可能谓之事实。椅子、桌子在空间中,可以搬来搬去,从一个空间进入另一个空间,而事实不在空间中,我们不能把事实搬来搬去,不过只

---

〔1〕 参见裴苍龄:《把证据学打造成全人类的科学——三论实质证据观》,载《法律科学(西北政法大学学报)》2012 年第 1 期。

〔2〕 参见裴苍龄:《把证据学打造成全人类的科学——三论实质证据观》,载《法律科学(西北政法大学学报)》2012 年第 1 期。

〔3〕 参见裴苍龄:《把证据学打造成全人类的科学——三论实质证据观》,载《法律科学(西北政法大学学报)》2012 年第 1 期。

〔4〕 参见张继成:《事实、命题与证据》,载《中国社会科学》2001 年第 5 期。

要我们张口说话,事实就在嘴边。维特根斯坦进一步揭示:尽管人们可以指着一个星座并说"这个星座是完全由我已经知道的构成成分'对象东西'构成的",但是人们不能"指着一个事实"并且说出这点。人们当然也说"指向一个事实",但这总是意味着"指向这个事实,即……"指向一个事实意味着断言什么,说出什么。"指向一朵花"并非意味着这点。[1] 也就是说,这是一个事实和这是一朵花,表层语法是一样的,深层却不同,我能用手指出那朵花来,然而我指不出事实来,我只能马上补充说:"这个事实就是某某某",如果我不补充说,事实还是没有出现。换句话说,"把描述设想为事实的语词图画,这是会起误导作用的"[2]。应当把描述和叙述区分开来,我们可以描述一朵花,但是我们不能描述一个事实,我们叙述一个事实。

由此可见,尽管叙述的对象是过去的事情,但是并非照相机一样地模仿和描述,而是在新的框架中联系起来获得转化和生成。布莱克让我们考虑几件事情:月亮的另一侧在被见到以前是否存在?在摄影术发明之前,奔马的慢动作是否已经存在?[3]他告诉我们,前者的答案是存在,后者的答案则是不存在。后者的不存在揭示出:一方面,通过摄影技术,我们确实看到了奔马的慢动作,这是真实的,并非虚构或者假象;同样的道理,叙述是对于犯罪事实的叙述,通过叙述,我确实看到了犯罪事实,这是真的,我们不能像建构主义一样否定这样的常识。但是另一方面,我们又不能像反映论者一样以为所叙述的犯罪事实是独立于叙述而存在的,因为我们看到了什么,在很大程度上取决于我们如何去看,用什么去看。由于有了摄影技术,我们才能看到奔马的慢动作,就此而言,叙述具有转化的作用,过去的事情

〔1〕 参见韩林合:《维特根斯坦〈哲学研究〉解读》(上册),商务印书馆2010年版,第66页。

〔2〕 [英]路德维希·维特根斯坦:《哲学研究》,陈嘉映译,上海人民出版社2001年版,第152页。

〔3〕 参见胡壮麟:《认知隐喻学》,北京大学出版社2004年版,第53页。

有可能转化到不同的概念中来，从而仁者见仁智者见智看到不同的事实。

（三）自在的犯罪事实观是叙述的自我遗忘性所致的假象

在叙述中，叙述者的处境提供了立足点，把过去的行为带到了现在，与现在共在，就像看见眼前的事情一样触手可及，人们得意而妄言，而忘记了叙述自身的存在，越是言之有物的叙述，越是自我遗忘，这就像镜子，越是清晰地照亮事物，越是看不到镜子自身，因而误以为没有叙述的中介作用也可以看到过去。自在事实观以为直接看到了过去的行动，其中没有把自己包含在内，其实这是朴素的历史主义观点，是对效果历史的真相遗忘所致。加达默尔揭示道："所谓历史主义的素朴性就在于它没有进行这种反思，并由于相信它的处理方法而忘记了他自己的历史性……一种真正的历史思维必须同时想到它自己的历史性。真正的历史对象根本就不是对象，而是自己和他者的统一体，或一种关系，在这种关系中同时存在历史的实在以及历史理解的实在。一种名副其实的诠释学必须在理解本身中显示历史的实在性。"〔1〕

例如，有的持自在事实观的学者认为，姚某红光天化日之下在天安门以驾驶汽车的方式危害公共安全，就实施犯罪的主体而言，不承认其绝对真实性，岂非荒唐？〔2〕对此结论，笔者基本上是认可的，但是所作解释与自在论者不同，不会得出与自在论者相同的结论：事实是在叙述之外在叙述之前就存在的对象。姚某红也好，被害人也好，其他见证人也好，他们对于这件事情刻骨铭心，或者去报案，或者去作证，或者束手待擒，或者告诉家人朋友要小心，或者写在日记里，或

---

〔1〕［德］汉斯-格奥尔格·加达默尔：《真理与方法——哲学诠释学的基本特征》（上卷），洪汉鼎译，上海译文出版社1999年版，第384、385页。

〔2〕参见陈光中、陈海光、魏晓娜：《刑事证据制度与认识论——兼与误区论、法律真实论、相对真实论商榷》，载《中国法学》2001年第1期。

者小心翼翼地出行,对于他们来说,这件事情并没有过去,仍然存在于当下,成为他们作出这样的举动的原因。这件事情刚好表明过去的事情并没有过去,它与现在同在,在影响着当下的行动。但是需要注意:第一,所有这些叙述也是回顾性的叙述,是从结尾回溯过去的叙述。对于那些与应当追究其刑事责任的结论无关的内容,如姚某红的身高是多少、力气有多大、他什么时候吃的饭,叙述者视而不见听而不闻。陈嘉映揭示:“事实是用来论证的——我们有某种看法、主张、理论,用事实来论证。世上的事情千千万万,我们在其中裁取某些来论证我们的看法和主张。”〔1〕詹姆士则说道:“遗忘和记忆是同等重要的功能。(靠着遗忘)一切回忆起来的时间都已被缩短,而缩短是由略去其中大量事实而产生的。”〔2〕第二,这些当下的叙述本身就是事实。姚某红的供述是事实,证人证言是事实,而不是对叙述之外叙述之前的事实的反映。假设被告人说:证人的叙述是对于这件事情的正确反映。那法官问:这件过去事情本身是什么?这样的问题无从回答。第三,如果说主观认识符合客观情况有意义的话,不应当理解为主观认识符合在叙述之外所谓的自在客体,而应当理解为:公安司法机关并非事件的亲历者,其叙述的案件事实属于“再叙述”的范畴,应当建立在亲历者叙述的情况之上。

又如,刑法学者探讨刑事责任,采用了一种脱叙述的方式表达,他们认为刑事责任是因为犯罪者实施的犯罪行为而由司法机关责令承担的法律后果,分为产生阶段、确认阶段和实现阶段。“刑事责任的产生阶段,从行为人实施犯罪时起,到司法机关(或公安机关)立案时止。”〔3〕然而世间的事情连绵不断,无始无终,唯有在叙述之中,事

---

〔1〕 陈嘉映:《说理》,上海文艺出版社2020年版,第363页。

〔2〕 [美]丹尼尔·J.布尔斯廷:《发现者——人类探索世界和自我的历史》(社会篇),戴子钦等译,上海译文出版社1992年版,第17页。

〔3〕 高铭暄、马克昌主编:《刑法学》(第3版),北京大学出版社、高等教育出版社2007年版,第219页。

情才会取得开头、中间和结尾的形态。刑事责任的开始阶段，其实是叙述中回顾起来的开始阶段，到底什么时候算“开始”，这是由结尾或者结论来界定的。人们以被告人具有应予刑罚的罪状这个结论为出发点，回头说被告人是怎样开始其所作所为的。在由结尾到开端又从开端到结尾的循环中，被告人的刑事责任得以确定。刑法学者所讲的刑事责任产生、确认和实现三阶段，其实都是以叙述为自己默认的前提的，正如加达默尔说：一切认识都是从历史的在先给定的东西开始的，这种在先给定的东西，是一切主观见解和主观态度的基础，规定和限制了理解历史流传物的一切可能性。[1]

再如，将张继成的观点加以引申，可以说命题、叙述是作为“副现象”出现的，事实类似于电脑里的电子活动，命题、叙述则类似于电脑显示屏上的那些活动，即使没有显示屏上的那些活动，电子活动也不会受到丝毫影响。然而实际情况不是这样的，鲁迅说：红楼梦单就命意就因眼光的不同而有种种，道学家看见淫，经学家看见《易》，才子看见缠绵，流言家看见宫闱秘事，革命家看见排满。[2] 在刑事诉讼中，如一叠伪钞、一封写着某日交付多少伪钞的信件，一部制造伪钞的机器，办案人员叙述出来的是伪造货币的罪行，而其他人员看出来的或许是发达的激光电子技术。可见，叙述并不是可有可无的“副现象”。另外需要注意，维特根斯坦后来放弃了命题是现实的逻辑图像的观点，改为语言游戏的观点，认为对于表达式来说，不要问意义而要问使用，意义即用法。

（四）自在的犯罪事实观误以为叙述是没有存在论根基的游戏

自在的犯罪事实观有一种深层次的忧虑：言语不可靠！如果犯

---

〔1〕［德］汉斯－格奥尔格·加达默尔：《真理与方法——哲学诠释学的基本特征》（上卷），洪汉鼎译，上海译文出版社1999年版，第387、388页。

〔2〕参见《〈绛洞花主〉小引》，载《鲁迅全集》第8卷，人民文学出版社1981年版，第145页。

罪事实存在于叙述之中，那么人们闭口不言，难道就没有犯罪事实吗？如果叙述者像邓析那样，“操两可之说，设无穷之词”，哪里还有什么犯罪事实可言？为了寻找稳定的基础，人们宁愿相信存在自在的犯罪事实，与它相符的叙述才是正确的。

其实这样的担心是没有必要的，叙述并非人们在意识中可以操控的游戏，人们不由自主地卷入犯罪事实的叙述之中，服从过去行为本身叙述的逻辑，是过去行为自己在叙述，我们聆听到了过去行为自己静默无声的叙述，才能把它说给人听。“一朝被蛇咬十年怕井绳”，在反思“怕”从何来之前，我们已经在怕了；“吃一堑长一智”，在反思“智”从何来之前，我们已经长智慧了。行为人去自首，去伪造、毁灭、隐匿证据，去逃亡，他为什么这么做？还不是因为自己过去的所作所为在起作用，粘在身上挥之不去，他不得不以这样的种种方式作出反应，这就是他的无可逃避、不得不承担起来的存在。每当他以这样的方式作出反应的时候，其实同时也在以事实化的方式叙述着自己过去的所作所为。正如加达默尔所言：“其实历史并不隶属于我们，而是我们隶属于历史。早在我们通过自我反思以理解我们自己之前，我们就以某种明显的方式在我们所生活的家庭、社会和国家中理解了自己……因此个人的前见比起个人的判断来说，更是个人存在的历史实在。”[1]“视其所以，观其所由，察其所安，人焉廋哉？人焉廋哉？”[2]我们何妨像夫子一样善待叙述！

三、脱犯罪行为的犯罪事实叙述观不能成立

（一）建构的犯罪事实观

建构的犯罪事实叙述观与四位一体的叙述犯罪事实一样，承认

---

〔1〕［德］汉斯－格奥尔格·加达默尔：《真理与方法——哲学诠释学的基本特征》（上卷），洪汉鼎译，上海译文出版社1999年版，第355页。

〔2〕《论语·为政》。

犯罪事实是在叙述中出现的，不过其认为犯罪事实不是在四位一体的叙述中出现的，而是叙述者人为建构出来的，与行为人当时实际上是否实施了该犯罪行为无关，只要是按照要求建构的，其结论就会被认定为正确。凯尔森认为："事实只有在首先通过一个法律程序加以确定后，才能被带入到法律范围中来，或者就可以说，它们才在法律范围中出现……确定条件事实的主管机关，在法律上'创造'着这些事实……法律规则正确的表述并不是：'如果一个国民犯不法行为，一个机关就应该对不法行为人进行制裁'，却是：'如果主管机关依适当程序确认一个国民犯不法行为，那么一个机关就应对这一国民进行制裁。'"〔1〕我国古代的司法实务，经常奉行这样的犯罪事实观，在事实认定方面，《汉书·杜周传》说杜周"会狱，吏因责如章告劾，不服，以掠笞定之"。也就是说，杜周办理案件，不考虑犯人是否实际上犯有指控的罪行，当犯人被押到长安城会审时，其手下的属吏会要求犯人依葫芦画瓢，按照奏章的指控所说的来招供，要是不服，就动用刑讯逼其招供定案，只要取得了口供，就可以认定为"犯罪事实"。在法律解释方面，据俞荣根解释，我国古代存在"一个法吏实行严格的罪刑法定主义、'大臣'实行罪刑非法定主义、'人主'实行罪刑擅断主义三者结合、互补互济的执法体制"〔2〕。

（二）自在的犯罪事实观

自在的犯罪事实观把事实想象成为石头一样的客体，认为犯罪事实是已经过去了的事实，它独立于现在的叙述而存在，独立于证据而存在，独立于刑法规定而存在，也独立于被告人的承认而存在。"两极相通"，这意味着自在论者可以任意叙述，把犯罪事实打扮成自

---

〔1〕［奥］凯尔森：《法与国家的一般理论》，沈宗灵译，中国大百科全书出版社1996年版，第154页。

〔2〕俞荣根：《儒家法思想通论》（第2版），广西人民出版社1998年版，第98页。

己喜欢的模样。具体说明如下：

其一，犯罪事实独立于现在的叙述而存在。犯罪事实是过去之事，过去的事情已经过去了，一去不复还。说得理论化一点，过去与现在，是两个不同的实体，相互隔绝，我们不可能通过现在了解过去。王敏远教授的看法具有代表性，他把历史和过去等同视之，认为历史事实分为两个层次：一个层次是本体论意义上的历史事实本身，它存在于与现实隔离的彼岸，不能重现，只能存而不论了；另一个层次是认识论意义上的历史事实，也就是人们关于历史事实的各种看法和主张。认识论意义上的看法和主张是否正确，并不取决于是否符合历史事实本身，因为在本体论意义上的历史事实是与现在隔绝、不可知的；而是取决于现在的证据。[1] 这样的观点，从语言的角度也可以表述为：犯罪事实独立于现在的叙述而存在。叙述是对于过去的犯罪事实的反映，没有叙述，犯罪事实也存在，无论怎么样叙述，犯罪事实都始终如一，不会随着叙述的变化而变化。

其二，犯罪事实独立于证据而存在。学者们普遍认为，犯罪事实和证据是彼此外在的两件不同的事情，先有犯罪事实，然后从中衍生出证据，有证据固然有犯罪事实，没有证据犯罪事实也不会因此消亡，不管有没有证据，犯罪事实的存在都不受影响。按照这样的观点，证据只是达到事实真相的阶梯和手段，一旦达到就可以弃之不顾，如果有其他手段达到，那就可以不讲证据了。

其三，犯罪事实独立于司法罪状而存在。在讨论司法罪状（刑法学界对应的术语是犯罪构成）与犯罪事实的关系时，刑法学界认为，构成要件作为法律规定属于应然的范畴，犯罪事实属于实然的范畴，两者本来不相统属，是在法律适用过程中才形成三段论意义上的逻辑联系的。我国学者认为定罪也是一项三段论式的识别活动，叙述

---

〔1〕 参见王敏远：《一个谬误、两句废话、三种学说——对案件事实及证据的哲学、历史学分析》，中国政法大学出版社2013年版，第10页。

者以法条规定的犯罪构成为大前提,以相应的案件事实为小前提,合乎犯罪构成者则得出有罪的结论,否则作出无罪的结论。这种三段论式推理预设了作为小前提的案件事实本身就是犯罪事实或者不是犯罪事实,与法律规定没有关系。

其四,犯罪事实独立于被告人的承认而存在。犯罪事实如果存在,就不依赖于被告人的意志而存在,就算被告人不承认,如果查明了犯罪事实的客观真相,一样地能够认定。即使被告人承认,也不能轻易地相信,仍然需要查明客观的案件事实本身。反对罪从供定,主张客观如实,是诉讼法学界的普遍看法。

综上所述,犯罪事实是独立自存的,具有四个不相关的特征,这就是自在的犯罪事实观的素描像。

(三)认识论的犯罪事实观

建构论和自在论表现出任意建构的极端特点,在两者之间,还存在一种比较温和的脱犯罪行为的犯罪事实观,笔者称为认识论的犯罪事实观。人们的叙述和过去的行动之间的关系究竟是怎样的呢?在诉讼法学界,通说的观点认为,人们的叙述是对过去行动的反映,过去的行动在叙述之前就存在,没有叙述也存在。这是一种自在的但可以反映的事实观。但是人们从来没有看到过脱离叙述而存在的自在事实,难免心生疑惑,于是又有王敏远等少数学者主张分离的自在事实观进行修补:认为过去的行动作为自在的事实本身已经一去不复返了,诉讼中有意义的是“认识论”意义上的事实,亦即由证据中体现的过去行动,至于它和过去的行动之间的关系,是不可知的,对这种“本体论”意义上的事实,诉讼中存而不论即可。

(四)脱犯罪行为的犯罪事实叙述观不能成立的理由

1. 概评

脱犯罪行为的犯罪事实叙述观的要领是“没有事实,只有叙述”,叙述者是人,而不是过去行为本身,人可以把过去行为当作任人打扮的小姑娘,让她呈现自己喜欢的面貌。如果说朴素的历史主义者只关心过去行动的客观性而忘记了自己的叙述者处境,那么脱犯罪行为的犯罪事实叙述观则走向了另一个极端,它只关心自己的叙述者处境而忘记了过去的犯罪行为自身的诉说。可是,看看现实,哪一个犯罪行为不是刻骨铭心,影响着人们当下的所作所为,挥之不去。李清照云:"此情无计可消除,才下眉头,却上心头。"看看司法文书,采用的表达式是"经审理查明,案件事实如下:……"而不是"经审理查明,我们叙述如下:……"也不是"案件事实如下:……"这已经在提示我们:是犯罪行为自己在叙述,对我们展示出它的逻辑,我们只是听明白了它的叙述,追随这样的逻辑,从而能够叙述。换句话说,犯罪事实叙述是复调式的叙述,既是犯罪行为自身的诉说又是我们的叙述,是两者的统一体,因此犯罪行为自身的诉说是不可否认的。就此,笔者补充说明如下三点:

其一,犯罪事实叙述是复调式叙述,犯罪行为和叙述者在其中以问答逻辑的方式展开对话。问答逻辑是加达默尔哲学解释学的重要概念之一。在犯罪事实叙述中,"对话"是个比喻,问答逻辑其实就是争点的提出、整理和疏通,叙述者有时候会感到思路不通,难以为继,"叙述断裂处,无物存在",这是遇到了犯罪事实本身提出的问题——无论事实方面的还是事质方面的,把这些问题一一理顺,融会贯通,加以回答,才能完成叙述。

其二,当我们拒绝追随这样的问答逻辑任意而行的时候,我们知道自己是错误的,我们越是拒绝,过去行为越是对我们以这样的方式呈现出来。当我的叙述是对的,重心不在我,而在过去行为本身,不是过去行为因为我而成立,而是因为我的叙述服从过去行为自身的逻辑,让它呈现出来,所以我才是对的。总之,正如加达默尔所说:"理解其实总是这样一些被误认为独自存在的视域的融合过程。"[1]

---

〔1〕 参见[德]汉斯-格奥尔格·加达默尔:《真理与方法——哲学诠释学的基本特征》(上卷),洪汉鼎译,上海译文出版社1999年版,第393页。

上述司法文书如果能够成立，其实就是加达默尔所讲的“视域融合”的效果——过去行为自身的视域和叙述者的视域融合的效果。

其三，加达默尔本人研讨的解释学是文本的解释学。不过，朋友拍打你的肩膀，你理解为问候；仇家拍打你的肩膀，你理解为殴打。这里虽然没有出声的语言，但是仍然是一种（准）话语行为。行为是时空之中发生的物理事件，而且本身就有意义，可以和其他事件联系起来进行叙述。人类行为是有意义的，也就是说，未来在当下的行为中先行到场，人们不但行动，而且把行动当作一种叙述，“即‘先行到故事结尾’，而生活事件的意义则由特定的叙述意识也即历史意识中生发出来”〔1〕。因此，利科说到：行为自身——作为有意义的行为——可以成为科学的对象，而无须失去其意义的特征。〔2〕也就是说，人类行为也具有准文本的性质，从而人类行为也属于解释学的研讨对象。

2. 认识论犯罪事实观简评

王敏远认为，一方面，应当区分本体论意义上的事实和认识论意义上的事实。本原的历史事实仅存在于与现实隔离的历史彼岸，不能重现，只能存而不论了，现实中所存在的只是历史的印迹，对它们不论给予多么合理的解释，不论显得多么可信，也绝不可能是本原的历史事实，而是可谬的。另一方面，与此相对应，应当区分作为历史事实的案件事实与作为现实的证据事实，前者没有意义，因为历史事实不可能存在于现实当中；不过我们仍能讨论认识论层面的案件事实，也就是某种关于案件事实的陈述、命题的真假问题以及论证和判

〔1〕［美］阿瑟·丹图：《叙述与认识》，周建漳译，上海译文出版社2007年版，译者序第13页。

〔2〕参见［法］保罗·利科：《诠释学与人文科学——语言、行为、解释文集》，孔明安、张剑、李西祥译，中国人民大学出版社2012年版，第166页。

断的真假的根据问题，即证据问题。[1] 这是一种新锐的观点，将案件事实和历史事实、语言哲学联系起来，将问题的讨论纳入更为广阔的视野之中。不过笔者认为，这种观点仍然是不能成立的，基本问题在于以下三点：

其一，需要理顺生活事实和历史事实的关系。

历史事实和刑事诉讼中的亲历实情都采用了叙述句的表达方式，两者自然存在一致之处。行动已经结束之后，后来者进行回顾，把当初发生的事情和叙述者所关切的后来事情关联起来，这就是历史叙述。历史叙述具有回顾性的特点，其中叙述者和行动的当事人的地位是不同的，叙述者知道的比当事人知道的多，但有些事项只有当事人知道。例如，1931 年九一八事变是我国抗日战争开始的标志，这在 1931 年 9 月 18 日的时候还不是事实，当时的人并不知道，到 1945 年战争结束了，人们回过头来看，才能进行这样的叙述，可以说，在 1945 年日本投降之前，九一八事变是我国抗日战争开始的事实并不存在。正如丹图所说："与一个事件相关的全部真理只能在后来，有时只能在事件发生很久之后才能被知道，故事的这一部分只有历史学家能说。这是即便最好的目击者都不知道的。"[2] 而在刑事诉讼中，作为行动者的当事人同时也采取了事后叙述者的态度，不是两相分离，而是重叠在一起的，属于丹图所言的我们关于自己生活图像的叙述。[3] 在刑事诉讼中，亲历者讲述的事实与被告人将得到怎样的处理利害攸关，亲历者置身于这样的利害关系中进行讲述，就此而言，事情并没有过去，而是需要当下进行处理的事件，历历在目，挂在

---

〔1〕 参见王敏远：《一个谬误、两句废话、三种学说——对案件事实及证据的哲学、历史学分析》，中国政法大学出版社 2013 年版，第 10 页。

〔2〕 [美]阿瑟·丹图：《叙述与认识》，周建漳译，上海译文出版社 2007 年版，第 190 页。

〔3〕 参见[美]阿瑟·丹图：《叙述与认识》，周建漳译，上海译文出版社 2007 年版，莫宁赛版导言第 5 页。

心头，并不属于那种利害关系已经结束，“古今多少事，都付笑谈中”的历史叙述。

其二，需要梳理物理的线性时间和人生的圆性时间的关系。

过去的行动如果没有进入现在的叙述之中，就没有取得事实的形态，不能称之为事实；如果进入了现在的叙述之中，那么它就是事实本身，而不是对事实的反映。我们只能问：“证人，你讲的是事实吗？”而不能问：“证人，你讲的是对事实的正确反映吗？”因此亲历者讲述的就是存在于叙述之中的过去行动本身，过去行动已经存在于讲述之中。王敏远提出自在的本体论意义上的事实是不可知的，这样的立论前提不能成立。

近代主导性的时间观是物理学的时间观，时间被当作一去不复返的线性时间，被当作可以分割可以测量的点，过去被当作空间化的容器，从这样的时间观出发，大家心照不宣地认为，古与今、过去与现在是相互隔绝的，他们之间的关系，就像两块石头之间的关系一样，彼此外在，从一块石头看不出另一块石头来。但是，这只是物理时间，并非我们生活中的时间，人生中的时间不是这样理解过去与现在的。人生的时间具有历史性，所谓历史性，就是过去、现在和未来是融合在一起的，人们总是继往开来生活在当下。动物只有过去，植物也是如此，他们没有历史，而人类总是以史为鉴回顾过去，我们对动物植物的研究都是科学研究，只有对人类自己的研究是历史研究。孙周兴区分线性时间和圆性时间，前者是物理时间，后者是人生时间——“所谓的‘圆性时间’是生命本体的时间，是时空一体的生命体验的尺度。它当然是随着生命而运动的”[1]。我们叙述过去，尽管过去发生的事情只能以观念形态继续存在，而不存在于现实的时空之中，就此而言过去的事情和现在的事情有区别。但这里的过去，不能理解为与现在、未来绝缘的封闭空间，而是流传到现在，和现在、

---

〔1〕 孙周兴：《圆性时间与实性空间》，载《学术界》2020年第7期。

未来相互作用的过去，是作为历史的过去。同样，如果我们叙述现在，所谓现在的时间，也不是一个孤立的时点，而是过去与未来相互碰撞的“瞬间”，是作为历史的现在。

辩护人现在要去开庭，是因为前几天接到了法院的出庭通知书，而且他要对当事人的未来负责。当他出席法庭之际，之前的委托与通知，对于法院听取自己辩护意见的期待，都交织在一起；时间不是作为一个点而存在，而是作为人生网络上的一个四通八达的枢纽而存在。小二郎现在要去阅读，是因为放学时老师布置了这样的作业，而他明天还需要面对老师。当他读书之际，昨天老师的叮嘱、明日老师的责罚相互交织，呈现在读书之中。这就是我们的人生时间。“快点吃早饭，别慢慢腾腾的”，爸爸催促女儿说。爸爸为什么这么催促呢？原来昨天女儿吃饭慢腾腾的上课迟到了。也就是说，昨天慢腾腾吃饭最终迟到这件事，作为理由出现在现在的催促中了。要是昨天慢腾腾这件事和现在没有联系，没有作为理由进入现在的催促当中来，那么催促这件事情就是不可理解的；而现在也对过去作出反应，是从吃饭要快的角度作出反应。在这里，过去的事情对于现在正在发生着影响，成了现在的组成部分。在人生时间中，过去的经历对现在自然而然地起着作用，未来的期待也在起着作用，现在是过去与未来相互作用的枢纽所在。“观今宜鉴古，无古不成今”“人无百岁寿，常怀千年忧”，已经过去的事情和尚未到来的事情一起进入了现在，继续存在于现在，如果过去的事情不以这种方式继续存在，继续起作用，那么我们的生活就无从进行，我们就是以这样的历史性的方式存在。这种三位一体的时间观，就是历史的时间观，人生的时间观，他是循环往复的，相互作用的，不可分割的。在近代哲学中，尼采称之为“永恒轮回”，柏格森称之为“绵延”，伽达默尔称之为“效果历史”。

就此而言，王敏远没有区分过去事情的不同维度，他所讲的过去的事情是物理时间意义上一去不复返的过去之事，而不是圆性时间意义上的历史的过去之事。在人世间,过去的事情不是与现在绝缘的、不可复现的,而是存在于当下之中,我们无法想象离开了过去经历的指导,生活何以展开!就犯罪而言,行为人去自首,去伪造、毁灭、隐匿证据,去逃亡,去撒谎,他为什么这么做?因为自己过去的所作所为在起作用。他过去的所作所为是多么的强大,是过去的所作所为现在正在支配着他,就像身上的器官一样挥之不去,他于是听从召唤以种种方式加以应对。他过去的所作所为是多么的确定,内化于心,不假思索,像举手投足一样自然!哪里能说只存在过去的彼岸不能为当下的人所知呢?过去的行为不但存在于行为人的现在的所作所为之中,而且目击者去作证,被害人去报案,这些都是过去的行为在当下起作用的表现。

其三,需要梳理事实叙述中解释学和认识论的关系。

认识论是二元的,一元是对象、客体,另一元是主体或者叙述者,两者相互异质,彼此外在,互不了解,叙述者对于对象一无所知,所以才需要去"认识"。但是这样的认识论是自然科学的认识论,并不适用于历史。就我们自己的经历而言,过去的事情可能刻骨铭心,内化于心,寓居于我们的身体之中,得心应手地影响着现在的一举一动,并非有待认识的异质客体。当我们叙述历史人物的所作所为,其所作所为就以观念形态继续存在下来;我们的叙述并非其反映,而是其所作所为的继续存在方式。既然在言说,我们就已经有所知道,毕竟不可能言说一无所知的东西。作为历史的过去总是已经为我们所知道,总是已经内在于我们,"万物皆备于我"[1],不属于认识论去处理的问题。非亲历者理解历史事实,可能从怀疑或者猜测开始,经过循环往复,才能达到事情本身。不过,哪怕是猜测、怀疑,也是对于事情有所了解,或者说,已经有了猜测性了解,这和认识论上的一无所知

[1] 《孟子·尽心上》。

和全无了解截然不同。狄尔泰有句名言：我们说明自然，我们理解精神。[1] 就此而言，沿着说明与理解二分的大框架来说，历史事实的理解，属于解释学的范畴，而非认识论的说明范畴，不能用认识论的方式去探究。更进一步说，历史解释同时也构成了历史事实自身，并不存在本体论和认识论的区分。加达默尔揭示：真正的历史对象根本不是对象，而是自己与他者的统一体，其中同时存在历史对象的实在和历史理解者的实在。[2] 就此而言，王敏远所讲的认识论似乎既不适用于理解已经远去的历史事实，又不适用于理解生活当中的案件事实。

---

〔1〕 参见洪汉鼎：《诠释学——它的历史和当代发展》，人民出版社2001年版，第105页。

〔2〕 参见[德]汉斯-格奥尔格·加达默尔：《真理与方法——哲学诠释学的基本特征》（上卷），洪汉鼎译，上海译文出版社1999年版，第384、385页。

CHAPTER 03 >>

第三章

叙述的定罪证据观导论

一、叙述的定罪证据观

叙述的定罪观认为，人民检察院主张的案件事实是由非亲历者讲述的传来事实，由指控之事和证据两部分构成，指控之事建立在证据的基础之上才构成传来的案件事实。在这样的背景下，从结果角度来说，构成指控之事之依据的亲历实情就是证据；从过程角度来说，人民检察院证明指控之事属实的主张时，所举的名义证据，其依据性、亲历性和真实性都经过被告人在正当程序保障下质证无疑的，人民法院即应认定为定罪证据。关于证据的界定，补充说明三点：

其一，一般认为，证据属于事实的范畴，通常采用“证据是……的事实”的方式界定证据，但是笔者采用“证据是……真实情况”的方式进行界定，理由是：首先，案件事实是在证据与罪状的碰撞中形成的，叙述的案件事实是大全，从一个角度来说是以证据为依据的传来事实，从另一个角度来说是以司法罪状为原型的法律事实。采用“证据是……的事实”的说法，会以偏概全。其次，事实是以司法罪状整合证据而形成的立法罪状的指称,事实和证据之间是叙述性的关系。在日常语言中,情况是周边情况,意味着有一个事物作为其中心。我们既然已经确定了犯罪事实这个中心,那么把证据作为使其得确立的周边情况就是符合阐释关系逻辑的。再次,在司法实务中,一份证据可能只有一部分与案件事实有关,还有一些是无关的。如果采用事实说,意味着其他部分并非证据,然而这是与"一份证据"的定义相矛盾的。例如,在一个案件中,证人笔录作了五次,总共一百多页,与被告人直接相关的只有一句话,公诉人仅引用这一句话指控被告人有罪,说这是根据证据说话。可是笔录的其他部分难道不也是证据的组成部分吗?难道不能用来据以反驳公诉人的引用吗?最后,在我国传统中,断狱应当"俱得情实",以"情实"为依据结案。这里讲的情实,也就是作为证据的真实情况。

其二,我们平时讲的证据,如书证、物证、人证,都是有形的,需要在调查中去收集。而罪状论证中,所引法条属于公共读物,不需要以调查的方式去收集,至于引用的法条是否准确,法条的意思解释是否准确,这些属于概念思辨的范畴,与证据调查没有关系。所以作为原型的司法罪状虽然也是论证所叙之事定性准确的论据,但是不叫证据,而是法律依据。

其三,自明之事无须证据。不妨想一想:老师正在教室里跟大家上课,一位学生站起来说"老师,你有什么证据可以证明你正在教室里上课吗?"这样的问题是没有意义的,因为这对双方来说都是不言自明的事情,根本不存在进行证明或者论证的前提。

叙述的定罪证据观迥异于通说,以下在和通说的比较中一一展开。

二、定罪证据是使指控之事成为案件事实的内在依据

(一)定罪证据是使指控之事属实的依据

定罪证据足以使指控之事属实从而成为案件事实,这个属性,本

书称为定罪证据的依据性,如果依据不足,那么一方面亲历实情不能转化为证据,另一方面指控之事也不能转化为案件事实。通说讨论依据问题,一部分放在证据的关联性中进行,另一部分放在证明标准中进行,后者建立在前者的基础上。本书所讲的依据和通说大相径庭。

(二)依据性与关联性

叙述的定罪证据观讨论的依据性,是证据、指控之事和案件事实三位一体为背景的关联性。而通说主张证据和案件事实彼此外在,所讲的关联性是一种二元论的关联性。

1. 三位一体的关联性

人民检察院所控之事如果是以亲历实情为依据的即构成犯罪事实。这是一种特定的叙述形态,在指控之事、证据和案件事实的关系中,案件事实是整体,指控之事和亲历实情是部分,三者也是一体相关。如果把案件事实作为一座建筑物,所控之事和证据犹如一座建筑的两个部分,其中所控之事是露出地面人们平时可见的部分,证据是埋在地下作为基础人们平时看不到的部分。所控之事和证据、案件事实一体相关,相互依存,不能说证据是证明所控之事或者案件事实的证据,因为亲历之事是它们的组成部分,自己不能作为证据证明自己,只能证明他者。人民检察院的起诉书在叙述完指控之事后,另起一段会写上:“以上事实有以下证据予以证明,足以认定。”这样写的问题在于,说到证明,证明对象和证据是不同的实体,但是这里的亲历实情和指控之事却是一体相关的,怎么可能自己证明自己呢?笔者认为,其应当改为:“以上指控之事有以下证据作为依据,足以认定为案件事实。”

2. 二元论的关联性

《刑事诉讼法》第50条第1款规定,证据是可以证明案件事实的材料。法学界关于证据的定义形形色色,大体上都是以这款条文为依托有所增减而定的。该款规定所体现的是一种自在的证据观,它将事实分为案件事实和证据，认为：第一，犯罪事实和证据彼此外在，证据本质上并非案件事实自身，案件事实在先，由案件事实衍生出证据；不过即使没有证据，案件事实也依然存在。第二，两者也是有关联性的，至于关联性指的是什么，学界基本上停留在语焉不详的状态。个别学者提出：证据事实，经过中间环节的传递，最后就达到了待证的案件事实真相。[1] 言下之意，那些用来传递的中间环节，就是关联之所在吧。有的学者写道："刑事证明活动有其独特的发现事实的逻辑推理过程：发现事实的基础是证据，但由证据推理案件事实依据的却是普遍接受的人类常识（common sense）。这种常识虽然仅仅作为一种背景性的东西而存在，并不凸显于前台，也不具有数学上的高度精确性，只是在过往的人类经验中它们往往为真，但是它们却构成法官、检察官、律师的共同的知识和文化背景，在事实发现的过程中潜移默化起作用。"[2] 第三，在诉讼证明中，鉴于证据与案件事实的关联性，可以将关联性作为大前提，将证据作为小前提，从而将案件事实推导出来。

（三）二元论的关联性不能成立

笔者认为，二元论关联性的观点是一些误解的产物，运用于实务当中会产生诸多问题。

1. 逻辑上说不通

通说的证据观认为，证据是用来证明案件事实的事实（或者材料）。笔者认为这句话不合逻辑、没有实质意义。

首先，证明和猜测、怀疑、主张联系在一起，如果没有猜测、怀疑或者没有向别人提出主张，就不存在证明的问题。需要证明还能叫

---

〔1〕 参见周洪波：《修正的事实说：诉讼视野中的证据概念新解》，载《法律科学（西北政法大学学报）》2010 年第 2 期。

〔2〕 陈光中、陈海光、魏晓娜：《刑事证据制度与认识论——兼与误区论、法律真实论、相对真实论商榷》，载《中国法学》2001 年第 1 期。

作事实吗？既然是事实，事实总是清楚的，不证自明的，不存在还有待证明的问题，如果还有待证明，就不能称为事实，充其量叫作事实主张而已。而且，用一个事实来证明另一个事实，这话是没有意义的。另外，在我们的日常语言中，人们常说：只有怀疑、猜测或者主张是不够的，得拿出证据来予以证明。这话的意思是说，如果找到了证据事实作为依据，那么人们的怀疑、猜测或者主张就不再是怀疑、猜测或者主张，而是事实了；而不是说怀疑、猜测、主张也可以作为事实。

其次，关于关联性，第一，就语法而言，我们只能说食物和健康之间具有关联性，却不能说孤立的食物自身具有关联性，或者孤立的健康自身具有关联性，可见“关联性”一词是标识事物之间的关系的，当它用作谓词时，充当它的主词的应是事物之间的联系，一个孤立的事物是不能充当它的主词的；因而，仅从使语词具有意义的角度看，人们也只能说证据和犯罪事实之间具有关联性，证据相关于犯罪事实，或者犯罪事实相当于证据。第二，证据和犯罪事实之间的关联不是外在的线性的关联，而是内在的循环的关联。当我们言及指控是事实的时候，即已预设了它是以证据为根据的；设若没有证据或者证据不能成立，那么孑然一身的事实也会随风而逝。同样，当我们言及证据的时候，即已预设了它是支持指控从而使之成为事实的证据，设若指控不能转化为事实，那么证据也会不见踪影。第三，自在的证据观讲述的关联性，预设了自相矛盾的视角。按照自在的证据观，证据和犯罪事实之间具有关联性的基本内容是说，证据是犯罪事实的衍生物，是过去的犯罪事实作用于周围环境或者人所遗留下来的客观物质痕迹和主观知觉痕迹，故而两者之间应当具有关联性。但是，当人们对证据和犯罪事实的关系作出这样的设想的时候，实际上已经预设了已经知道犯罪事实是什么以及它是怎样衍生出遗留物的。不然，不知道犯罪事实是什么，何以能说证据是犯罪事实的衍生物呢？可是前面刚刚说过犯罪事实是已知的，后面又接着说，诉讼证明论的基本主张是犯罪事实是未知的,证据是已知的,证明就是运用已知的证据查明未知的犯罪事实,这会自相矛盾。

最后,关于证明对象,学界普遍认为其就是指待证事实,亦即需要运用证据证明的案件事实。待证事实是有待回答的“七何”问题,即何人、何时、何地、基于何种动机和目的、采用何种方法和手段、实施何种犯罪行为、造成了何种危害结果。问题在于:“七何”是一个疑问句,而事实的表达式是陈述句。“七何”本身不可能是犯罪事实,只有回答“七何”的答案才有可能是犯罪事实,说何人何时于何地做何事等是事实,这是荒谬的,说某人某时某地做某事是事实,才是合乎逻辑的。何况,人们只可能证明以陈述句形式出现的命题,而不能证明一个疑问句,说可以证明何人何时于何地做何事是荒谬的,说可以证明某人某时某地做某事才是合乎逻辑的。我们通过对怀疑猜测的查证来发现事实,而不是证明事实。

2. 诉讼证明有误解

如前所述,案件事实是一个有机整体,由指控之事和证据两部分组成的,当指控之事建立在证据的基础之上的时候,它就成为案件事实,三者之间是这样三位一体的关系。但是流行的诉讼证明论实际上却把这个三位一体拆开后重新组装。二元论的证据观区分证明对象和证据,认为证明对象是指控之事,用以证明的则是证据,两者通过三段论推理的方式联结起来。为了给三段论寻找大前提,还引入了“经验规则”或者“人类常识”一词。“刑事诉讼证明活动有其独特的发现事实的逻辑推理过程:发现事实的基础是证据,但由证据推理案件事实依据的却是普遍接受的人类常识(common sense)。这种常识虽然仅仅作为一种背景性的东西而存在,并不凸显于前台,也不具有数学上的高度精确性,只是在过往的人类经验中它们往往为真,但是它们却构成法官、检察官、律师的共同的知识和文化背景,在事实发现的过程中潜移默化起作用。由证据所推理的结论的准确性往往依赖于这种知识的可靠性与精确度,这种知识接近或应该接近真理,但却不能绝对肯定它就是真理。"[1]笔者也认为二元论诉讼证明观颠倒了事情的真相,给学界描绘了一幅空想的图景。

其一,关于证明对象存在的错误。

二元论的证明观把指控之事从整体中剥离出来,将其称为待证事实。如前所述,事实可以有待被发现,但是不能有待被证明,证明是与怀疑、猜测、主张连用的,如果已经是事实,那么它一定是自明的,而不是有待证明的。进言之,理解是一个自然过程,我们不是从怀疑一切开始的,分析和解释是辅助性的,并且最终依赖于直接理解,我们总是针对特定的误解提供解释,因此解释也可能产生澄清误解之功。[2]

关于这个问题,梁玉霞认为,刑事诉讼中,无论是参与诉讼的哪一方,进行证明的对象都只是其诉讼主张而不是所谓的案件事实。[3]但她所讲的诉讼主张和案件事实是"势不两立"的。笔者赞同诉讼主张的提法,同时认为诉讼主张和案件事实并非相互排斥,证明对象是案件事实主张的说法是能够成立的。不过不要忘记,案件事实是由证据和指控之事两部分构成,指控之事属实的主张,就是指控之事有证据作为依据因而属实的主张。二元论的证明观把证据从这个三位一体的结构中剥离出来,追问单独的指控之事是否属实,这样的主张是没有答案的。

其二,关于证明性质表述的错误。

何家弘把证明分为自向证明和他向证明,[4]根据这样的分类,

---

〔1〕 陈光中、陈海光、魏晓娜:《刑事证据制度与认识论——兼与误区论、法律真实论、相对真实论商榷》,载《中国法学》2001年第1期。

〔2〕 参见陈嘉映:《简明语言哲学教程》,中国人民大学出版社2013年版,第143页。

〔3〕 参见梁玉霞:《刑事诉讼主张及其证明理论》,法律出版社2007年版,第169页。

〔4〕 参见何家弘、刘品新:《证据法学》,法律出版社2019年版,第203页。

三段论不涉及主体间关系，只考虑概念之间的关系，属于自向证明，然而案件事实主张属于向被告人提出的他向证明——“他向证明是向他人证明。证明者在证明时已经知道或者认为自己已经知道了证明的结论，但是他人不知道或不相信，所以要用证据向他人证明”[1]。而且，实际的诉讼证明不是三段论的逻辑证明，而是完型论的事实证明。已经知道这个案件事实如果存在的话，整体图景是由指控之事和证据两部分组成的，现在这个所叙之事已经指控出来了，还剩下证据部分有待填补，一旦把这个部分填上，而且能够组成一个完型，也就完成了证明，指控之事由此转化为案件事实。这属于完型意义上的事实证明，而不是逻辑推导意义上的证明，并不需要通过第三方，是无中介的内在关联。

其三，没有区分证明前状态和证明后状态。

二元论的证明观没有生成与变化，没有名义证据与真实证据的区分。然而证明与否属于质变的范畴，与证明相关的状态有两种：尚未得到证明的状态和已经得到了证明的状态。与前一种状态相适应的表述是案件事实主张和名义证据，与后一种状态相适应的表述是案件事实和真实证据。在前一种状态中，填入完型中的还只能称为名义，因为按照定义，证据是案件事实两个组成部分之一，与案件事实是一体相关的，既然尚不存在案件事实，自然也就不存在证据。《刑事诉讼法》第200条有“证据不足、指控的犯罪不能成立”的规定。这里的“证据不足”，是指证据足以支持怀疑但不足以支持案件事实主张，从具体怀疑的角度来说，是指有证据——足以支持具体的怀疑的证据，但是从案件事实的角度来说，仅指有名义证据——不能支持指控的案件事实主张因而尚不足以构成证据的名义证据。

3. 实务中有危害

笔者主张的证据是作为指控之事的依据从而使之属实的亲历实

[1] 何家弘、刘品新：《证据法学》，法律出版社2019年版，第203页。

情。本书的证据观具有一体相关的特征,是针对作通说主张的证据和案件事实彼此外在、各自独立的证据观而言的。二元论的证据观支配着人们的所思所想和所作所为,在实务中存在危害。以下就相关事项试作评析。

(1)包装的证据观

主张证据和案件事实的二元论,会导致证据与事实的分裂,强调案件事实者可以不顾证据。在实务当中,有的办案人员认为事实分为两类,一类是有证据的事实,另一类是没有证据的事实,在没有证据的情况下自己也可以内心确信某种犯罪事实存在,尽管按照法律规定来说没有证据不足以认定。办案人员的这种想法越界了,会在不知不觉中把自己设想成了全知全能的上帝。因为办案人员并非事情的亲历者,其所知的案件事实必须有来历有根据,只能是建立在亲历者讲述的事实的基础之上的。

(2)为制造冤假错案提供"理由"

离开了证据作为根据,人们所叙述的充其量只是一个故事或者空想而已,不能称为案件事实。在包装证据观下办案人员将包装的证据观付诸行动,认为事实是对于叙述者自己而言的,证据是用来说服他人、对付他人的,自己确信了的就是事实,至于有没有证据支持在所不问,公之于众的时候才需要运用证据进行包装,没有证据也可以伪造出来,不会影响事实本身,因为只是包装而已。在实务当中,许多冤案就是在这样的观念下炮制出来的,而且炮制者觉得理直气壮,是在为民除害,背后的托词就在这里。包装的证据观一旦传播开来,非亲历者离开了证据也可以认定犯罪事实,那么论证的理性力量就被权力取代了。

(3)为有案不办推卸责任提供"理由"

证据事实是作为传来事实之根据的亲历实情,除此之外,没有任何限定。但是在二元论的证据观看来,证据既然是包装性质的,那么就没有什么内在规定,可以根据自己的需要人为地下定义。对于现实中存在的难以取证的各种情形,他们纷纷解释为不存在证据的情形,从而免除自己的责任。例如,将证据限定为外部证据,将当事人陈述排除在外,从而免除自己的取证责任。办案人员确实会遇到一些困难,如被害人控告被告人性骚扰,当时只有两个人在场,又没有视频资料等,在法庭审理阶段被告人说自己没有实施性骚扰行为,在这种情况下法官可能要求被害人在自己的陈述之外补充证据,否则就以缺乏证据为由驳回起诉。被害人虽然不能补充资料但发誓说确有其事的,法官往往解释说:法庭上没有事实只有证据,认定事实需要以证据为依据,你的陈述没有证据作为依据,即使确有其事也不能作为法律事实予以认定。法官在这里将证据理解成了当事人陈述以外的外部证据,只有外部证据才是证据,通过这样的理解来为自己的无所作为作辩解。按照这样的观点,当事人陈述只是一种诉讼主张,需要由当事人提供举证责任来证实。然而当事人陈述怎么不是证据呢?无论被害人陈述还是被告人的供述、辩解,当然都可以作为证据。实务中的问题不在于它们可否作为证据,而在于在法庭审理的场合中很难获得被告人真正的供述、辩解,变更取证场合和取证手段才能获得这样的证据事实,如通过线人和被告人交朋友,被告人在信任不设防的状态下,就很有可能吐露出真相来。也就是说,这里的问题其实不是当事人陈述能不能作为证据,而是用什么方式来取得当事人陈述,这就属于取证能力问题;为了收集到足够的证据事实,应当赋予办案人员相应的取证能力。又如,将证据理解为书面证据,将口头证据排除在外。类似的情况在民事诉讼中尤为常见,如没有书面凭证的民间借贷,往往被法庭认为在“法律上不存在”,因为没有留下借条等痕迹作为证据。这种观点暗中认为只有书面证据才是证据,从而可能免除法官通过调查非书面证据查明真相的责任。

(四)证明力的术语应当由依据性替代

在证据资格论证中,大陆法系还提出了“证据能力”和“证明力”的术语。其中“证明力”的术语容易和“依据性”混淆,笔者认为,证据的证明力的提法是不能成立的,应当取消。依据如下:第一,证据的证明力和证据能力是一起出现的术语,从德国法学辗转引入,后者是指证据资格,前者不涉及证据资格。但这对术语本身是有问题的,因为证明力实际上就是指亲历实情和案件事实之间的关联,亦即亲历实情作为指控之事的依据从而使其构成案件事实的关联。这显然属于证据的内在本质属性,缺乏这个属性,即使是亲历实情也不可能构成证据。而按照证明力与证据资格脱钩的说法,会形成没有这样的关联也不影响证据资格的误解。第二,在该术语中,证据的证明力是一个量的概念,是指证据对于待证事实有无证明作用以及有多大的证明作用,或者说,在多大的程度上使待证的案件事实所主张的存在更有可能或者更无可能。然而证明其实是质性的概念,一个主张,或者得到了证明,或者没有得到证明,就像一个人,或者死了,或者活着,不能说在多大程度上死了,在多大程度上活着一样。第三,按照证明力理论,证明力和证据的真实性相关,如果证据是虚假的,则该证据没有证明力。这样的说法混淆了真实性和关联性的关系,证据材料必须同时具备真实性、亲历性和关联性,三性缺一不可,缺少任何一个内在属性都不构成证据,都会导致其他两性的讨论失去意义。

三、定罪证据是亲历者讲述的真实情况

定罪证据是亲历者讲述的真实情况,具有亲历性和真实性。

(一)亲历性的所指

1. 所指

太阳东升西落,对谁都一样,属于“语法命题”,它是否能够成立与讲述者是谁没有关系。而有些情况则需要追问讲述者是谁,讲述者身份与所讲情况能否成为证据存在的内在联系。在本书第一章,笔者已经区分了亲历的叙述者和非亲历的叙述者。从这个视角出发,证据是亲历者所讲述的情况。叙述者所作陈述,即使是真实的,

如果叙述者自身并非亲历者，其所作陈述也不能作为证据。

2. 来历

我们的知识，有些是由于亲历其事而直接获得的，即亲知，有些是间接获得的，所谓“间接”有两种途径，一个途径是听说等，另一个途径是推论。[1] 相应地，从事件叙述者是否就是亲历者的角度，可以将叙述分为两类，一类是亲历叙述，另一类是非亲历叙述，通常包括转述的叙述、完型的叙述和推论的叙述。小孩回家后，爸爸问：“你从哪里回来的？”小孩回答：“我从学校回来的。”爸爸于是打电话告诉妈妈：“孩子已经从学校回来了。”在这里，妈妈可以追问爸爸：“你凭什么说‘孩子已经从学校回来了’？”但是爸爸不可以同样追问小孩：“你凭什么说‘你已经从学校回来了’？”小孩亲身经历了这件事情，对他来说没有怎么知道或者凭什么的问题，他说的就是事实本身。而爸爸没有亲身经历这件事情，需要对别人说明是如何知道的，需要给出依据来，否则人家将信将疑，难以承认为事实。我们可以更加明确地说：亲知不能追问依据，其叙述本身就是事实或者就不是事实，但是见闻之知和推论之知必须追问依据，没有依据的叙述不能作为事实。

在现代诉讼中，知情人不得担任事实裁判者之职已经成为一项不言自明的制度。[2] 不但对法官的要求如此，对办案人员的要求也是如此，办案人员不可能目睹案件发生的过程和结果，而只能在案件发生之后，通过诉讼活动发现案件事实，目睹案件发生的公安司法人员则只能以证人的身份参加诉讼。[3] 也就是说，无论是检察院的起诉事实还是法院的判决事实，事实的认定者并非亲历者，所认定的事

---

〔1〕 参见陈嘉映：《泠风集》，东方出版社2001年版，第200页。

〔2〕 参见吴宏耀：《诉讼认识论纲——以司法裁判中的事实认定为中心》，北京大学出版社2008年版，第8页。

〔3〕 参见陈光中、陈海光、魏晓娜：《刑事证据制度与认识论——兼与误区论、法律真实论、相对真实论商榷》，载《中国法学》2001年第1期。

实属于传来事实或者推论事实，而不是亲历实情。当叙述者并非亲历其事者的时候，除非他提供了相应的亲历实情作为证据，否则他所作的叙述就不被作为事实看待；他只是在讲一个故事而已。叙事学家研究的叙述就是讲故事，都是虚构的；而诉讼中的叙述是真实的。真实的叙事，如果是由非亲历者作出的，固然必须将事情本身说清楚，同时所讲的事情也必须以亲历者讲述的事实为依据，否则所讲的事情就不具有证据的资格。

（二）亲历性与证据结构

1. 亲历性是证据结构的内在要求

有的事实需要和叙述者联系起来考虑，有的不需要。不需要的就是一般事实，如太阳东升西落，它作为事实对谁都一样，不需要追问是谁讲的才能确定它的效力，但是有的事实需要和叙述者联系在一起考虑，叙述者的身份和所讲述的是否成立为事实息息相关。证据就属于这一类事实，必须是由亲历者讲述的，其他人讲述的没有证据资格。证据是亲历者讲述的实情，它是有结构的，可以分为亲历者和所讲述的实情两部分，亲历者是讲述有关实情的亲历者，实情是亲历者所讲述的有关实情。但是我国从学说到立法，都只把证据当作事实或者材料之类的有关情况，没有把亲历的讲述者也当作证据的必要组成部分。近年来对证据是事实还是材料的问题存有争论，但是亲历的叙述者是证据必不可少的内在组成部分这个问题，仍然没有引起注意，需要加以补充。

2. 证据内容和证据载体相统一学说述评

2012 年《刑事诉讼法》将证据的定义修改为“可以用于证明案件事实的材料，都是证据”。学界称为证据的材料说。陈瑞华认为，按照 2012 年《刑事诉讼法》的界定，证据是一种证据载体，同时也包含着特定的案件事实，是能够证明案件事实的材料，是证据内容与证据形式的统一。[1] 但他也认为,实物证据类的证据载体可以称为证据材料,而当庭出现的言辞陈述与其似乎不是一回事,因此该定义明显地具有偏重实物证据和笔录证据的倾向,对当庭言辞陈述的特殊性有所忽视。所以他将材料修正为证据载体,认为证据无非是所包含的事实与其外在形式的有机统一,是证据载体和证据事实的有机统一,倾向于将证据定义为"用来证明特定案件事实的载体"。这个定义仍然存在三方面的疑惑需要进一步解决:

其一,有机统一方面的问题。逻辑上说,载体和内容是相互排斥的,证据或者是载体或者是内容,不可能既是载体又是内容。准确说来,叙述者和所叙事实是不同的,也是统一的,但统一的方式不是内容和形式的统一,而是叙述意义上的叙述者和所叙内容的统一,证据和案件事实都是证据的组成部分,它们统一于证据的整体之中。

其二,所叙事实方面的问题。按照统一说的观点,所叙事实一方面已经包含在证据载体之中,另一方面又有待证明,这样的说法自相矛盾。而且,这里的案件事实所指不明,如果是指作为证据事实的案件事实,那么证据无疑是它的组成部分;如果是指证据结构体内部亲历者所叙述的真实情况,那么它只是证据的组成部分,亲历者叙述着它,意指着它,但叙述者本身不是它,不过离开了叙述者,也不存在这个意义上的相关情况。

其三,关于证据载体的问题。证据如果是载体,就会带来两个问题,一是事实外在于它,没有叙述者也有所谓自在的案件事实;二是如果只是载体,那么它是可以替换的,这个可以载那个也可以载,何必非它不可。所以载体论的观点是不能成立的。

3. 立法述评

《刑事诉讼法》需要继续理顺证据、叙述者和所叙内容的关系。

---

〔1〕 参见陈瑞华:《刑事证据法学》(第3版),北京大学出版社2018年版,第88页。

《刑事诉讼法》第 50 条规定,“证据包括:(一)物证;(二)书证;(三)证人证言;(四)被害人陈述;(五)犯罪嫌疑人、被告人供述和辩解;(六)鉴定意见;(七)勘验、检查、辨认、侦查实验等笔录;(八)视听资料、电子数据”。

首先,在这个规定中,证人证言由证人和所陈述的证言两部分组成,被害人陈述由被害人和所陈述的(案件事实)组成,犯罪嫌疑人、被告人供述和辩解由犯罪嫌疑人、被告人和其所作的供述或辩解组成。在这些表达方式中,证据是由叙述者加所叙事实组成,而其余部分,如物证、书证等,所指的是“叙述者”,而不是所叙事实。这个规定容易使两者混为一谈。

其次,就其中的人证而言,也会面临困惑。例如,证人证言中,证据所指的究竟是什么?是脱离案件事实不作陈述的证人,还是脱离证人不管陈述者是谁的证言,还是作为整体的证人证言?面对这样的困惑,需要理顺相关概念之间的关系。证人证言是作为整体的证据,证人是证据中的叙述者,而证言内容是证据中的相关事实,而且证人不可能脱离相关事实而存在,证人一定是陈述着相关事实的证人,而相关事实特指证人所讲述的相关事实。

再次,书证、物证、相关笔录、视听材料和电子数据是“叙述者”而不是所述事实,如果相关款项的规定是指证据的分类的话,那么应当与上述证人证言等的用法保持一致,改为书证陈述、物证陈述、笔录陈述、视听材料和电子数据陈述。

最后,类似地,鉴定意见实际上是鉴定人意见,其中叙述者是鉴定人,关于相关事实的意见是其内容。

(三)定罪证据的真实性

证据是亲历者所叙述的真实情况,这个真实情况所指的是什么?对这个问题的回答大致有以下三种观点,笔者主张的是第三种观点。

1. 符合论的真实性观点

有学者认为,证据的客观性,是指证据事实必须是伴随案件的发生、发展的过程而遗留下来的，不以人们的主观意志为转移而存在的事实。按照这样的观点，案件事实在先，证据在后，没有证据也存在案件事实，证据和案件事实是二元论的，而不是一体相关的；证据是否真实取决于是否符合案件事实本身。但这样的观点从逻辑上来讲就存在悖论，本书之前已有说明，兹不赘述。

2. 真实性不必要的观点

何家弘认为，证据不属于事实的范畴而属于根据的范畴，亦即证据就是指证明案件事实或者与法律事务有关之事实存在与否的根据；无论这“根据”是真是假还是半真半假，它都是证据，不管这“根据”是否被法庭采信，它都是证据。[1] 何家弘认为真实性不是证据的本质属性，理由有两个：一是从司法实践来看，“不属实者非证据”的观点无法成立；二是从认识论的角度来看，“不属实者非证据”的观点也难以成立。

笔者认为，尽管司法实践中会出现把假证据作为定案依据的情形，但是这是一种应当予以纠正的错误，并非不属实也可以为证据的实例。若以相对真理和绝对真理相统一作为“不属实者不得为证据”的理论依据，这个论据也是可疑的。关于真理的绝对性和相对性，其是认识论意义上的一种真理观，不能用于讨论存在论意义上的真理现象。对于两种真理的区别，很多人没有意识到。退一步放在认识论的范畴来讲，认为真理具有相对性，人们对每一个具体案件和具体证据的认识都不可能百分之百属实，所以证据只能真不能假的定论在理论上有待继续研究。[2] 笔者认为，真理和真实是有区别的，真理是褒义词，真实是中性的；探讨真实，不能和探讨真理相混淆。

---

〔1〕 参见何家弘、刘品新：《证据法学》，法律出版社2019年版，第114页。

〔2〕 参见何家弘：《让证据走下人造的神坛——试析证据概念的误区》，载《法学研究》1999年第5期。

3. 不假之真的观点

所谓真实证据，亦即名副其实的名义证据，而所谓名副其实，不是在反映的意义上来理解的，不是说在名义证据之外还存在一个实际证据本身，在前者是对后者的正确反映时即为真实证据，而是在区别与否定的意义上来理解的，以证据的名义出现的未必都是真实证据，还有可能是虚假证据、疑似证据或者无可稽核的幽灵证据。真实证据是区别于幽灵证据和虚假证据而言的，它的意义不能从自身获得理解，而必须从与虚假证据、疑似证据和幽灵证据的联系中来获得理解；而且这种联系是否定性的，把后两者排除了，剩下的就是真实证据。

四、定罪证据必须取得被告人在正当程序保障下的承认

证据材料的亲历性、真实性和依据性，必须得到被告人在正当程序保障下的经质证无疑的承认，否则证据材料不能转化为证据，这就是定罪证据的正当程序性，所涉及的是证据的主体间性。我国从立法到理论，都认为证据是自在存在的，与承认无关，因此不会提出主体间性的问题。

（一）承认事项是证据材料是否可以作为依据的亲历实情

1. 名义证据和证据的区分

人们举证证明指控属实的主张之际，同时声称所举的材料确实是证据，亦即是足以使指控之事属实的主张得到证明的亲历实情。但是这只是一个对被告人提出的主张，需要接受被告人的检验，不然对其没有约束力。如果没有通过检验，所举并非名副其实，那么这些名义证据就没有资格作为证据。因此，应当把名义证据和证据加以区分，在没有获得被告人的检验和承认之前，相关资料只能叫作名义证据，获得承认之后才转化为证据。2012 年《刑事诉讼法》第 48 条第 1 款对证据定义进行了修正，将“事实”改为了“材料”，亦即证据是可以用来证明案件事实的材料，2018 年《刑事诉讼法》再次修改时也维持了同样的表述。笔者认为，立法和学者的表述需要进一步梳

理，名义证据和证据还是有区别的，名义证据经过庭审调查之后才有可能转化为证据。

在学术界，陈瑞华认为："从刑事诉讼的动态过程来看，任何证据的证明力和证据能力都要经受两个环节的审查：一是'法庭准入资格'的审查；二是'定案根据资格'的审查。"笔者认为，一是如前所述，要区分证明之前的状态和得到证明之后的状态的质的变化，如果没有质的变化，忙着去质证便无意义；二是没有相关内在属性的资料不能作证据，这就像把玩具手表也当作手表的一类一样，逻辑上不能成立。在实务当中，检察官往往对被告人解释说，我国实行证据裁判，你不承认也没作用，因为我们检察机关有证据摆在这里。这种说法是有问题的，他们持有的是证据材料，经过庭审由被告人以质证无疑的方式予以承认才构成证据。

2. 检验事项

名义证据是否就是名副其实的足以作为指控之事依据的亲历实情，证据法学往往将其简化为是否具备"三性"，亦即它是否具备证据的亲历性、真实性和依据性（习惯上称为关联性），如果三个方面都是成立的，那么它便成为证据。《刑事诉讼法》第 50 条第 3 款规定，证据必须经过查证属实，才能作为定案的根据。按照该条规定，证据分为两类，一类是作为定案依据的证据，另一类是不作为定案依据资格的证据，区分标准在于是否真实。这样的理解是有问题的，一方面，真实性是证据的内在固有属性，不真实者不得为证据。另一方面，证据自然是构成案件事实的依据部分的证据，如果没有这样的关联，不能名之曰证据。综上，对真实性和关联性尚未得到确认的，不应当称为证据。

真实性、亲历性和关联性"三性"是证据的内在属性，"三性"齐备即为证据。另外，为了维护刑事程序的正当性，刑事诉讼中可能对证据的范围加以限制，如对非法取得的证据予以排除，对某些证据基于法定理由授予免证特权。这样一来，本来具备"三性"的证据，也会因为法律的特别规定而被否定证据资格。所以除自然"三性"以外，证据还有所谓的法律性,当法律以“三性”以外的特别理由而规定不允许具备亲历实情作为证据出现时,该亲历实情在法律上不具有证据资格。合法性的问题与程序正当性息息相关,可以看作正当程序的延伸内容。将合法性加上之后,证据资料便会使证据的检验事项变成了四项。

(二)承认方式是被告人质证无疑

就人民检察院所举的名义证据是否具备“三性”或者“四性”这个主题进行论证,所采用的论证方式是质疑与回应,被告方进行质疑,公诉人进行回应,达到无可置疑状态的,“三性”或者“四性”就得到了确认。质疑与回应的论证方式,不同于证明的论证方式,因为证明需要依据,而证据作为亲历实情是没有进一步依据的。在证据“三性”的论证中,被告方有质证的责任,人民检察院有回应的责任。这些责任和人民检察院的举证证明责任是有区分的。但我国学界并没有自觉讨论证据四性论证的问题,偶尔涉及也似乎往往将质证理解为证明责任的组成部分。例如,有学者认为,证明责任是提供证据责任和说服责任的统一,仅仅提出证据并不等于履行了证明责任,还必须尽可能地说服裁判者相信其所主张的事实存在或者不存在。[1]

证据的“四性”通过质证无疑的论证过程自然地呈现出来。自然呈现的过程,也是控辩审三方达成共识的过程,对公诉机关提出的证据材料具有“四性”的要求,被告人对每一个都没有质疑,法官即可确定被告人已经认可其为证据。传统观点认为,法庭上出示的证据材料是否具有证据资格,取决于法官的自由心证。笔者认为,名义证据是否具备“四性”,不是取决于法官的独白,而是取决于被告人是否以质证无疑的方式作出了承认,法官的职能是发现被告人是否已经作出了这样的承认,而不是越俎代庖,代替被告人作出这样的承认。

---

〔1〕 参见卞建林主编:《刑事证明理论》,中国人民公安大学出版社2004年版,第177页。

CHAPTER 04 >>

第四章

阐释的司法罪状导论

在叙述的定罪论视野之下，司法罪状是人们在将证据叙述成为案件事实的过程中，为了回答案件提出的原型问题而对刑法规定的立法罪状的意义进行阐释，经过正当程序获得各方一致认可的完整的典型事例，包括蕴含的典型事例和明述的典型事例两种形态。在我国刑法学中，与司法罪状相对应的理论是犯罪构成论和法律解释论，法律解释论又分为立法解释论和审判解释论。犯罪构成论是不能成立的，立法解释和司法解释需要厘清界限，立法解释论需要予以完善，审判解释论则需要由认识论转向叙述的存在论。

一、阐释的司法罪状

（一）阐释的司法罪状概述

在叙述的定罪论视野之下，人们叙述犯罪事实的时候，需要一个原型作为叙述的依据，依据这个原型对证据加以组织，才能叙述出犯罪事实来。在罪刑法定的背景下，这个原型必须和刑法规定的罪状联系起来，是通过对立法罪状的阐释形成的。也就是说,司法罪状是人们在将证据叙述成为案件事实的过程中,为了回答案件提出的原型问题而对刑法规定的立法罪状的意义进行阐释,经过正当程序获得各方一致认可的完整的典型事例,包括蕴含的典型事例和明述的典型事例两种形态。理解司法罪状涉及四个要点,以下分别说明。

(二)司法罪状是作为叙述原型的典型事例

1. 司法罪状是作为叙述原型的典型事例

司法罪状作为叙述原型,是引导案件事实叙述的典型事例。关于引导案件事实叙述的典型事例,容易混淆的要点有四。其一,司法罪状作为典型事例,其和案件事实都属于事或者事情的范畴,具有同质性,而不是说典型事例属于规范的范畴,案件事实属于事实的范畴。就此而言,考夫曼的下列观点是不能成立的:"案件和规范是方法过程的'原材料',未经加工,它们根本不可以相互归类,因为它们处在不同层面的范畴中。规范属于抽象性——普遍性意义上定义之应然,具有未终了的诸多事实的案件,则属于杂乱无章的无定形之实然。只有在用经验来丰富规范,用规范来丰富案件之后,其方式为它们相互'适应',并应对这种适用通过论证加以说明,归序方为可能。"[1]类似地,我国刑法学界以事实和规范二分作为出发点来讨论罪状,这也是不能成立的。其二,司法罪状的规范性是指作用意义上的规范性,而不是实体上的规范性;亦即不是指典型事例本身也是规范,而是指作为典型事例的司法罪状对于案件事实具有引导作用,如果不按照其引导叙述犯罪事实,那么所作叙述就是错误的,不称其为犯罪事实。就此而言,我国刑法学界以规范和事实二分为思考前提,认为罪状既然属于刑法规范,自然与案件事实是异质的,亦即自然并非应当起到引导作用的典型事例,这样的理解并不妥当。其三,司法

[1] [德]阿图尔·考夫曼、[德]温弗里德·哈斯默尔主编:《当代法哲学和法律理论导论》,郑永流译,法律出版社2002年版,第184页。

罪状引导叙述意义上的规范性，与刑法规范结构意义上的规范性是不同的，应当加以区分。在后一种场合，刑法分则的罪刑条文是刑法规范，是指罪状和法定刑之间系以“应该”的方式联结起来，具有“……的，(应当)处……”的规范结构，而不是指引导案件在叙述意义上的规范性。其四，司法罪状作为典型事例，并不要求是实际上已经发生的，可以是尚未发生的或者想象的事情，对典型事例不能提出真实性要求，就此而言其和案件事实还是有区别的。

2. 司法罪状是作为叙述原型的完整的典型事例

人们对于案件事实进行定性时，所要回答的问题是“甲是否为乙”，亦即被告人的行为是否构成刑法上的某某罪名(罪状)？在司法实务当中，为了回答这个问题，人们需要将证据组织成为案件事实进行叙述。而进行叙述需要以罪状作为原型进行引导，人们所叙述的犯罪事实或者案件事实是否成立，从法律定性上来看取决于是否正确理解了作为原型的罪状。关于是否正确理解了作为原型的罪状，涉及四个方面：其一，刑法分则对于该罪状的相关规定是什么，是否得到了正确理解？其二，刑法总则对于该罪状的相关规定是什么，是否得到了正确理解？其三，该罪状是否属于刑法规定的修正形态的罪状，该修正形态的罪状是否得到了正确理解？其四，该罪状与相关罪状的关系是怎样的，是否得到了正确理解？当这四个方面都得到了正确的理解时，才能说这个案件定性是准确的，或者说适用法律是正确的。完整的原型罪状可以分为以上四个方面，其中涉及罪状分则部分的，可以称为分则罪状；涉及罪状总则部分的，可以称为总则罪状；涉及罪状修正形态的，可以称为修正罪状；涉及罪状之间的关系的，可以称为罪状关系。人们探讨案件中适用的法律是否正确，也就是从这样四个方面入手的，有所探讨地展开，应当达到足以形成据以叙述案件事实的清晰原型的程度。对这四个方面为形成清晰原型所作探讨进行反思的理论，可以称为分则罪状论、总则罪状论、修正罪状论和罪状关系论。

司法罪状的完整性是指这四个方面形成了叙述原型,足以引导犯罪事实叙述。是否完整无法事前预定,只能基于案件情况以问答逻辑的方式确定,问题不同,所形成的司法罪状也会不同。例如,民间作坊未经许可制造手枪,这直接就是非法生产枪支;如果未经许可生产高射炮,是否属于非法生产枪支?这就需要追问罪状中的“枪支”是什么意义上的枪支,如果是泛指发射弹药的武器,那么大炮就是枪支,正如炮弹也是弹药一样。在后一个案件中,司法罪状包含枪支是指发射弹药的武器这一内容,前一个案件中的司法罪状则不涉及这样的内容。

关于罪状,通说认为:第一,刑法分则的罪刑规范由罪状和法定刑两部分组成,罪状是适用法定刑的逻辑前提,法定刑是罪状的法律后果。第二,定罪的依据是犯罪构成,仅依据罪状不能认定犯罪,还必须借助犯罪构成的整合,结合刑法总则的规定,罪状才能成为定罪依据;易言之,罪状特指刑法分则罪刑规范中作为法定刑前提的那一部分,与刑法总则等规定没有关联。第三,罪状是指立法罪状,适用法律就是直接适用该立法罪状。区别于通说的罪状观,本书探讨的司法罪状是司法适用中形成的完整罪状,具体说明如下:

其一,在司法罪状中,罪状和法定刑是密不可分的。等置论和三段论把刑法分则罪刑规范理解为确定法效果的三段论推理的大前提,由构成要件和法律效果两部分构成,作为小前提的案件事实符合大前提的构成要件的,则应当承担相应的刑事责任。然而这并不是原始的现象,尽管人们叙述犯罪事实,然后援引刑法规范要求处罚,但是在这之前,人们已经先行猜测到应当追究什么样的刑事责任,最后才叙述案件事实。也就是说,“构成要件”和“法律效果”之间不是这种形式逻辑意义上的联系,刑法上的罪状,本来是指应当受到刑罚惩罚的罪状,两个部分是一体相关的整体。也就是说,司法罪状和法定刑之间的关系不只是形式逻辑意义上的前件与效果的关系,在司法适用中,罪状是指应当处以该法定刑的罪状,如果不应当处以该法定刑,或者不应当受到刑罚,那么就不能根据该罪状叙述案件事实,换个角度说,那么所叙述的案件事实就不符合该罪状。“在德日体系国家,从来的刑法理论都是将犯罪论和刑罚论(法律后果论)分而论之……很少有人联系‘刑罚’这一犯罪的基本法律后果而反思条件体系。”[1]我国学术界没有完全囿于德法体系,提出了“以刑治罪”的各种观点,[2]这表明我国学界对于司法罪状和法定刑之间存在实质上的价值联系已经有所理解。

其二,司法罪状具有以分则罪状为枢纽的完整结构,而不是仅指孤立的分则规定。刑法分则罪刑条文规定的罪状,是用自然语言写成的,具有加达默尔所讲的语言的思辨结构,由已经说出的和尚未说出的两部分组成,已经说出的部分和尚未说出的部分之间具有答复和暗示的关系,离开了没有说出的部分,已经说出的部分就是不可理解的。用法律上的术语来说,刑法分则罪刑条文规定的罪状,即使是叙明罪状,都属于不完整罪状,需要补充到完整状态之后才能适用。例如,判决书写道:张三抢劫他人财物,依据《刑法》第 263 条的规定构成抢劫罪。然而《刑法》第 263 条只载明“以暴力、胁迫或者其他方法抢劫公私财物的”是抢劫罪,并没有载明行为人必须年满 14 周岁才有可能构成本罪,因此《刑法》第 263 条规定必须和《刑法》第 17 条第 2 款的规定结合起来进行解释,才能形成据以决断张三抢劫是否构成抢劫罪的原型。判决书看似在直接依据《刑法》第 263 条的罪状定罪,实际上是在思辨结构的意义上根据该条罪状定罪,是在根据已经发展为原型的罪状定罪。任何起诉书或者判决书所援引的刑法规定的罪状,其实都是在将其发展为犯罪原型亦即司法罪状的基础上援引的。

---

〔1〕 冯亚东、胡东飞、邓君韬:《中国犯罪构成体系完善研究》,法律出版社 2010 年版,第 162 页。

〔2〕 参见赵运峰:《刑法解释论》,中国法制出版社 2012 年版,第 214 页。

通说认为，罪状特指刑法分则罪刑条文中出现的罪状，在此以外的其他内容并不属于罪状的组成部分，两者之间通过犯罪构成关联起来。例如，有的学者认为："可以说，在我国刑法中，对于每一个犯罪构成而言，都是分则罪状作了基础性规定……总则作了总括与补充性的规定，总则与分则共同完成每一个犯罪构成的要件及其要素之厘定。"[1]问题在于，既然名之为罪状，当然已经蕴含了刑法分则规定的这些典型事例已经构成了犯罪的意思，如果不是构成了犯罪，怎么可能称为罪状呢？就此而言，总则中的这些规定也属于分则罪状的内在组成部分，而不是独立于分则罪状之外，他们不曾彼此外在，并不需要通过犯罪构成之类的中介才能联系起来。另外，确定分则罪状的内容，除了要和总则联系起来，有些案件中确定构成此罪还是彼罪，可能需要借助罪状关系，通过辨析相关罪状之间的关系之后才能确定，因此还需要和其他分则罪状联系起来。总之，我们应当把刑法分则规定的罪状当作一个枢纽，这个枢纽在适用中通达到罪状的总则部分、罪状的修正形态以及罪状关系，它们和罪状的分则部分一起，构成据以引导叙述的完整罪状。

其三，司法罪状是不需要借助所谓犯罪构成而直接形成的动态结构。王勇认为："定罪就是司法机关对被审理的行为与刑法所规定的犯罪构成之间进行相互一致认定的活动。"[2]苗生明认为："定罪就是人民法院按照刑事诉讼程序，确定被审理的案件事实与刑法中所规定的犯罪概念和犯罪构成是否相符合的活动。"[3]按照这些观点，定罪是以"犯罪构成"为法律依据，而不是以罪状为依据。这样的观点看到了立法罪状不能直接适用，需要具体化之后才能适用。然

---

〔1〕 肖中华：《犯罪构成及其关系论》，中国人民大学出版社2000年版，第93页。

〔2〕 王勇：《定罪导论》，中国人民大学出版社1990年版，第11页。

〔3〕 苗生明：《定罪机制导论》，中国方正出版社2000年版，第13页。

而需要注意:能够适用的不是所谓的犯罪构成,而是据以叙述的清晰原型,亦即司法罪状。如果借用埃塞尔的话来说,在司法适用中,法律规定已经发展成为“在作用中的法”[1];如果借用考夫曼的话来说,已经发展成为“具体的法”,如果借用菲肯切尔的话来说,已经发展成为“个案规范”[2]。也就是说,所谓适用法律正确,其实是适用原型罪状正确。

而且司法适用中形成完整的司法罪状,并不需要像人们设想的那样借助犯罪构成的术语。换句话说,犯罪构成与司法罪状无关,而司法实务中需要弄清楚的是司法罪状。但是我国刑法学区分犯罪构成和犯罪构成的事后运用,就像语言学家区分语言和言语一样。在这样的理论框架之内,行为是否构成犯罪,构成何种形态的犯罪,构成此罪还是彼罪,都属于犯罪构成的事后运用,教科书都放在个罪的构成要件之后介绍。在刑法总则教科书中,学者们也把上述内容置于犯罪论中进行讨论,形成了故意犯罪未完成形态、共同犯罪和罪数论等学说。在这些理论看来,即使没有这些事后的运用,犯罪构成仍然独立存在;掌握犯罪构成才是人们学习的关键所在,而事后运用不过是“雕虫小技”。笔者认为,我们讨论的司法罪状,不是现成存在的,而是在叙述案件事实过程中依照问答逻辑形成的动态结构,离开了司法适用,就不会有这样的结构,这样的罪状动态结构不可能是运用之前就存在的“犯罪构成”。

其四,这里讲的司法罪状是完整罪状,明眼人一看就知道,司法罪状是体系解释的结果。在叙述案件的同时,人们也在不知不觉中对立法罪状进行了体系解释。不过需要注意,这里讲的体系解释,其

---

〔1〕 [德]卡尔·拉伦茨:《法学方法论》,陈爱娥译,商务印书馆2003年版,第20页。

〔2〕 [德]卡尔·拉伦茨:《法学方法论》,陈爱娥译,商务印书馆2003年版,第22页。

实是海德格尔所讲的“在世界中存在”,它和回应案件中提出的问题联系在一起,问题不同,形成的“体系”或者处身其中的“世界”就不同,并不现成存在于法律文本之中。而且它是先于反思的存在,通过叙述表现出来,而不是有意识解释的结果,不像认识论或者方法论解释学设想的那样通过一种专门的方法进行系统地思考。这一点下文还会有具体说明。

(三)司法罪状是具体化为个案罪状的立法罪状

司法罪状是个案形态的立法罪状。司法罪状是在案件中对立法罪状阐释而成的,其以罪刑法定为前提,实际上是个案形态的立法罪状。

1. 司法罪状以罪刑法定为前提

我们讨论司法罪状,是以罪刑法定为前提的。犯罪原型多种多样,但是在实行罪刑法定的制度中,只有具有刑法依据的司法罪状才是国家承认的,其他的不具有法律效力。“礼之所去刑之所取”,在法律有规定之前,我们就已经理解了犯罪,这样的犯罪天经地义,寓居于日常生活礼俗和人心当中,而不是法律当中。犯罪原本是礼俗犯,不过和法律联系起来之后,可以区分为前法定化的礼俗犯和法定化的礼俗犯。在罪刑法定的今天,法定化的礼俗犯地位“尊隆”,只有其才能获得承认,具有法律效力,没有得到法定化的礼俗犯,很多时候则被淡忘了。在罪刑法定时代,一种行为,即使在有的礼俗中认为是犯罪,但是如果法律上没有做出规定,那么就不能以惩罚犯罪的名义将它绳之以法;同样,一种行为,即使在有的礼俗中不认为是犯罪,但是如果法律上规定为犯罪,那么就不能以遵守礼俗的名义付诸实施。前者如通奸,有的地方认为构成犯罪,对于通奸者可以实行私刑,但是这种做法无论如何不能得到刑法认可。后者如抢亲,尽管于习俗有据,但是依据法律规定,可能构成强奸之罪。由此看来,如果没有法律规定,似乎也难以判断一种行为是否构成犯罪,有罪与否,与法律规定息息相关。所以刘颂说:“其正文、名例所不及,皆勿论。”[1]

2. 司法罪状是立法罪状的个案形态

如前所述,刑法分则罪刑条文中规定的罪状是立法罪状,这样的罪状是未完成的,需要在回答案件提出的问题中进行阐释或者续造,阐释或者续造而成的司法罪状才能作为原型引导案件事实叙述。由此可见,司法罪状其实就是在个案当中得到阐释或者续造的立法罪状,是个案形态的立法罪状。对此需要注意三点:其一,司法机关援法断罪,其实是援引经过了阐释才形成的司法罪状断罪,所谓罪之法定,应当解释为司法罪状应当按照正当程序形成。其二,一方面,应当坚持司法罪状是为了阐释立法罪状在案件中的意义而形成的,以立法罪状为出发点和归宿。如果不坚持罪状是阐释的出发点和归宿,那么人们理解的犯罪原型就会五花八门,不能起到统一规范、定分止争的作用,德国的自由法学运动提倡法官不受成文法的约束,自由续造法律,似乎偏离了罪状阐释的立场。我国刑法学界宜引以为戒。另一方面,案件情况不同,司法罪状就会有所不同,不同的司法罪状都属于同一个立法罪状,彼此之间只具有“家族相似性”,而不具有抽象的共性。“温故而知新”,[2]我们理解了若干司法罪状之后,即可就近取比,举一反三,闻一知十,不假思索地把从未见过的案件事实归类在同一罪状之中进行叙述。在这个意义上,笔者赞同考夫曼所说:“法原本即带有类推的性质。”[3]其三,案件情况变幻无穷,司法罪状随之不断发展,构成了罪状这个有机体的发展史。在同一罪状的旗帜下,既有的犯罪原型形成了一个阐释传统,这个阐释传统是具有先在的约束力的,从这个传统出发才能“温故而知新”。一个

---

〔1〕《晋书·刑法志》。

〔2〕关于“温故而知新”的新解释,参见武树臣:《儒家法律传统》,法律出版社2003年版,第58页。

〔3〕[德]亚图·考夫曼:《类推与“事物本质”——兼论类型理论》,吴从周译,台北,学林文化事业有限公司1999年版,第45页。

人如果要把自己训练成为法律专业人士,就必须首先学习这个阐释传统,掌握它的基本运用逻辑,否则不能胜任法律适用工作,不能称为专业人士。

（四）司法罪状是视域融合意义上的司法罪状

张志铭认为,和以往解释学的意义观不同,哲学解释学给出的是融合的意义观,这是一种颠覆性的意义观:在法律解释活动中,立法者、法律文本和解释者不同于立法原意、法律语义和解释者的理解,是三个不可相互替代的因素,它们构成三种不同的“视界”,在确定法律文本的意思时,它们之间是相互制约、相互融合的关系,解释的最终结果是三者之间的“视域融合”,而不可能是由其中的哪一个决定。[1] 笔者认为,这样的解读或许存在误解:其一,哲学解释学并不认为立法者意志进入了法律之中,不可能存在这样的视域。其二,法律的意义是指作为文字符号的法律文本适用于案件中所呈现出来的意义,而不是文字符号本身,因此文字符号并不是法律意义的所指,法律意义解释和文字符号解释的性质不同,遵循的是不同的逻辑。而且,作为原型的法律,并非原封不动的法律文本,而是为了回答叙述提出的问题而进行了阐释的法律文本,经历了一种意义的成长。也就是说,法律意义是法律规定在具体案件中呈现出来的意义,离开了具体案件,就没有法律意义可言,它属于阐释学上的处境意义、面相意义,并不存在什么立法原意。其三,在法律适用者层面的解释中,并没有立法者参与解释,立法者意志与这个层面的解释无关。其四,所谓“视域融合”,融合双方是指解释者理解作为一方,法律文字符号在案件中呈现的法律意义作为另一方,类似于以“你—我”辩论的方式进行互动,直至达成协调一致。互动的双方不是指解释者的理解和法律文字符号之间的视域融合,文字符号的语言学意义没有这样的功能。而且视域融合中的“辩论”是猜测与发现的方式,人们

---

〔1〕 参见张志铭:《法律解释学》,中国人民大学出版社 2015 年版,第 37 页。

所猜测的法律意义是否成立需要得到证立,证立构成了解释的第二步。证立的方式就是发现和反驳,发现所猜测的用法是否可能存在,是否经得起反驳。实际上,解释的过程是解释者的猜测与罪状用法在阐释中达成协调一致实现相互融合的过程,解释的真理是通过猜测与证立的过程形成的视域融合。正如加达默尔说:"理解其实总是这样一些被误认为是独自存在的视域的融合的过程。"[1]关于视域融合的解释学的意义和真理,有以下三点需要注意:

首先,司法罪状属于"有我之知",具有主客融合的特点,它既是我们的理解,又是司法罪状自身。并非先有一个罪状立于对面,对它一无所知的解释者去反映它,认识它,解释者和罪状之间并非彼此外在的主体与对象的关系,而是一开始就已经处在一个原始的阐释共同体之中,解释者是对罪状用法已经有所理解的解释者,而罪状用法是解释者已经有所理解的罪状用法,这是原始的"被抛状态"。正如陈嘉映所说:"文本不是物理对象,阐释不同于我们对物质客体的认知,文本阐释包含双向的牵连;文本和阐释者都牵连在阐释活动之中,互相发明——阐释既改变阐释者,也改变文本之所说。"[2]在反思的解释中,司法罪状的语言是一种翻译的语言,它既要把司法罪状表达出来,又是用我们自己的语言表达出来的,从而不同于解释者单方面意志的表达。如果只是阐释者自己的意思,那是不能称为司法罪状的。所以在司法罪状证立中需要解决的问题是:人们主张的司法罪状,是否就是客观的司法罪状本身?只有从两个角度来看都是如此协调一致的解释,才是能够成立的解释。

其次,视域融合具有解释学循环的特点,而不是形式逻辑意义上的推理过程。司法罪状及其要素用法的证立,是通过猜测和发现以

[1] [德]汉斯-格奥尔格·加达默尔:《真理与方法——哲学诠释学的基本特征》(上卷),上海译文出版社1999年版,第393页。

[2] 陈嘉映:《谈谈阐释学中的几个常用概念》,载《哲学研究》2020年第4期。

解释学循环的方式进行的。人们先行假定罪状要素具有某种用法，然后去发现这样的用法是否确实存在，如果不存在，则以新的假定取而代之，继续予以证实或者证伪，如此周而复始，直到得到证立为止。任何一方就司法罪状提出的看法、主张，在有争议时都需要证立。证立的方式是发现，发现罪状要素是否有相应的用法，如果有，那么其主张就是成立的，否则就是不能成立的。刑事诉讼要发现真实，这个真实既是指发现传来事实，又是指发现司法罪状及其要素用法确实存在。这个解释学循环的过程包括“正反合”三方面的辩证过程，既包括正面的发现能够成立，又包括反面的否定不能成立，两个方面综合起来，正面能成立，反面推不倒，那么司法罪状之要素的用法解释就得到了证立。

最后，从上面的情况可以看出，视域融合的意义真理是“道行之而成”的真理，在循环中达到视域融合的状态的时候，才能说一个意义的真理已经诞生了，在这之前，并没有现成的真理；而且这里的真理不是对意义的正确反映，它就是法律的意义本身。而客观目的论认为意义是现成摆在那里等待解释者去发现的，真理是对于这个现成意义的正确反映。

（五）司法罪状是在协同式法律审程序中获得各方一致认可的司法罪状

1. 司法罪状需要取得各方的一致认可

司法罪状不是在叙述之前就存在的，而是在叙述者的叙述中形成的，属于立法罪状的阐释与续造。司法罪状与叙述者相关，叙述者是司法罪状的内在构成要素之一，没有叙述者的参与就没有司法罪状。立法罪状的阐释与续造不是浪漫的修辞，而是内在包含了正确性的要求。法官就司法罪状提出的看法属于向控辩双方提出的正确性主张，如果遭到了控辩各方的质疑，法官负有论证责任，只有当该主张阐释了理由，而得到了控辩双方的认可时，才是有效的。在质疑的辩论中，法官如果没有阐释理由——控辩双方都无可反驳的理由，那么就不是正确的，从道义上来说并不构成司法罪状。法官的权力是交往性的权力，如果在需要给出理由时法官可以不给出理由强行把自己的主张宣布为司法罪状，这无异于强权即公理的特权，会导致司法罪状名存实亡。因此，司法罪状具有主体间性，法官提出的司法罪状主张，得到了控辩双方有明述或者默会的阐释理由的认可，才能转化为司法罪状。

以往的法律解释学属于独断的解释学，关注法律文本、案件事实和解释者之间的关系，但是那里的阐释者是法院，他唯一、他独白、他专断，他也可能兼听另外两位的意见，但是无论如何，他都不需要和两方达成合意即可把自己的阐释宣告为司法罪状，他有这样的资格。在我国古代，即使决狱官员有疑难，也是向上级请示汇报，而不是听取犯罪嫌疑人的意见。汉高祖六年（公元前201年）曾经诏曰："狱之疑者，吏或不敢决，有罪者久而不论，无罪者久系不决。自今以来，县道官狱疑者，各谳所属二千石官，二千石官以其罪名当报之。所不能决者，皆移廷尉，廷尉亦当报之。"[1]这样形成的司法罪状不具有正当性。

"法不能独立，类不能自行，得其人则存，失其人则亡。"[2]法律解释属于"有我之知"，依理而论，既然采用诉讼的方式解释法律，那么司法罪状就具有"我们"性或者主体间性，因为诉讼就是辩论和对话，人民法院提出了司法罪状要求，当其得到了控辩各方的认可时，才是"我们"的司法罪状。然而在现在的刑事程序中，公诉人应当援引刑法规定的罪状作为请求处罚的依据，被告人可以就法律适用提出意见，双方有争议的可以进行辩论，但是法院可以不受双方意见的约束，适用法律作出判决。在实务当中，有的法院对证据问题往往以自由心证为由拒绝商量和达成共识，对法律问题往往有所保留。这

〔1〕《汉书·刑法志》。
〔2〕《荀子·君道篇第十二》。

样阐释司法罪状，其正当性有待进一步补充。另外，即使在和控辩双方达成共识的场合，“我们”的司法罪状也可能徒有其名。例如，有的不是建立在阐释理由的基础上，而是基于辩审交易的妥协，或者基于对哀求的怜悯，或者对于公诉机关的迁就等。又如，被告人不服检察机关的法律适用结论，可能会被判处更重的刑罚，不得已作出“两害相权择其轻”的同意。针对这些情况，法官的司法罪状阐释需要和主体间交涉对话结合起来，建立正当程序，排除各种外在干扰，保障各方对话是基于理性的自由对话，由这样的程序就司法罪状达成了共识，这时才能说司法罪状已经形成了，才能让司法罪状成为名副其实的“我们”的司法罪状。就此而言，笔者赞同季卫东的如下观点：“法律解释必须在程序、议论、合意等‘函三为一’的多元结构中来把握。”〔1〕“中国实用法学生成和发展的第三条道路，也就是指以程序和议论双轨的法律解释学的规范化、体系化、制度化。”〔2〕

在正当程序和视域融合的结合方面，我国现在的刑法解释理论以实体和程序二分为前提，认为刑法罪状阐释与刑事程序无关，因此并不结合刑事诉讼程序进行探讨。这样的处理实际上陷入了独断论之中。作为例外，宗建文认为，刑法解释是在法官主导下，通过控辩双方对法条内涵的不断辨明、经验知识参与的双方说理的过程；〔3〕杨艳霞2007年出版的《刑法解释的理论与方法——以哈贝马斯的沟通行为理论为视角》和王凯石2008年出版的《刑法适用解释》也触及刑法解释的程序问题。不过这些观点并没有引起学界关注，而且他们的论述还有待深入。

2. 司法罪状应当通过协同式法律审程序获得各方的一致认可

在如何建立达成共识的法律审程序方面，需要特别注意两点：其

〔1〕 季卫东：《法治秩序的建构》，中国政法大学出版社1999年版，第119页。
〔2〕 季卫东：《法治秩序的建构》，中国政法大学出版社1999年版，第141页。
〔3〕 参见宗建文：《刑法机制研究》，方正出版社2000年版，第119页。

一,上述达成共识的方式,并不是基于视域融合的真理,而是定罪天然要求适用法律正确,亦即必须根据正确的法律意义或者司法罪状定罪,舍弃了这个要求,那么刑事司法就没有存在的必要了。我国学者一讲到共识就想起哈贝马斯、德沃金和波斯纳。然而,虽然哈贝马斯的真理共识论看到了理解的真理来自正当程序保障下基于理由的合意,但是他所讲的正当程序是乌托邦式的,而定罪程序是特定主体参与而且是要终结的,不可能变成像他设想的理想共同体的无限期的辩论,相应的理由也是特定的,需要具有可操作性。像德沃金所讲的重叠共识论,其实还是法官以己律人的独白。像波斯纳所讲的协商,将法律意义的真理要求放在一边了,这样具有交易色彩的协商共识论并不作为达成共识的依据。其二,我国刑事诉讼法所讲的案件审理程序,属于事实审程序,解释立法罪状形成司法罪状的程序不能混同于事实审程序,应当突出自己的特质。关于司法罪状能否成立的问题,实务当中是在证据调查结束之后的法庭辩论阶段进行认定。对于起诉书的叙述犯罪事实中所体现的司法罪状,如果各方都没有提出异议,那么就默认了司法罪状的正确性,如果有任何异议提出,就需要进行专门的法律争点辩论。我国传统观点认为如何处理法律争点是专属于法官的事情,尚未建立专门的法律争点审理程序。基于以上考虑,笔者认为,法律争点审理程序是一种协同式程序,通过各方的协同行动发现司法罪状的真相。这具体表现为:

其一,控辩审三方都可以提出自己的法律适用主张。

公诉机关负有最初的责任,在起诉书中就法律适用需要发表自己的观点,在审判中可以修改自己的观点,用妥当的观点取而代之。被告人一方也可以提出自己的法律适用观点。审判人员需要表明自己在法律适用中的态度。传统观点认为适用法律、解释法律是法官固有的权力,具有独断性的特征,法官无须与控辩双方协商。这样的观点并不妥当,司法罪状应当经过诉讼程序为各方所接受才具有正当性。在这样的视野之下,我国《刑事诉讼法》对于法院单方面变更罪名的问题作出的规定值得注意。关于罪名变更问题,《刑事诉讼法司法解释》第 295 条第 1 款第 2 项规定:起诉指控的事实清楚,证据确实、充分,但指控的罪名不当的,应当依据法律和审理认定的事实作出有罪判决。该条第 3 款规定:人民法院应当在判决前听取控辩双方的意见,保障被告人、辩护人充分行使辩护权。必要时,可以再次开庭,组织控辩双方围绕被告人的行为构成何罪及如何量刑进行辩论。有的观点认为,当代刑事诉讼的基本原则之一是控审分离,不告不理,人民法院应当只对指控的罪名及其背后的法律适用进行审理,得出成立与否的结论,不得自行作出司法罪状方面的解释。笔者认为,指控之事是否成立涉及两个方面:一方面是其是否构成以证据为依据的传来事实;另一方面是阐释司法罪状是否正确。对于前者,人民法院应当奉行不告不理原则,不得主动追诉;对于后者,如何适用法律的问题并不构成诉讼请求,不适用不告不理原则。就此而言,人民法院在传来事实保持不变的前提下,可以就法律阐释提出自己的主张。当然,人民法院的主张应当按照诉讼化的方式提出,司法解释该规定打破了法官解释是独断解释的局面,是可取的。

其二,控辩审三方的责任是协同式的全面责任,与事实审中的各方责任不同。

在事实审中,公诉机关负有论证责任,被告人负有辩驳责任,该责任具有只破不立的特征,法官的责任是发现公诉人的指控之事是否已经得到被告人一方的承认,并没有自己独立的主张。然而在法庭审理中,首先,法官也是辩论的参与方,如果觉得司法罪状阐释有疑问,应当提出自己的主张和各方交流。其次,任何一方既可以提出否定相关的法律解释的主张,又可以超越单纯的否定,就法律适用提出自己的积极主张。例如,辩护人不像在事实审中一样将职能局限在辩驳,也可以提出积极的建设性的辩护意见,如被告人不构成重罪而构成轻罪,不构成抢劫而构成寻衅滋事的法律适用意见。在这方面,不适用“谁主张,谁举证”、否定的一方不负举证责任的原则。最后，任何一方都应当说明自己所持观点的理由，但是没有说明理由并不必然导致其主张不能成立，没有这个意义上的行为责任和结果责任的对应。

其三，法官负有争点整理责任，应当把控辩审三方在法律适用方面的所有主张都开列出来，将争点展开至无可争议的程度。

如果遗漏了争点，那么构成程序违法，构成发回重审的上诉理由。对于所有的法律争点，法官除以争点整理的方式进行固定外，还应当听取各方的意见，如果没有听取各方意见，也构成程序违法。实务当中审判人员往往认为法庭辩论是由控辩双方进行的，法庭是主持者而不是辩论的参与者，法庭的看法应当在判决书中公布而不是在法庭辩论中公布。《刑事诉讼法司法解释》第 300 条第 1 款规定：裁判文书应当写明裁判依据，阐释裁判理由，反映控辩双方的意见并说明采纳或者不予采纳的理由。该条规定也不要求法庭参加法律辩论。笔者认为，法律辩论是三方辩论而非双方辩论，法庭应当在庭审辩论中把自己的观点公之于众，接受各方审查，判决书中的说理应当是备忘录式的说理，是法庭辩论中既有说理的总结，而不是第一次出现的说理，仅在判决书中写明的说理不是备忘录式说理，而是“突袭式”说理，构成了程序不当。

其四，法律审不适用认罪认罚程序。

《刑事诉讼法》第 15 条规定：犯罪嫌疑人、被告人自愿如实供述自己的罪行，承认指控的犯罪事实，愿意接受处罚的，可以依法从宽处理。《刑事诉讼法》第 190 条第 2 款规定：被告人认罪认罚的，审判长应当告知被告人享有的诉讼权利和认罪认罚的法律规定，审查认罪认罚的自愿性和认罪认罚具结书内容的真实性、合法性。上述规定给人留下只要被告人自愿承认司法罪状，该司法罪状即成立的印象。在司法实务中，认罪认罚往往必须承认指控的罪名在法律上是成立的，如果有争议就不作为认罪认罚处理。这样的理解是存在问题的。首先，起诉书中司法罪状之阐释能否成立，需要取得控辩审三方的一致同意,即使被告人同意,如果审判人员不同意,也是不能成立的。其次,在有无指控之事存在的问题上,由于被告人是无可替代的亲历者,所以其作出供述往往意味着事实的成立。但是这样的思路不能推广到法律解释领域,法律解释上没有所谓亲历性的问题,解释的正确性与解释者是否亲历其事无关。最后,《刑事诉讼法》第201条规定:对于认罪认罚案件,人民法院依法作出判决时,一般应当采纳人民检察院指控的罪名和量刑建议,但是人民法院认为被告人的行为不构成犯罪或者不应当追究其刑事责任的,不得采纳人民检察院指控的罪名和量刑建议。《刑事诉讼法司法解释》第352条规定:对认罪认罚案件,人民检察院起诉指控的事实清楚,但指控的罪名与审理认定的罪名不一致的,人民法院应当听取人民检察院、被告人及其辩护人对审理认定罪名的意见,依法作出判决。

其五,对于法律解释中的争议,法官应当按照阐释学真理的要求发现真相、作出结论。作为例外,在无法发现阐释学真相的情况下,法官的结论具有决断性。对于决断性结论,应当允许控辩双方进行第二次上诉。因为决断的正当性来自各方的信托,更高级别的审判机关往往更为权威,更容易赢得各方的信任。

(六)蕴含的司法罪状

1. 蕴含罪状

法律事实是具有法律意义的事实,叙述犯罪事实,是以司法罪状为原型对案件证据加以组织,使之以犯罪事实的方式成形。叙述犯罪事实,表面上是叙述,实际上则是阐释,正面是叙述案件事实,背面则是阐释法律规定,如果没后者所阐释的司法罪状作为原型,那么叙述犯罪事实就不可能进行。通过叙述体现出来蕴含在叙述之中的司法罪状,本书称为蕴含罪状。蕴含罪状具有如下特点:

其一,叙述事实和阐释法律,犯罪事实和司法罪状,两者属于立法罪状的一体两面,处于解释学循环之中,不可分割。叙述是包含着法律阐释的叙述,只要我们还在叙述法律事实,就一定是以法律为原型引导着事实叙述,无法想象不以法律意义为原型的法律事实叙述。同样,阐释而成的司法罪状也是通过叙述犯罪事实体现出来的,离开了叙述犯罪事实,司法罪状也不复存在。换个角度来说,理解法律、适用法律包括阐释意义和确定指称两个方面,一方面为了叙述的需要将法律规定阐释为作为原型的法律意义,另一方面以阐释的法律意义为原型组织案件事实叙述,意义和指称两者之间是解释学循环关系,不是独立于适用先理解了意义,然后将其适用于案件事实当中;也不是独立于法律意义叙述出裸的案件事实。

其二,虽然司法罪状和犯罪事实、法律阐释和事实叙述交织在一起,但是两者在实存论上的地位不同,法律意义存在于案件事实的叙述之中,透过叙述表现出来。虽然在叙述中人们说出的是法律事实,但是法律意义透过事实叙述表现出来,以反射的方式显示了自己的存在。换句话说,存在论的法律阐释是以反射的方式存在于事实叙述之中,它造就了叙述,却隐而不见。相反的说法是:犯罪事实通过司法罪状表现出来,这样的说法是不能成立的。考夫曼等人主张的等置论,基本问题之一就是没有看到事实和法律在实存论上的地位有所不同,犯罪事实是实存的、说出来的,而司法罪状则是表现性的、没有说出来的。

其三,司法罪状是默会的行动之知。人不可能适用自己没有理解的法律作为原型引导叙述,如果我们能够成功地叙述法律事实,如果我们能够听懂别人所讲的法律事实,那么我们就以某种方式理解了蕴含于其中的法律意义。我们的叙述,我们的倾听,这些行动都表明了我们已经理解了法律意义。但是这些在行动中知道的法律意义,我们却不能说出来。这样的"知道",可以称为默会的行动之知。《庄子·天道》云轮扁斫轮载:"斫轮,徐则甘而不固,疾则苦而不入,不徐不疾,得之于手而应于心,口不能言,有数存焉于其间。臣不能以喻臣之子,臣之子亦不能受之于臣,是以行年七十而老斫轮。"维特根斯坦说："我遵从规则时并不选择。我盲目地遵从规则。"[1]存在论的法律解释是轮扁斫轮一样的手艺活，法律意义作为默会之知，是在无意识中阐释事件时形成的，本是自明的，解释者既然叙述了犯罪事实，当然已经通过实践行动表明已经理解作为叙述原型的司法罪状，但是他知道却说不出来，他越是得心应手，越是不假思索、口不能言。这有点像莱尔在《心的概念》中所举的例子：我知道那个地方在哪里，能够把你带过去，你要我画一幅地图，我却无能为力。

2. 事实的法律解释观述评

尽管通说认为法律解释与案件事实是相对而立的，但是我国也有学者注意到了法律解释与案件事实有关。陈金钊认为："解释的对象有两个方面：一是不清晰的法律文本，二是待决事实的法律意义。"[2]张志铭认为："法律解释的直接对象是法律文本或法律条文，但在具体个案的司法裁判和法律适用过程中，对法律文本或者法律条文的解释可以有两种不同的进路，即文本解释和事实剪裁……由于法律解释可以以变相或间接地剪裁事实的方式进行，在一些国家如法国的法律制度和实践中才得以认为司法裁判是将法律适用于案件事实的过程，而无须解释法律；中国的情况也是大致如此。"[3]笔者认为，两位学者慧眼独具，隐约感受到了叙述事实中存在法律解释，看到事实叙述和法律解释交织在一起的现象，不过仍然需要注意：首先，应当把存在论的法律阐释和反思的法律（再）阐释加以区分，事实叙述中存在法律解释，这是存在论层面的现象。在反思的层面，法律解释就是法律解释，事实叙述就是事实叙述，一个是文本阐释，另一个是证据分析，我们可以解释事实，但是我们不阐释事实。

---

〔1〕［英］维特根斯坦：《哲学研究》，陈嘉映译，上海人民出版社 2001 年版，第 130 页。

〔2〕陈金钊：《法律解释学——权利（权力）的张扬与方法的制约》，中国人民大学出版社 2011 年版，第 104 页。

〔3〕张志铭：《法律解释学》，中国人民大学出版社 2015 年版，第 21 页。

当我们进行证据分析的时候，我们假定了法律阐释方面是确定的，无须再解释——用法学界现在的术语来说，将构成要件事实当作既定的证明对象，在这样的前提下用证据加以证明。例如，在一个容留卖淫案件中，如果公诉人没有就所容留者是谁进行举证，那么法官就会认为指控的证据不足，这自然是以各方都默认容留卖淫罪是指容留他人卖淫为前提的，在默认这样的司法罪状的背景下讨论证据问题。如果这样的共同默认被打破，公诉人认为容留卖淫罪不需要他人的存在，那么这个时候容留卖淫罪的罪状如何解释就成为法律问题。其次，在存在论的层面，法律阐释和事实叙述都从属于叙述法律事实的组成部分，其实是不能单独讨论的。而且两者之间是解释学循环关系，相互作用、相互调适、"和而不同"，不存在根据一方来剪裁另外一方的问题，因为那会导致"同而不和"，歪曲事实。最后，如果说采用解释学循环，那么在这样的场合，存在论的解释和反思的解释之间，构成了整体与部分的解释学循环的关系，它们构成了这里讨论的主题。

3. 遗忘了蕴含罪状的中国刑法解释学

就刑法解释而言，有的刑法学者引入德日刑法学说，认为立法罪状规定的构成要件有封闭要件和开放要件的区别。例如，刘艳红认为："在封闭的构成要件情况下，构成要件具有违法性表征机能，行为具备构成要件该当性且无违法阻却事由即能认定其违法。"[1]"开放的构成要件是指由于立法者未能详尽地描述构成要件的各种要素，根据刑法规范对构成要件的字面规定，无法判断行为是否违法，还需要由法官进行其他补充判断的构成要件。"[2]张明楷对此持否定的

---

〔1〕 刘艳红：《开放的犯罪构成要件理论之提倡》，载《环球法律评论》2003 年第 3 期。

〔2〕 刘艳红：《开放的犯罪构成要件理论之提倡》，载《环球法律评论》2003 年第 3 期。

立场,他认为:“大体上可以说,只存在开放的刑罚法规(表述不完整的刑法条文),不存在开放的构成要件;对于表述不完整的法条必须通过解释揭示出表述不完整的部分,但这些部分所要求的要素自始就存在于构成要件中,而不是存在于构成要件外。”[1]笔者认为,刑法上的所有规定都是未完成的不完整规范,只有适用于案件中才会具体化为完整的裁判规范。诉讼中适用的法律不是脱离个案的立法罪状,而是具体化为个案罪状的司法罪状。司法罪状并非原封不动的法律文本,而是为了回答叙述提出的问题而进行了阐释的法律文本,经历了一种意义上的成长。也就是说,并不存在可以无须解释直接适用的刑法规范——尽管这样的阐释是通过叙述表现出来的,人们的叙述越是流畅,作为原型的司法罪状就越是为人们所熟悉、熟知而被遗忘。

为此,刑法学界应当认识到:蕴含罪状是通过叙述案件事实体现出来的司法罪状,与之相应的解释是属于存在论层面的阐释。存在论的阐释是一门手艺活,体现在叙述中的默会的实践是不可言说的,但我国刑法解释学的观点属于方法论解释学,以为所有的解释都属于可以言说的反思层面的解释。例如,陈兴良认为:“以往我们往往存在一种对法律适用的错误理解,以为法律是现成放在那儿等着我们去适用的,其实不然。法律是需要我们去寻找的,这种寻找法律的过程,就是一个法律解释过程;任何法律都需要解释,否则无法适用。”[2]笔者认为这样的解释存在矛盾之处:一方面主张法律解释是反思性质的方法论意义上的解释,另一方面又主张这样的解释无所不在。针对这种矛盾,笔者认为可以换成存在论的解释。理由是:

第一,其实无所不在的解释是存在论意义上的解释,正如加达默尔说:“早在我们通过自我反思理解我们自己之前,我们就以某种明

---

〔1〕 张明楷:《刑法学》(第6版),法律出版社2021年版,第153、154页。

〔2〕 陈兴良主编:《刑法方法论研究》,清华大学出版社2006年版,第7页。

显的方式在我们所生活的家庭、社会和国家中理解了我们自己。”第二,在简易案件中,对于存在论上的法律阐释已经直接理解,没有疑难,不需要反思意义上的(再)解释。第三,就两个层面解释的关系而言,存在论层面的刑法解释,存在于我们叙述犯罪事实的实践之中,我们心领神会,但是口不能言,只有当它不再“使用上手”之际,我们才能把它当作“现成在手”之物谈论它、反思它。然而方法论解释学中的解释对象,既不是“使用上手”的存在论意义上的罪状阐释,也不是现成在手的反思意义上的再阐释,而是作为现成对象的意义阐释。多少学者偏离了存在论的法律阐释和反思的再阐释这个方向,飘萍无根,却殚精竭虑,以为法律意义作为对象隐藏在哪个角落里,寻求用正确的方法或者法益论之类的某种理论获得解释的真理,发现法律的意义,形成了数不尽的解释方法论以及诸解释方法排序论。这样的做法犹如“黑夜给了我黑色的眼睛,我却用它寻找光明”〔1〕。第四,苏力已经注意到了原初的法律解释是一种默会之知,通过实践表现出来。刑法解释学应当借鉴其观点,让我们知所进退,停留在苏力所说的:没有一套能够表述出来的作为方法的解释理论,不能对解释作出完整的表述和论证,无法将之形成规则……在方法论解释学中,所有这些人们寄予厚望的所谓解释理论和方法都不像人们想象的那样可以信赖,人类发现的一个又一个似乎日益完善的解释法律的方法并没有取得多大的进展。〔2〕

(七)明述罪状

1. 明述罪状

如果觉得默认的法律意义有疑问,我们就要澄清疑问,进行解释,在这样的解释中,它就从无意识中走了出来,而被我们注意到,我

〔1〕 顾城:《一代人》,载《星星》1980年第3期。

〔2〕 参见苏力:《解释的难题:对几种法律文本解释方法的追问》,载《中国社会科学》1997年第4期。

们努力用语言把它表述出来,于是法律意义成了明述之知。在明述的层面澄清了法律意义之后,法律意义才能复而适用于案件事实的叙述之中。将蕴含罪状的部分要素的用法以明述方式说出来,蕴含的罪状就转化成为明述罪状。明述罪状具有如下特点:

其一,明述罪状属于反思阐释层面的罪状,反思对象是存在论层面已经得到阐释的法律意义,反思阐释其实是再阐释。就反思与存在的关系而言,反思的阐释建立在叙述中,体现阐释的基础之上。不过在反思中,叙述的法律事实在思维中被一分为二,法律阐释与事实叙述在形式上是分离的,法律阐释只讨论法律意义,不讨论事实叙述,事实叙述能否成立由证据论予以探讨。相较之下,存在论层面的阐释、法律阐释和事实叙述是交织在一起的,并没有单独的法律阐释。

需要补充说明的是,哈特提出了在法律适用上有简易案件和疑难案件的区分,[1]该区分影响深远,我国解释学学者无不引用。方法论解释学认为,语义模糊,法律适用有疑难的案件需要解释,就是哈特所谓的疑难案件;语义明确,不需要解释可以直接适用法律的案件就是哈特所谓的简易案件。马默反对这样的观点,他认为哈特讲的简易案件,不是指语义明确可以直接适用法律的案件,而是"意指相关法律规范可被简明理解,并无须借助于对该规范所作之解释即可适用于特定案件"[2]。笔者认为,马默所讲的简明理解和无须解释仍然不够清晰,所谓简易案件,其实就是具体化于案件中的法意已经直接理解的案件,而疑难案件则是对于法意理解存在疑难,需要进行反思的再解释的案件。

---

〔1〕 参见[英]哈特:《法律的概念》,张文显等译,中国大百科全书出版社 1996 年版,第 124－135 页。

〔2〕 [美]安德瑞·马默:《解释与法律理论》(原书第 2 版),程朝阳译,中国政法大学出版社 2012 年版,第 147 页。

其二,明述罪状是部分明述、部分蕴含的罪状。司法罪状是在叙述犯罪事实的过程中呈现出来的,如果诉讼主体对叙述的犯罪事实无异议,那么就直接承认了体现在其中的司法罪状,亦即司法罪状得到了直接证立。如果诉讼主体持有异议,那么就需要将司法罪状中有疑问的部分说出来,作为讨论的对象,经过讨论就该部分内容达成共识,司法罪状才能证立。需要注意的是,在后一种情形中,质疑总是特定的质疑,总是以承认蕴含罪状的其余部分为背景的质疑,人们不可能就整个司法罪状的任何要素都发生质疑,发生质疑的只有其中一部分要素,所质疑的其实是罪状要素是否具有所声称的用法,如果受到质疑的这一部分罪状要素的用法能够成立,那么整个司法罪状就得到了证立。蕴含的司法罪状是整体,明述的司法罪状是部分,整体与部分之间构成解释学循环,明述的部分得到证立、澄清疑问之时,作为整体的蕴含罪状也就成立了。换句话说,罪状作为整体是透过叙述显示出来的,我们无法获得消除蕴含全部明述的司法罪状。在这方面,正如陈嘉映解读维特根斯坦时所言:我们听到一句话,通常直接就理解了,在话语和理解之间,不需要什么中介;当然,在种种不同层面上,话语有时需要解释,但我们总是针对特定的误解提供解释,也因此,解释才可能产生澄清误解之功。[1] 也如苏力所说:没有一套能够表述出来的作为方法的解释理论,不能对解释作出完整的表述和论证,无法将之形成规则。

其三,明述罪状所指向的是罪状要素之用法。我国法学界探讨法律语词的意义,认为语词有固有的文义,对这个文义,传统观点采用下定义的方式予以界说,近年来又引进了类型学说予以界说。维特根斯坦反对这样的传统观念,他认为语词是组成句子进行说话交流的工具,语词的意义就是这个工具的用法,他说:“在使用‘含义’一词的一大类情况下——尽管不是在所有情况下——可以这样解释

〔1〕 参见陈嘉映:《简明语言哲学》,中国人民大学出版社2013年版,第143页。

‘含义’：一个词的含义是它在语言中的用法。”[1]语词的意义与使用有关，不要离开使用去讨论语词的意义，但是语词的意义不是使用本身，而是在使用中体现出来的用法。一个词的意义是在使用中形成的，在使用之前没有现成的意义，使用方式不同，所呈现的意义就不同。

维特根斯坦说，“我无意提出所有我们称为语言的东西的共同之处何在，我说的倒是：我们根本不是因为这些现象有一个共同点而用同一个词来称谓这些现象，不过它们通过很多不同的方式具有亲缘关系。由于这一亲缘关系，或由于这些亲缘关系，我们才能把它们都称为‘语言’……我想不出比‘家族相似’更好的说法来表达这些相似性的特征；因为家族成员之间的各式各样的相似性就是这样的盘根错节的：身材、面相、眼睛的颜色、步态、脾性，等等。我要说：各种‘游戏’构成了一个家族”[2]。

在概念法学中，法律语词是以下定义的方式被掌握的，经过定义之后，一个概念具有一组抽象普遍特征，这些特征缺一不可，同等重要，是该概念之所以为该概念的充分必要条件。一个对象，要么全部具备这些特征从而属于这个概念，要么缺少一个或者数个特征从而不属于这个概念。而且概念的定义是自足的，脱离使用场合而存在。针对概念法学的定义观，拉德布鲁赫以来的德国法学家提倡所谓类型学说。类型学说和概念法学的区别在于：一方面，类型学说认为概念的意义是与案件相关的，不是脱离案件而存在的。正如考夫曼所说，“法律意义”并非固定不变的事物，它随着生活事实而变化——尽

---

〔1〕［英］维特根斯坦：《哲学研究》，陈嘉映译，上海人民出版社2001年版，第33页。

〔2〕［英］维特根斯坦：《哲学研究》，陈嘉映译，上海人民出版社2001年版，第48、49页。

管法律文字始终不变，也就是说随着生活本身而变化。[1] 另一方面，类型学说认为法律概念只能加以说明，不能用一组充分必要条件加以定义，它的特征是不固定的，虽然有一个中心，这个中心是固定不变的，但周围则是流动的。考夫曼说："它虽然有一个固定的核心，但没有固定的界限，以至于用以描述某一类型的'特征'得以或此或彼缺少其一，特定事实的类型性不会因此而生疑问。"[2] 笔者认为，类型学说看到了法律概念的意义随着案件的变化而变化，这是可取之处，但是也应当注意到：一方面，以为法律概念的意义有固定不变的核心是与事实不符的。法律概念在不同案件中的用法是不同的，未必有共同的核心，它们之间的联系是一种家族相似性意义上的联系。而且，罪状是作为叙述的原型起作用的，罪状要素的用法，当然是为了回应案件提出的问题而出现的，问题不同，所呈现的用法自然不同，不宜强求用法之间在"核心文义"上的相同性。另一方面，考夫曼还认为，类型在某种程度上是解释者基于自己的权力而确定的，这样理解的类型已经超出了法律概念的意义范畴，而属于类推解释的范畴。这一点在本章第三节将作具体说明。

2. 罪状要素用法的类型

关于罪状要素的用法类型，以下讨论三个问题。

(1)概述

如前所述，维特根斯坦所讲的语词的意义在于用法，这个用法是隐含在世界中的用法。关于隐含在世界中的用法，有三点需要注意：

其一，用法是指在蕴含在周边环境或者世界中的用法。用法不是人工符号，而是自然语言。人工符号与语境无关，自然语言具有辩

---

〔1〕 参见[德]亚图·考夫曼：《类型与"事物本质"——兼论类型理论》，吴从周译，台北，学林文化事业有限公司1999年版，第89页。

〔2〕 参见[德]亚图·考夫曼：《类型与"事物本质"——兼论类型理论》，吴从周译，台北，学林文化事业有限公司1999年版，第111页。

证结构，是由已经说出来的用法和没有说出来的世界、周遭环境构成的统一体。在明述罪状中，如果对罪状要素的用法有疑问，其实是对是否存在这样的统一体有疑问，澄清疑问，其实就是通过语义分析，把作为这个用法成立条件的世界揭示出来，从而发现是否确实存在这样的统一体。在这个方面，需要汲取加达默尔的观点："每一个语词都使它所附属的语言整体发生共鸣，并让作为它基础的世界观整体显示出来。因此，每一个语词作为当下发生的事件都在自身中带有未说出的成分，语词则同这种未说出的成分具有答复和暗示的关系。"[1]

其二，世界的范围亦即"种种不同层面"，我们可以粗略分为四个层次。第一个层次是在刑法中的用法。例如，"殴打"一词既是《刑法》中寻衅滋事罪的罪状要素之一，又是体罚、虐待被监管人的罪状要素之一，但是在两个不同的罪状之中，它们的用法是不一样的。换句话说，寻衅滋事罪意义上的殴打不同于体罚、虐待被监管人意义上的殴打，不要以为既然使用了同一个语词，两者的用法就是一样的。又如，关于"强迫"一词，强奸罪的强迫不等于抢劫罪的强迫，冒充妇女的男朋友发生性关系，可能构成强奸罪意义上的强迫；而冒充妇女的男朋友骗走其钱财，却不可能构成抢劫罪意义上的强迫。第二个层次是在刑法和刑法所保护的法律体系中的用法。例如，《刑法》规定的生产、销售不符合安全标准的食品罪或者生产、销售有毒、有害食品罪，是作为《食品安全法》的后盾法出现的，但是《刑法》中只出现了食品，而《食品安全法》中除食品外，还包括食品添加剂、包装材料、容器、运输工具等。在解释的时候，应当将《刑法》中的食品的范围理解为包括《食品安全法》中的食品和食品添加剂、包装材料、容器、运输工具等，因为后者也会进入食品之中，如果被污染直接影响

---

〔1〕［德］汉斯－格奥尔格·加达默尔：《真理与方法——哲学诠释学的基本特征》（下卷），洪汉鼎译，上海译文出版社1999年版，第585页。

食品安全，就此而言，应当属于《刑法》上食品的组成部分，这就是"食品"一词在由刑法和保护法组成的法律体系内的用法。对此，最高人民法院《关于办理危害食品安全刑事案件适用法律若干问题的解释》第12条明确规定，在食品生产、销售、运输、贮存等过程中，使用不符合食品安全标准的食品包装材料、容器、洗涤剂、消毒剂，或者用于食品生产经营的工具、设备等，造成食品被污染，符合《刑法》第143条、第144条规定的，分别以生产、销售不符合安全标准的食品罪或者生产、销售有毒、有害食品罪定罪处罚。第三个层次是在已决案件中的用法。第四个层次是在生活世界中的用法。例如，学者解释贩卖毒品，往往望文生义，理解为赚取买卖差价的行为，可是现实生活世界中的贩卖是多种多样的，自己制作的毒品也可以贩卖，捡来或者祖上继承来的毒品也可以贩卖，亏本甩卖也是贩卖，甚至出租给别人也是贩卖。在这里，贩卖是相对于赠予而言，流转给别人又是有偿的，就是贩卖，这就是日常生活中贩卖毒品罪中的"贩卖"一词的用法。

其三，如前所述，用法作为司法罪状的要素，面对适用中出现的疑问，需要以猜测与发现的方式进行循环，直到达成视域融合才给出能够成立的答案。

(2)判例用法的特点

对于在已经生效案件中判定的用法，需要注意以下四点：

其一，理解2019年最高人民检察院发布的《关于案例指导工作的规定》中的"保障法律统一正确实施"需要和同案同判结合起来。2020年最高人民法院发布的《关于统一法律适用加强类案检索的指导意见(试行)》(以下简称《类案检索指导意见》)规定，类案是指与待决案件在基本事实、争议焦点、法律适用问题等方面具有相似性，且已经人民法院裁判生效的案件。同案同判指的是该案与已决案件应当以罪状要素的同一个用法为原型进行叙述，它们属于同一用法下的不同体现，没有用法上的不同，所以应当作出相同的定性。如果用法上存在不同,是不能适用同案同判的。

其二,法律概念的用法是作为原型而先验存在的,只要人们在叙述,就一定有这样的"理想型"阐释出来,至于经验上的用法,也就是类案中的用法,并不是叙述犯罪事实所必需的。在正常情况下,人们无须引用类案加以归纳作为法律渊源,所谓判例法在这里是不能成立的,一些等置论者主张的案件比较方法也是不能成立的。而且,人们引入类案作为用法论证的一种类型,其原因也是本案的用法解释与其他案件已经确定的用法解释应当保持一致而未保持一致,于是基于同一原型同样定性的要求,作为论证理由予以引入。如果没有出现这样不一致的情形,无须引入类案用法进行论证。如果并非属于原型相同,那么相应的异议也不能成立。张志铭认为:从直观角度看,司法判例的作用表现为既定判决对于后续判决的影响力或约束力这样一种现象;这种作用是自然发生的,相关法律制度只能在这种自然作用的基础上进行规范化处理。[1] 笔者认为,这种观点所讲的自然作用没有区分先验和经验、概念和概念的用法,也没有明确作用方式,需要予以修正:首先,起作用的是先验的原型或者理想型,经验中的类案并不能起到原型的作用,没有类案经历的人也可以形成正确的原型,经历了很多类案的人也容易受"经验主义"的桎梏而以偏概全。其次,经验中已经出现的类案在解释法律概念时所形成的用法如果不同于当前案件,这是一个用法之间如何协调一致的问题,并不是一个法律渊源问题,用法变了,法律概念还是同一个法律概念。再次,所谓在经验层面掌握的既有用法对于当前案件所起的作用加以具体化,其实是指属于同一原型的应当同样定性,属于新用法应当说明与类案的不同之处以及相通之处,从而形成协调一致的解释学循环。这样的作用并不只有同案同判的要求,还有不同者之间保持协调一致的要求,从而不至于阻碍新用法的适用。最后,实务当中各

---

〔1〕 参见张志铭:《法律解释学》,中国人民大学出版社2015年版,第205页。

方进行类案检索,往往收集若干自己想要的案例,以归纳的方式总结出一种用法类型。这样的思路是在不自觉地模仿判例法,是有问题的,一方面先前用法并不构成法律渊源,另一方面先前用法的使用方式不是归纳,而是形成异质事物统一体的辩证法,如果涉及法律概念的新用法,不能强求一律,只能要求新旧用法之间的协调一致和辩证统一,而且辩证统一属于质性的范畴,不应该提出数量上的要求。

其三,上述《类案检索指导意见》规定,人民法院办理案件具有下列情形之一,应当进行类案检索:第一,拟提交专业(主审)法官会议或者审判委员会讨论的;第二,缺乏明确裁判规则或者尚未形成统一裁判规则的;第三,院长、庭长根据审判监督管理权限要求进行类案检索的;第四,其他需要进行类案检索的。首先,这样的规定似乎偏离了实际情况,人们感受到了对于罪状的某种理解与之前的不一致,似乎存在问题,之后才会去检索,并把检索到的案件作为论证理由提出来。脱离了这样的实际感知另外订立要求检索的标准,可能会使检索流于形式。其次,在这样的同案同判中,先前判决是作为理由引入的,并不构成法律渊源,对于该理由是否成立,是否具有相关性,都可以进行辩论,如果认为其不成立,应当不将其作为裁判理由。最后,在各种已决案件中,最高人民法院发布的指导性案例具有应当参照的优先效力。所谓应当参照,笔者认为应当解释为:一方面,这种理由具有优先性,如果没有不予采纳的理由,那么就应当予以采纳。另一方面,拒绝采纳的理由是有限的,不得以该裁判要旨错误为由,拒绝予以采纳。

其四,任何一方都可以将涉案引入已决案件中,按照法律审的要求进行辩论,以法律审的辩论代替各种准司法解释性质的文件。上述类案检索指导意见规定,对于应当进行类案检索的案件,承办法官应当在合议庭评议、专业(主审)法官会议讨论及审理报告中对类案检索情况予以说明,或者制作专门的类案检索报告,并随案归档备查;公诉机关,案件当事人及其辩护人、诉讼代理人等提交指导性案例作为控(诉)辩理由的,人民法院应当在裁判文书说理中回应是否参照并说明理由;提交其他类案作为控(诉)辩理由的,人民法院可以通过释明等方式予以回应。笔者认为,所有的类案检索意见,如果打算作为裁判理由,就应当在庭审中公布,听取控辩双方的意见。即使类案检索意见不是控辩双方提出来的,而是法官自行进行的,也应当在庭审中提出供各方审查。另外,法官应当在庭审中听取各方意见,对各方作出回应,而不要推迟到撰写判决书时才作出回应。

(3)用法不是文义

我国法学界有一种广泛流传的说法,法律解释的对象是法律的文义,文义有核心和边缘之分,位于核心部分的文义是明确的,位于边缘的则是模糊的,对于边缘的文义,在可能文义的范围之内,存在多种解释的可能性,法律解释就是从中选择一种,并论证其合理性,不过进行选择不得超出文义可能性的范围,否则就违反了罪刑法定禁止类推入罪的要求。然而,将文义作为解释对象是不能成立的,依据如下:

首先,如前所述,在存在论层面,刑法解释探讨的是法律条文的意义,而不是文义,文义是通过训诂等方式进行探究的,属于刑法注释而不是刑法解释。在反思的刑法解释中,反思解释的对象是罪状要素的意义,亦即用法,而不是所谓的文义。进言之,文义的核心与边缘的说法在这里并没有用武之地。

其次,罪刑法定的一个要求是禁止类推入罪。所谓禁止类推入罪,指的不是是否超出可能文义的范围,而是是否超出可能用法。如果罪状要素不可能有这种用法,那么就不能解释为有罪,否则就是类推入罪。例如,组织他人卖淫,他人是相对于自己而言的,自己决定卖淫不构成组织卖淫,组织他人卖淫才构成卖淫。因此,组织男性从事同性卖淫,也构成组织卖淫罪。这样的解释与文义无关,只与用法有关。例如,2005 年,王某系某音像出版社副总编,其朋友刘某告诉其想出版一张流行歌曲 VCD,向他要了一个出版号。刘某实际上却用该出版号出版了一张色情电影 VCD。关于王某的行为是否构成为他人提供书号出版淫秽书刊罪的问题，1998 年最高人民法院发布的《关于审理非法出版物刑事案件具体应用法律若干问题的解释》第 9 条第 2 款规定：为他人提供版号，出版淫秽音像制品的，依据为他人提供书号出版淫秽书刊罪定罪处罚。这个司法解释得到了公众的认可。杨艳霞认为：之所以认可，是因为司法解释虽然超出了文字的字面含义，但没有超出文字的可能含义，没有超出公众的预测可能性。[1] 笔者认为，这种理解有待商榷。在本案中，人们关心的是“书号”的用法，“书号”在这里，就是指一切出版物的出版许可证，是相对于不需要出版许可证的非出版物而言的，在这样的二分背景下，只要是针对出版物的，都可以称为书号，这就像在书面和口头二分的背景下，以数据电文等方式订立的合同也是书面合同一样。“书号”的这个意思不存在于字典之中，不是通过翻字典作训诂就可以获得答案的，人们不会去做这样的探究，所以这里需要阐释的疑难问题根本不是文义尤其不是边缘文义的问题。

最后，罪状的用法有既有用法与新用法之分。在创造性的反思解释中，需要超出既有用法，发现可能的新用法。关于既有用法和新用法，需要注意三点：第一，刑法解释学存在被称为严格解释的观点。梁根林提出：刑法文本必须坚持严格解释，应当尽可能根据该刑法语词的通常字面含义进行不违背社会常情常理的解释，除非根据立法原意不得不进行不同的解释。[2] 笔者认为，这种观点中包含了使用既有用法，尽量不进行新用法解释的意思。然而新用法是自然产生不能加以人为干预的，如果这样进行干预，人们一般只接受既有的现实用法，进行机械运用，而在可能的新用法中裹足不前，会导致适用

---

〔1〕 参见杨艳霞：《刑法解释的理论与方法——以哈贝马斯的沟通行动理论为视角》，法律出版社 2007 年版，第 280 页。

〔2〕 参见梁根林：《刑事法网——扩张与限缩》，法律出版社 2005 年版，第 133 页。

法律错误。鉴于此,我们不能把法律解释等同于既有解释,而应理解为由既有解释和新解释构成的解释。第二,关于新用法的证立,一方面,既然是新用法,自然是前所未有的,不能通过类案检索之类的方式进行归纳论证。另一方面,新用法和既有用法是有联系的,既有用法里面蕴含这种新用法,如果这种新用法在既有用法里面没有可能性,那么就无法想象存在这种新用法,因此应当推陈出新,通过语义分析将这样的语义含义从既有用法中发掘出来。后者是解释学意义上的证立,下文将作具体说明。第三,可能的新用法,既包括通常领域的新用法,又包括特殊领域的新用法。如前所述的四个层次用法中,前三种都是特殊领域的用法,最后一种生活世界中的用法才是通常用法。对于特殊领域的新用法,我们只有通过学习通晓相关领域的知识,才能理解相应的新用法。例如,被告人在公司筹办阶段承担筹资事务,将其他股东的250万元出资据为己有。有的观点认为被告人不构成职务侵占罪,因为根据《刑法》第271条的规定,职务侵占罪是公司、企业或者其他单位的工作人员,利用职务上的便利将本单位财物非法占为己有;而根据生活常识,公司尚未成立,所以不构成本罪。这样的理解通常是正确的,但是在本案中其实是不能成立的,因为这里的"公司"不是日常用法而是特定用法,需要将刑法和公司法结合起来理解才能理解到位。"公司"在法律中的规定和日常用法有区别,有自己的特定用法:公司包括筹建法人、营业法人和清算法人,三个阶段、三种形态都属于公司的范畴,因此刑法中的公司包括筹建法人,被告人构成本罪。

3. 拉伦茨解释学简评

拉伦茨是对法律方法论和法律解释学深入研究的学者,他的解释学明面上是方法论解释学,试图通过适当的方法去除解释者的成见和障碍,从而让立法者意志展现出来;但是实际上总是"春色满园关不住,一枝红杏出墙来",他的观点经常深入到存在论的层次。从形式来看,他和我国今天的学者一样,总是陷入自相矛盾之中,对于理解明述罪状具有启迪作用。兹简单评论如下：

其一，他认为，在人们叙述事实的时候，法律已经介入其中，"所有经法律判断的案件事实都有类似的结构，都不仅是单纯事实的陈述，毋宁是考量法律上的重要性，对事实所作的某些选择、解释及联结的结果"。[1] 他嗅到了：叙述案件事实的时候已经暗中有法律介入在起作用，而不是什么裸的叙述，这是难能可贵的。但是他还没有意识到这样的叙述中法律起作用的方式——法律是以原型的方式在起作用，也没有意识到这个原型并非原封不动的立法规定，而是具体化个案规则的法律意义，亦即经过了阐释的立法规定。这样漫不经心的思考，使他错过了存在论层面的叙述解释学。对此，应当通过"一体两面"的叙述的法律适用观来克服事实叙述与法律解释中存在的冲突。

其二，他说道："只有在法文的意义有疑问的情况下，才需要借助解释这一媒介，解释者将他认为有疑义文字的意义，变得可以理解。"[2]"'解释'意指，将已包含于文字之中，但被遮掩住的意义'分解'、摊开并予以说明。透过解释，我们可以'谈论'这项意义，换言之，我们用其他语词更清楚、更精确地表达它，使它可以传达给他人。"[3]他讲的解释，就是将存在论层面蕴含的法律意义以明述的范式言说出来，属于反思层面的再阐释，就此而言，他的解释学是建立在存在论基础之上的，不同于无根的认识论或者方法论解释学。尽管他做的并不彻底，因为他自己也经常诉诸解释方法来保障解释的正确性——"整个来说，多数解释问题可如是以符合方法要求的方式

---

[1] [德]卡尔·拉伦茨：《法学方法论》，陈爱娥译，商务印书馆2003年版，第161页。

[2] [德]卡尔·拉伦茨：《法学方法论》，陈爱娥译，商务印书馆2003年版，第193、194页。

[3] [德]卡尔·拉伦茨：《法学方法论》，陈爱娥译，商务印书馆2003年版，第194页。

获得解决"[1]。他将存在论和方法论对立起来是不必要的,其实存在论的解释学也有自己的方法,只不过不是外在的方法,而是具有存在论地位的方法。对此,需要用存在论的解释和反思的解释的统一来克服他的解释学矛盾。

其三,他说道:"法律是原创者——企图创设完全或部分的法律规整之——意志的具体化,此种既有'主观的'想法及其意志目标,同时也包含——立法者当时不能(全部)认识之——'客观的'目标及其要求。如果想充分了解法律,就不能不同时兼顾两者。"[2]他所讲的解释目标,除了客观意义也诉诸立法者的心理活动,界限不清,有些和稀泥的味道。对此,应当用阐释、阐发与起兴的统一来加以区分,而且应当承认在起兴之中,不是发现立法者意志,而是把审理者自己作为立法者所表达的意志。另外,刑法解释和民法解释是有区别的,对民法解释进行阐发并没有什么限制,而刑法解释中禁止进行不利于被告人的阐发。

其四,总而言之,拉伦茨是实际上触及了存在与反思两个层面的法律解释学的一位先驱,我们需要更自觉地去掉其认识论残余,才能破茧而出!

二、犯罪构成论的否定

(一)犯罪构成论是司法罪状的抽象退化形态

1. 犯罪构成论概述

我国通说观点认为:"犯罪构成,就是依照我国刑法的规定,决定某一具体行为的社会危害性及其程度而为该行为构成犯罪所必需的

---

〔1〕[德]卡尔·拉伦茨:《法学方法论》,陈爱娥译,商务印书馆2003年版,第222页。

〔2〕[德]卡尔·拉伦茨:《法学方法论》,陈爱娥译,商务印书馆2003年版,第199页。

一切客观和主观要件的有机统一。"[1]在我国刑法学中,犯罪构成论是犯罪理论的基石,人们不假思索地以此为出发点去讨论其他问题。尽管对于犯罪构成的要件究竟有多少个,要件之间的关系是集合式的还是阶层式的,学界多有辩论,但是对于犯罪构成这个术语本身能否成立,还没有看到自觉的反思。笔者认为,犯罪构成论是针对犯罪事实认定中的主观恣意而提出来的。为了制约主观恣意,人们企图采取"非人"的方式来认定犯罪事实,具体来说就是以形式逻辑来取代人们的法律阐释和事实叙述。人们将案件事实认定过程设想为一个三段论推理过程,为了提供推理的大前提,人们设想每个具体犯罪都具有固定不变的本质特征,这些本质特征由若干要素或者要件构成,我们可以把这些各种具体犯罪的固定要素加以总结,它们结合起来就构成了各种犯罪的内涵。以这个内涵作为大前提,就可以发现作为小前提的案件事实是否属于其外延。笔者认为,犯罪构成论所针对的问题是真实的,但是解决主观恣意问题应当建立在承认主体参与性的基础之上,以形式逻辑的非人化方式解决问题会流于空想,实际上也起不到避免司法恣意的作用。无论是三段论还是等置论,都以构成要件和法律效果分析刑法分则的罪刑规范。本书称之为罪状者,犯罪构成理论者称之为构成要件。

2. 犯罪构成是司法罪状的抽象退化形态

正如本书第二章所引用苏轼的禅诗:"若言琴上有琴声,放在匣中何不鸣?若言声在指头上,何不于君指上听?"弹琴的活动是一个原始的整体,琴与人都作为这个整体活动的参与者存在,如果离开了弹琴的整体,在孤立的人或者孤立的琴那里不会有琴声响起。叙述案件事实并阐释立法罪状,也是一种原初的叙述活动,是由原型罪状、诉讼当事人、证据以及犯罪事实组成的四位一体的原始整体。

---

[1] 高铭暄、马克昌主编:《刑法学》(第4版),北京大学出版社、高等教育出版社2010年版,第50页。

"把事后能够分析开来的东西视作事先就有两个部分合成,或一个部分附加到另一个部分上,这是初级反思最严重的错误。"[1]犯罪构成论所指向的对象其实就是司法罪状,不过它已经被抽象了,已经从叙述和阐释的诉讼活动中抽身而出了,不再是为了将证据事实组织成为犯罪事实的需要而和公安司法机关认定的犯罪事实、立法罪状以及阐释者处于一体相关的内在联系之中,而是从这样的整体中抽身而出了。一旦独立于犯罪事实叙述而存在,独立于立法罪状阐释而存在,独立于阐释者而存在,司法罪状就蜕变为犯罪构成论,徒有其形,流于空想,如同匣中的琴和脱离弹奏的指头,只能在想象中发出声音。

(二)司法罪状不可定义为犯罪构成

1. 司法罪状是不可定义的解释学意义上完整的典型事例

一方面,司法罪状是不可定义的,犯罪构成论所设想的定义并不能成立,理由有四点:其一,刑法学界认为所有的犯罪都有共同的属性,犯罪构成就是这些共同属性的集合。例如,无论就其他方面存在多少争议,但是都承认犯罪是某人犯某事,任何犯罪都具有这样的结构。然而,某人犯某事之类,属于叙述结构,而不是概念的因素分析。也就是说,罪状是指事的,并不是概念,不能用义素分析的方式加以描述。而且,某人犯某事的结构,是罪状的结构,而不是构成罪状的前提条件。其二,司法罪状是为了回答案件事实的问题而生成的,所遵循的是问题逻辑,而不是陈述逻辑,并不适用定义的方式加以表达。在内容上,司法罪状可能需要回答的四个方面的问题,也不能为犯罪构成的主观和客观有机统一体所包容。其三,就使用的语言而言,用来表达罪状的语言是日常—法律语言,而不是去掉了日常意义的纯粹专业术语。犯罪构成论体现了建立一种理想术语体系、保障法律精确性的企图。这样的理想需要修正。司法罪状基本上是用日

[1] 陈嘉映:《简明语言哲学》,中国人民大学出版社2013年版,第49页。

常语言表达的,日常语言是直接理解无须定义的,不过在诉讼事务中,日常语言可能出现模糊之处,处理某些问题时可能捉襟见肘。针对这些不足,我们可以而且应当加以界定、修补,这样才能满足办理案件的需要。但是这些只是界定和修补,是日常语言的继续发展,而不是代替司法罪状中的日常语言,另起炉灶,建立一个理想术语体系。其四,作为罪状构成要素的概念,在不同的具体案件中所呈现出来的意义也有所不同,各种意义之间只具有维特根斯坦所揭示的“家族相似性”,它们之间“相通而不是相同”,[1]并不具有抽象共性,不可以分析为共同的因素。

另一方面,司法罪状的完整性是解释学意义上的完整性,而不是犯罪构成论设想的充分分析意义上的完整性。立法罪状需要阐释为司法罪状,司法罪状可能直接适用,也可能需要经过再阐释之后才能适用,但是再阐释总是司法罪状部分要素的再阐释,不可能存在对司法罪状的整体再阐释。考夫曼讲法律需要阐释才能实现,但是从未见到他对法条或者原型进行整体再阐释的例子。他举的例子,如一种新的腐蚀性的化学药剂是否构成加重强盗罪意义上的“武器”,再阐释的只是罪状中的“武器”这一要素的意义,对罪状中除“武器”外的其他要素,他并不进行再阐释。[2] 那他为什么不进行全盘再阐释呢?其背后的原因是:司法罪状总是已经有一部分被我们直接理解了,任何再阐释都只是部分再阐释。因为再阐释是已经有所理解的前提下针对特定的困惑进行的再阐释,如果完全无知,就不存在进行阐释的契机。人们再阐释司法罪状,都是在对司法罪状已经有所了解的前提下进行的,没有从一无所知开始的全新阐释。就此而言,司法罪状再阐释从来都是对司法罪状部分要素的再阐释。总而言之,

---

[1] 参见陈嘉映:《说理》,上海文艺出版社2020年版,第350页。

[2] 参见[德]亚图·考夫曼:《类推与“事物本质”——兼论类型理论》,吴从周译,台北,学林文化事业有限公司1999年版,第89页。

司法罪状的再阐释,一是建立在直接理解的前提下;二是只能进行部分再阐释;三是再阐释到什么程度视案件情况而定,事前没有预定的标准。刑法学者认为犯罪构成论属于解释学的范畴,是对于刑法规定的阐释。实则相反,犯罪构成论所体现的是一种充分分析而非自然理解的思路,以为立法罪状可以进行层层分析,由犯罪构成分析到构成要件,再由构成要件分析到构成要素,只有经过充分分析之后,我们才有可能掌握立法罪状。有的刑法学研究者以充分分析为使命,提出了各种看法,方向都是与自然理解背道而驰的,而他们却声称自己是解释学的信徒,这真是让人难以想象的图景。

2. 犯罪构成论是孤立实体,无法与相关范畴兼容

这具体表现如下:

其一,犯罪构成论在逻辑上自相矛盾。法律适用三段论是"确定法效果的三段论法",以"条件—效果"为大前提,以个案事实已经符合"条件"或者已经不符合"条件"为小前提,从而确定其法律效果。这样的三段论假定个案事实已经符合或者已经不符合法律规定的"条件",至于这样的假定自身是否能够成立,并不加以探究,而是由定罪论予以补充。但是定罪论没有意识到这样的转换,出现了理解上的范畴错误。司法罪状和法律事实,两者都是事实或者事情,不过前者占有先机,是据以引导的典型之事,后者是在其引导之下成形的法律事实。但是,犯罪构成论认为前者不是事实而是"条件",两者之间的关系被误解成了事实和事实的前提条件之间的关系。

其二,犯罪构成论不能解释立法罪状和司法罪状之间的关系。犯罪构成论中有法定性和理论性的争辩。多数学者认为犯罪构成具有法定性,是刑法规定的认定犯罪的唯一法律标准。少数学者认为犯罪构成是一种理论学说,并不是法律规定。代表性论述者冯亚东认为,只有经过理论建构的才有必要称为"犯罪构成",犯罪构成是法学理论对法定成罪条件的揭示、解释和排列,而非"法定条件"本身;

近代刑事司法运作依赖于犯罪构成论。[1] 也有折中观点认为犯罪构成兼有法定性和理论性。[2]

认为犯罪构成具有法定性的代表性的基本理由是："刑法确实规定了构成各种犯罪必须具备的要件与要素，刑法理论也正是将刑法的这种规定概括为犯罪构成。"[3]笔者认为，犯罪构成具有法定性的观点不同于实际情况。因为刑法规定的罪状属于立法罪状，立法罪状是未完成的，不能直接适用，需要因应具体案件提出的问题进行阐释，具体化为司法罪状才能作为原型予以适用。而且如上文所述，司法罪状是以问答逻辑的方式对立法罪状进行阐释而形成的，其中并不需要"犯罪构成"的中介。

还需要说明的是，有的学者认为犯罪构成只存在于刑法分则对各具体犯罪行为的规定之中。[4] 有的学者则认为："可以说，在我国刑法中，对于每一个犯罪构成而言，都是分则罪状作了基础性规定……总则作了总括与补充性的规定，总则与分则共同完成每一个犯罪构成的要件及其要素之厘定。"[5]然而，如前所述，司法罪状所阐释的不是刑法条文，而是刑法条文在案件中的意义，不是法之数而是法之义，这样的意义并不现成地存在于刑法条文之中，而是需要经过阐释才会出现。如果现成存在于刑法条文之中，人们可以找出来，怎么还会有那么多关于构成要件的争论呢？[6]正如考夫曼所言：

---

〔1〕 参见冯亚冬、胡东飞、邓君韬：《中国犯罪构成体系完善研究》，法律出版社 2010 年版，第 31－40 页。

〔2〕 参见杨兴培：《犯罪构成原论》，中国检察出版社 2004 年版，第 46－55 页。

〔3〕 张明楷：《刑法学》（第 6 版），法律出版社 2021 年版，第 128 页。

〔4〕 参见肖中华：《犯罪构成及其关系论》，中国人民大学出版社 2000 年版，第 92 页。

〔5〕 肖中华：《犯罪构成及其关系论》，中国人民大学出版社 2000 年版，第 93 页。

〔6〕 对相关争论比较系统的梳理可参见车浩：《阶层犯罪论的构造》，法律出版社 2017 年版，第 1 页。

"因此,'法律意义'并非固定不变的事物,它系随着生活事实而变化——尽管法律文字始终不变——也就是随着生活本身而变化。"[1]而且在具体案件中,将总则和分则的规定结合起来,以便获得可供决断的原型,这本身已经是一种阐释,是阐释者在使刑法文本开口说出针对案件的意义。

至于理论说,其看到了刑法罪状不能直接适用,需要经过解释之后才能适用,但是把阐释和理论当作一回事则是不能成立的:第一,理论解释一开始就预设了自己不同于法律本身,既然如此,就不可能作为叙述犯罪事实的原型。第二,立法罪状和司法罪状犹如庐山和"横看成岭侧成峰"的庐山,司法罪状虽然"横看成岭侧成峰",但是所看到的仍然是"庐山",而不是"衡山"等别的什么"山"。法官在案件中所作法律阐释是立法罪状的续造,是个案当中得到具体化的立法罪状,对于案件定性具有法律约束力。也就是说,司法罪状是个案形态的立法罪状,不同于学者所作的学理解释。第三,司法罪状阐释立法罪状,有自己内在的逻辑,顺着这样的逻辑展开才能成形。对这样的阐释逻辑进行探讨的学问,称为学理解释似乎才是妥当的。

其三,犯罪构成论不能解释罪状和法律事实之间的关系。司法罪状和法律事实都是事实或者事情,前者内在于后者之中,区别在于前者是作为原型引导后者进行模仿,在模仿中将证据事实叙述成为法律事实。将内在于事实之中的犯罪原型抽离出来,命名为犯罪构成之后,犯罪构成和法律事实之间的关系就成为无解之谜。张明楷认为:"由于犯罪构成是认定犯罪的法律标准,所以它与犯罪构成事实(符合犯罪构成的事实)有别:前者是法律规定,后者是具体事实。两者的联系也显而易见:具体事实符合法定的构成要件时,才能称为

---

〔1〕[德]亚图·考夫曼:《类推与"事物本质"——兼论类型理论》,吴从周译,台北,学林文化事业有限公司1999年版,第89页。

犯罪构成事实。”[1]如今关于犯罪构成和法律事实之间关系的观点可以细化为两种形态。观点一认为犯罪构成不是犯罪事实本身，而是对现实中的犯罪事实加以抽象或概括所形成的犯罪规格或法律标准。就观点一而言，它的实际意思有两层，第一层是说，没有犯罪构成也存在自在的犯罪事实，亦即也存在自在的具备犯罪构成的事实，然而这句话显然是自相矛盾的，因为说没有犯罪构成也存在具备犯罪构成的事实，就像说没有人也存在人这种动物一样荒谬；第二层是说，犯罪构成是对已经具备犯罪构成的犯罪事实进行抽象和概括的结果，然而这层意思也是自相矛盾的，因为如果一个事实已经具备犯罪构成，亦即是说，人们已经知道了犯罪构成的答案是什么，可是，既然已经知道了答案是什么，又为什么还要通过抽象和概括去寻找答案呢？文不对题。何况又有谁去进行过这样的归纳和概括呢？由此可见，观点一其实是一句没有意义的话。观点二认为犯罪构成不是犯罪事实，而是与犯罪事实无关的法律标准。就观点二而言，它的实际意思是说，犯罪构成是法律标准，与犯罪事实无关，由这个意思引申，必然得出这样一个结论：犯罪事实中不包含犯罪构成，这显然也是令人难以接受的。

进言之，我国刑法学界将犯罪构成和犯罪事实相对举，从这个角度表述的犯罪构成具有以下特点：第一，犯罪构成是法律规定，犯罪事实是具体事实，事实和规范二分，泾渭分明，彼此外在。第二，犯罪构成是犯罪成立条件，[2]是衡量行为是否构成犯罪的模型[3]或标准，作为模型或者标准的意义就在于需要将其同实在的行为相比较，符合模型或者标准的才能成立为犯罪。两者通过三段论逻辑联系起

[1] 张明楷：《刑法学》（第6版），法律出版社2021年版，第129页。

[2] 参见张明楷：《刑法学》（第6版），法律出版社2021年版，第127页。

[3] 参见冯亚东：《理性主义与刑法模式——犯罪概念研究》，中国政法大学出版社1999年版，第172页。

来，其中案件事实是三段论的评价对象，犯罪构成是三段论评价标准，通过评价的就是犯罪事实，否则不是。第三，犯罪构成是从形形色色的犯罪事实中提炼、概括出来的；[1] 犯罪构成来自对犯罪事实的归纳和概括。笔者认为，通说的主张合理性有待考证，依据是：第一，司法罪状是起引导作用的典型事例，和犯罪事实都属于“事”的范畴。犯罪构成的提法接受了一种“是”与“应当”、事情与价值二分的预设，从这样的预设出发，认为刑法规定不同于案件事实，为了凸显两者的区别，故而给罪状另外起名为构成要件，说它是不同于案件事实的法律标准。然而，任何一个罪状，如故意非法剥夺他人生命的，处 10 年以上有期徒刑、无期徒刑或者死刑，都是在叙述一件事情，如果说这是在叙述一个构成要件，明显不合逻辑。第二，人们所叙述的犯罪事实是法律事实，是由司法罪状作为原型引导叙述而形成的，法律规定已经内在于所叙述的犯罪事实之中，并不是彼此外在的。第三，司法罪状不是对犯罪事实进行事后的归纳和总结，而是叙述犯罪事实的先验原型和根据。第四，如前所述，司法罪状并不是外在于具体案件的评价标准，而是内在于犯罪事实之中的叙述原型，根本不可能出现一个现成的事实，然后由人们按照犯罪构成所设定的标准进行评价。我国的犯罪构成理论，最初是由苏联引入的四构成要件理论，现在很多学者主张以德日的阶层式犯罪构成论取而代之，也有主张重塑中国特色犯罪构成论的，可谓琳琅满目。尽管阶层论批评四要件理论，认为后者“并不能为定罪过程中适用客观判断先于主观判断、形式判断先于实质判断、类型判断先于个别判断这些人类社会的进步成果和科学经验，提供制度性保障”[2]，但是无论何种观点，都

---

[1] 参见陈忠林主编：《刑法总论》（第 2 版），高等教育出版社 2012 年版，第82、83 页。

[2] 陈兴良：《教义刑法学》（第 3 版），中国人民大学出版社 2017 年版，第 140 页。

是以承认犯罪构成为出发点的，都认为存在这样的评价过程，这些观点的差异其实是没有意义的，多少都沾染了空想气质。第五，无论法定说还是理论说，这两种观点都是以规范和事实二元论作为思考前提的。然而在这里，“规范”其实是一个动词，它是指法律规定的犯罪原型引导、规范着解释者的叙述，使案件事实沿着这样的方向成形。规范着的两端，一是司法罪状，二是案件中的犯罪事实，它们是一体相关的，并不构成二元对立。

其四，犯罪构成论不能解释罪状和证据的关系。独立于证据的犯罪构成论不足以应付和处理案件。犯罪原型是用来组织证据事实使之转化为刑法上的犯罪事实的，自然与诉讼实务中的取证情况等息息相关。现在的刑法规定假定所有的案件都是根据直接证据定案的，以此为蓝图描写罪状；对于难以取得直接证据的案件，除以间接证据证明事实主张外，实务当中有的需要采用推定的方式认定犯罪事实，极端情况下甚至需要采取拟制的方式，而我国刑法只有极少的推定型罪状，完全没有拟制的罪状。都没有相应的罪状，也不存在由此而来的犯罪原型了，无法充分满足办案实务中合理而急迫的需求。

其五，犯罪构成论不能说明解释者的参与作用。案件事实如何叙述，罪状如何解释，两者如何连接，这些都没有形式逻辑意义上的规则可资适用。主体的参与是司法罪状的四个内在构成要素之一，没有人们的参与，罪状就不能发展成为司法罪状，证据事实就不会转化为法律事实。

没有诉讼活动中的参与者，叙述和解释自然无法进行。但是现在人们往往认为：一方面刑法规定了犯罪构成，另一方面学者对刑法规定的犯罪构成进行理论研究形成了犯罪构成论。前者属于法律的范畴具有法律约束力，后者属于学理的范畴没有法律约束力。这样的观点没有区分自然科学的认识和精神科学的理解。按照这样的观点，犯罪构成属于不变的研究对象，人们的探究不会改变它的存在，就像天气不会因为人们的研究而改变一样。然而“法律是一种阐释性的概念"[1],犯罪原型并非这样的自然客体,它是"精神客体",与人们的理解密不可分,没有理解,就没有这样的精神客体,理解改变了,它也会随之变化。想一想非法持有枪支案件,公园摆摊游戏中的气枪构不构成非法持有枪支罪意义上的枪支,其实与人们的理解有关,理解不同,结论就会不同。专业鉴定意见认为构成该罪中的枪支。因为依据2010年公安部发布的《公安机关涉案枪支弹药性能鉴定工作规定》,对于不能发射制式弹药的非制式枪支,只要枪口比动能大于等于1.8焦耳/平方厘米时,就应当一律认定为枪支。然而就公众的日常理解而言,人们日常生活中所讲的枪支是有特定危险而禁止民众持有的枪支,人们是基于这样的理由才认为枪支应该得到管制,禁止非法持有。就此而言,公园摆摊游戏中的气枪不在其列。对此,2018年最高人民法院、最高人民检察院发布的《关于涉以压缩气体为动力的枪支、气枪铅弹刑事案件定罪量刑问题的批复》规定:"在决定是否追究刑事责任以及如何裁量刑罚时,不仅应当考虑涉案枪支的数量,而且应当充分考虑涉案枪支的外观、材质、发射物、购买场所和渠道、价格、用途、致伤力大小、是否易于通过改制提升致伤力,以及行为人的主观认知、动机目的、一贯表现、违法所得、是否规避调查等情节,综合评估社会危害性,坚持主客观相统一,确保罪责刑相适应。"正如考夫曼所言:"自然科学的认识模式至少原则上是以主体—客体—模式进行,也就是说,认识的主体是采取接受的态度,他并不进入认识过程中,认识是'纯客观的'。相反地,对理解现象而言,这种主客模式一开始就不适合,因为理解者并不处于诠释状态之外,而是包含于其中作为共同形成之因素。"[2]由此可见,当事人参

---

〔1〕 [美]R.德沃金:《法律帝国》,李常青译,中国大百科全书出版社1996年版,第364页。

〔2〕 [德]亚图·考夫曼:《类推与"事物本质"——兼论类型理论》,吴从周译,台北,学林文化事业有限公司1999年版,第182、183页。

与了法律的具体化,使之成为可以作为叙述依据的原型。

(三)司法罪状并非以三段论方式适用

犯罪构成论以为诉讼活动要先认定事实后适用法律,分为两步走,第一步是运用证据认定事实,第二步是适用犯罪构成评价事实,从而将其转化为法律上的事实。依照这样的两段论,我国刑事庭审分为事实调查和法律辩论两个阶段,在上诉、申诉和抗诉理由中,认定事实错误和适用法律错误泾渭分明:研究刑诉法的学者只研究事实,不研究对事实适用法律,说这是由刑法学管辖的;同样,研究刑法的学者只研究对事实的法律适用,不研究事实认定,说这是由刑诉法学管辖的,以致使对方陷入误解之中。然而,罪状阐释和叙述案件事实是异名同谓的同一叙述与论证过程,而不是前后有别的两件事情。

其一,法律事实和犯罪原型分别是罪状在具体案件中的指称与意义,两者异名而同谓,一体相关于叙述之中,叙述犯罪事实,换个角度来说其实也就是阐释犯罪原型。就叙述犯罪事实而言,犯罪事实是一种法律事实,叙述案件事实并非与犯罪原型无关,犯罪原型已经先行到场,引导着对案件事实的叙述。[1] 因此不可能存在与犯罪原型无关的案件事实叙述。就阐释犯罪原型而言,正如埃塞尔所说:"每个法律的'适用'就已经是在解释了,因为判断条文的字义是否已经够清楚,因而不必对之再作解释,这种判断就已经是一种解释

〔1〕《刑事诉讼法司法解释》第72条规定:"应当运用证据证明的案件事实包括:(一)被告人、被害人的身份;(二)被指控的犯罪是否存在;(三)被指控的犯罪是否为被告人所实施;(四)被告人有无刑事责任能力,有无罪过,实施犯罪的动机、目的;(五)实施犯罪的时间、地点、手段、后果以及案件起因等;(六)是否系共同犯罪或者犯罪事实存在关联,以及被告人在犯罪中的地位、作用;(七)被告人有无从重、从轻、减轻、免除处罚情节……"司法实务中,还有刑事诉讼法学上理解的构成要件,往往将这些表述概括为何人,何时,何地,基于何种动机、目的,采用何种方法、手段,实施各种行为,造成何种危害后果。这表明先展开司法罪状,然后以犯罪原型整合证据事实使之成为刑法上的犯罪事实,在我国规范性文件中也是得到承认的。

了。"[1]没有对司法罪状整体的先行领悟,即使对所有证据事实都作了仔细地审查判断,也不能理解它们的法律意义。同样,没有把握各个证据事实的具体情况,司法罪状也无法形成。司法罪状的阐释和犯罪事实的叙述,构成了解释学循环关系,而不是三段论的线性推理关系。在这样的范围内,笔者赞同考夫曼的如下论断:"我们谈了法律发现之方法论过程的'两个方面'是:一方面针对规范调适生活事实,另一方面针对生活事实调适规范。但不能因此将其理解为是一种分开的行为……相反地它是一种同时进行的行为。"[2]

其二,叙述之后,按照当代司法的要求需要进行反思和论证,一方面应当把所叙述的犯罪事实主张从传来事实的角度提供证据予以说明,另一方面应当把叙述的犯罪事实主张从法律事实的角度提供司法罪状予以说明。在"花开两朵各表一枝"的反思与论证中,如果阐释司法罪状遇到疑难,需要针对提出的疑难问题进行再阐释,没有这样的疑难,就不需要进行再阐释。人们往往以为这样的检验是以三段论的方式进行的,实则不然。因为司法罪状是人们适用法律的立足点,人们不可能把它连根拔起,而只能就有争议的那一部分提出来进行反思和检验,实际上人们的检验是采用争点对话的方式进行的。张志铭认为:对话模式流行于普通法系,"主要特点是,陈述和讨论在每一个相关争点上相互冲突的解释论点,辨别可能的选择方案,然后作出公开选择并陈述理由"[3]。笔者认为,这样的对话方式其实不限于普通法系,具有普适性。刑法学者普遍认为,犯罪构成有诸多要件或者要素,在检验中应当按照特定的顺序排列,否则容易出错。传统的犯罪构成要件理论和后起的阶层犯罪论之间的争点之一

[1] [德]亚图·考夫曼:《类推与"事物本质"——兼论类型理论》,吴从周译,台北,学林文化事业出版有限公司1999年版,第87页。

[2] [德]亚图·考夫曼:《类推与"事物本质"——兼论类型理论》,吴从周译,台北,学林文化事业有限公司1999年版,第91页。

[3] 张志铭:《法律解释操作分析》,中国政法大学出版社1999年版,第206页。

就在于如何排序才符合定罪的认识规律。[1] 然而在笔者看来,这样的讨论意义有限,因为任何解释都是在直接理解部分需要再阐释意义上的阐释,人们只可能就有争议的部分进行检验和辩论,而不会就无争议的默会的部分进行检验。既然如此,争议在哪里,建议就从哪里开始,并没有固定不变的顺序。而且就像本章第三部分将要说到的一样,在直接理解的简易案件中,人们说不出司法罪状是什么,疑难案件中的疑难各不相同,说出的罪状就会各不相同,怎么可能形成一个一成不变的犯罪构成模型呢?

其三,综上所述,阐释的司法罪状遵循的不是三段论,而是叙述与论证的解释学逻辑,叙述自然不是形式逻辑,"论证逻辑有时又叫作'非形式逻辑'"[2]。

(四)犯罪构成论的合理成分应当为司法罪状论所吸收

犯罪构成论的合理成分应当为司法罪状论所吸收。在我国现在的刑法学中,犯罪构成论是基础,刑法方法论解释学寄生在上面,笔者认为这样的理解应当予以纠正。犯罪构成论是对司法罪状进行初级反思所作的错误解释,作为一种整体思路是不能成立的,根本不可能付诸实施;方法论解释学奠基于哲学解释学的基础之上才是可行的。不过《诗经·瞻卬》云:"此宜无罪,女反收之。彼宜有罪,女覆说之。"犯罪构成论看到了人们的阐释中存在司法恣意,希望找到克服的办法。这样的出发点是真切的,正确性是司法罪状的本质要求,在立法罪状阐释为司法罪状的过程中,并不像很多人想象的那样浪漫美好,而是可能会有疑惑、会出错。如果司法罪状论不能解决正确性的问题,就没有资格对犯罪构成论指指点点。另外,犯罪构成论认为日常语言含混不清,要求法律用语简明、精确,具有可操作性;应当

[1] 参见车浩:《阶层犯罪论的构造》,法律出版社2017年版,第99页。

[2] [德]尤尔根·哈贝马斯:《交往行为理论——行为合理性与社会合理化》(第1卷),曹卫东译,上海人民出版社2004年版,第23页。

说这也是可取的。

对于犯罪构成论的上述合理成分，司法罪状论应当予以吸收。一方面，司法罪状论应当看到司法罪状的解释离不开人，但是人也会滥用阐释权，出现错误；因此司法罪状论既不能否定人，又不能抬高人，需要探索克服司法恣意的办法。另一方面，法律语言是一种日常—专业语言，犯罪构成论以法律专业性否定法律的日常性、礼俗性，这固然是不可取的。但是司法罪状不能由此走到另外一个极端，以礼俗性否定专业性，而是要站在两者可翻译的立场上，从专业角度对日常语言加以梳理，针对日常语言的含混和其他不足加以界定和补充，从而使其成为更为优越的法律—日常语言。

三、立法解释观的革新

司法罪状是在诉讼中形成的，属于审判阐释的范畴，而不是立法阐发中形成的立法罪状，为了进一步理解司法罪状，我们需要厘清审判解释和立法解释、司法罪状和立法罪状的界限，并澄清各种误解。

（一）法律解释、立法解释和审判解释

1. 古代的法律解释

"法者，编著之图籍，设之于官府，而布之于百姓也。"[1]春秋以前，先王议事以制，不为刑辟。杜预解释："临事制刑，不豫设法也。法豫设则民知争端也。"春秋以来，诸侯国出现了公布成文法代替议事以治的潮流，有成文法自然就有对成文法的解释，我国古代出现过的解释制度，大致如下：

其一，白纸黑字解释规则。法家是刑名法术之家，其刑名观念有两个特点：第一，刑名特指法条上的白纸黑字，反对"儒者用文乱法"[2]，不允许联系实际情况解释法条的意义。商鞅的理想是：法官

---

〔1〕《韩非子·难三》。

〔2〕《史记·老庄申韩列传》。

应当知"法令之所谓"[1];"有敢剟定法令、损益一字以上者,罪死不赦"[2]。韩非子举例说:"昔者韩昭侯醉而寝,典冠者见君之寒也,故加衣于君之上。觉寝而说,问左右曰:'谁加衣者?'左右对曰:'典冠。'君因兼罪典衣与典冠。其罪典衣,以为失其事也;其罪典冠,以为越其职也。"[3]又如,陈胜吴广大泽乡起义,直接原因是"会天大雨,道不通,度已失期。失期,法皆斩"[4]。第二,循名责实,以三段论推理的方式适用法令。墨子云:"所以谓,名也;所谓,实也;名实耦,合也。"[5]法家吸收了墨子的三段论逻辑学观点,如韩非子认为君主要"循名实而定是非,因参验而审言辞"[6]。法家的刑名法术之学,要求法吏把刑名从整体情况中抽取出来,抓住一点不及其余,其实这已经是一种解释了。既然是一种解释,就不可能出现独立于人的像自动售货机一样的三段论自动运作的过程。就此而言,刑名法术,一半是特殊解释学,另一半是空想。不过,法家重视法条文义的精准界定,以此限制司法恣意,并形成了源远流长的律学传统,[7]这方面则是可取的。

其二,白纸黑字加疑难解释制度。据《汉书·刑法志》记载,汉高祖下诏曰:"狱之疑者,吏或不敢决,有罪者久而不论,无罪者久系不决。自今已后,县道官狱疑者各谳所属二千石官长,二千石官长以其罪名当报之,所不能决者移廷尉,亦当报之。廷尉所不能决,谨具为奏,附所当比律令以闻。"意思是可以根据白纸黑字直接适用法律的,由法吏自行定案,有疑难需要解释的,初级上报,根据上级解释定案。

---

〔1〕《商君书·定分》。
〔2〕《商君书·定分》。
〔3〕《韩非子·二柄第七》。
〔4〕《史记·陈涉世家》。
〔5〕《墨子·经说上》。
〔6〕《韩非子·奸劫弑臣》。
〔7〕关于我国古代律学发展历程,参见张晋藩:《中国法律的传统与近代转型》(第3版),法律出版社2009年版,第219页。

其三,白纸黑字加疑难解释加罪刑擅断制度。据《晋书》记载,刘颂认为法律解释应当一分为三:法欲必奉,故令主者守文;理有穷塞,故使大臣释滞;事有时宜,故人主擅断。俞荣根解释道:"'主者',指主司官吏,他们执法断狱必须严守律问;'大臣释滞',是说像刘颂这样的廷尉、三公尚书才有权'议事以制',运用法理、经义解决疑难案件;'人主擅断',即皇帝有任心裁量、生杀予夺的擅断之权。这样就形成了一个法吏实行严格的罪刑法定主义、'大臣'实行罪刑非法定主义、'人主'实行罪刑擅断主义三者结合、互补互济的执法体制。"[1]

其四,白纸黑字加一分为二的疑难解释加君主擅断制度。《唐律疏议》对于法律适用中可能出现的疑难进行解释,这种解释称为"律疏",律疏包括"议"和"问答"两种方式,与律文一并颁布,具有同等效力,于是之前的白纸黑字加疑难解释加罪刑擅断出现变化,成为白纸黑字加一分为二的疑难解释加君主擅断。

其五,疑难解释的所指。法律没有明文规定需要类推处理的,属于疑难解释。孔子出现在法家之前,曾任鲁国司寇,他提出了类推的理解观,"举一隅不以三隅反,则不复也"[2]。人们掌握了几个事例,就可以作为原型,举一反三,依此类推,从而理解其他的事物。类推的理解明显不同于三段论推理。后来荀子把这样的类推理解观运用于法律之上。他主张"有法者以法行,无法者以类举,听之尽也"[3]。也就是说,有法律的直接适用法律,没有法律的进行类推,只有这样两种适用法律的方式,类推适用在这里好像是参照适用。但是他主张的直接适用和法家的刑名观有所区别:第一,他区分法之义与法之数,法家的刑名舍法之义而独用法之数,他认为应当两者兼顾,"诵数

〔1〕 俞荣根:《儒家法律思想通论》,广西人民出版社1992年版,第98页。

〔2〕《论语·述而》。

〔3〕《荀子·王制》。

以贯之,思索以通之"[1]。法之义尤其重要,"不知法之义而正法之数者,虽博,临事必乱"[2]。第二,三段论的循名责实排斥人的参与,而荀子高扬人的参与的旗帜,"有治人,无治法……故有君子,法虽省,足以遍矣;无君子,则法虽具,失先后之施,不能应事之变,足以乱矣"[3]。张晋藩认为,之后两千多年,我国古代一直实行"援法定罪与类推裁断"[4]相结合的法律适用制度。另外法律虽有明文规定但是存在疑义不能直接适用而需要通过解释予以澄清的,也属于疑难问题,需要报请有权的上级机关解释。

2. 现行的法律解释

我国现行法律解释体系源自1981年全国人大常委会发布的《关于加强法律解释工作的决议》(以下简称《决议》)。《决议》就法律解释体制规定如下:其一,凡关于法律、法令条文本身需要进一步明确界限或做补充规定的,由全国人民代表大会常务委员会进行解释或用法令加以规定。其二,凡属于法院审判工作中具体应用法律、法令的问题,由最高人民法院进行解释。凡属于检察院检察工作中具体应用法律、法令的问题,由最高人民检察院进行解释。最高人民法院和最高人民检察院的解释如果有原则性的分歧,报请全国人民代表大会常务委员会解释或决定。其三,不属于审判和检察工作中的其他法律、法令如何具体应用的问题,由国务院及主管部门进行解释。其四,凡属于地方性法规条文本身需要进一步明确界限或做补充规定的,由制定法规的省、自治区、直辖市人民代表大会常务委员会进行解释或作出规定。凡属于地方性法规如何具体应用的问题,由省、自治区、直辖市人民政府主管部门进行解释。

---

〔1〕《荀子·劝学》。

〔2〕《荀子·君道》。

〔3〕《荀子·君道》。

〔4〕参见张晋藩:《中国法律的传统与近代转型》(第3版),法律出版社2009年版,第303页。

2015 年修正的《立法法》第45 条至第50 条对立法解释做了系统规定,一方面将《决议》中“作补充规定”的内容从法律解释中剥离出去,另一方面将“进一步明确界限”作了具体化的修正,以新的表述取而代之。按照《立法法》,其一,法律有以下情况之一的,由全国人民代表大会常务委员会解释:(1)法律的规定需要进一步明确具体含义的;(2)法律制定后出现新的情况,需要明确适用法律依据的。其二,最高人民法院和最高人民检察院可以向全国人民代表大会常务委员会提出法律解释要求。其三,全国人大常务委员会工作机构研究拟订法律解释草案,由委员长会议决定列入常务委员会会议议程;法律解释草案经全国人大常务委员会会议审议,由宪法和法律委员会根据全国人大常务委员会组成人员的审议意见进行审议、修改,提出法律解释草案表决稿;法律解释草案表决稿由全国人大常务委员会全体组成人员的过半数通过,由全国人大常务委员会发布公告予以公布。其四,全国人民代表大会常务委员会的法律解释同法律具有同等效力。《立法法》第 119 条就司法解释规定如下:最高人民法院、最高人民检察院作出的属于审判、检察工作中具体应用法律的解释,应当主要针对具体的法律条文,并符合立法的目的、原则和原意;遇有属于立法解释情况的,应当向全国人民代表大会常务委员会提出法律解释的要求或者提出制定、修改有关法律的议案;最高人民法院、最高人民检察院作出的属于审判、检察工作中具体应用法律的解释,应当自公布之日起30 日内报全国人民代表大会常务委员会备案;最高人民法院、最高人民检察院以外的审判机关和检察机关,不得作出具体应用法律的解释。2018 年修订的《人民法院组织法》第 37 条第 2 款规定:最高人民法院对属于审判工作中具体应用法律的问题进行解释,应当由审判委员会全体会议讨论通过;发布指导性案例,可以由审判委员会专业委员会会议讨论通过。第 33 条第 1 款规定:合议庭审理案件,法官对案件的事实认定和法律适用负责;法官独任审理案件,独任法官对案件的事实认定和法律适用负责。2018 年修订的

《人民检察院组织法》第31条第2款规定：最高人民检察院对属于检察工作中具体应用法律的问题进行解释、发布指导性案例，应当由检察委员会讨论通过。另外，审判还存在刑法适用解释，刑法适用解释是指司法人员在个案中适用刑法时对刑法条文含义的分析、理解和说明。[1]

综合以上法律和刑法解释的特点，我国刑法解释分为三类：全国人大常委会的立法解释，最高人民法院、最高人民检察院的司法解释以及审理案件的人民法院的审判解释。立法解释适用于法律规定需要进一步明确具体含义以及法律制定后出现新的情况需要明确适用法律依据两种情形；司法解释适用于审判工作或者检察工作中具体应用法律的问题；法院审理案件中的法律适用，由法院自行解释。上述规定，本书评论如下：

其一，我国现行法律解释观念与古代的如出一辙，认为存在疑难才需要解释，没有疑难就不需要解释。然而如前所述，法律解释分为存在论解释和反思解释，存在论解释是通过叙述犯罪事实的实践体现出来的默会解释，人们日用而不知，欲辩已忘言，在司法实务中往往体现为直接适用法律，反思的解释则是直接适用出现疑难时才出现的。上述规定中的法律解释，都是指法律适用出现疑难的反思解释，不包括存在论层面的解释。在反思解释中，法律解释分为立法解释和审判解释，前者属于阐发，后者属于阐释。陈嘉映说："如果原文本只是起点而不是归宿，宜视作阐发而非阐释——阐释虽有发挥，但仍以文本为归宿；阐发以文本为起点，以自己要说的为终点。"[2]就反思的刑法解释而言，阐释和阐发都有所发挥，但是前者是冯友兰所说的"照着讲"，落脚点在罪状要素本身，是在具体语境中将罪状要素的用法具体化，是解释学意义上的处境意义，这样的具体化用法或者

---

〔1〕 参见王凯石：《刑法适用解释》，中国检察出版社2008年版，第72页。

〔2〕 陈嘉映：《谈谈阐释学中的几个常用概念》，载《哲学研究》2020年第4期。

处境意义相当于罪状要素在不同场合呈现出来的不同面相，无论面相如何不同，其实还是同一个人，无论如何解释面相，都是为了认出那同一个人。而后者则是冯友兰所讲的"接着讲"，是借题发挥，重在表达解释者自己的意思，至于罪状本身是否具有这样的意思则不是关切所在。

其二，古代的法律解释不区分阐释和阐发，可以通过类推阐发的方式进行出罪或者入罪。如今则不能以类推方式入罪，在这样的背景下，我国现行法律解释体系是由阐发和阐释组成的法律解释体系，但是这个体系很不完善，没有厘清审判解释和立法解释的界限——以是否存在法律适用疑难需要反思解释为标准可能违背了解释的"有我之知"的本质，对于司法解释和立法机关解释的界限与相互关系也没有厘清——上述规定中所谓的是否属于"具体运用法律中"的疑难不具有可操作性，另外对于法律审中出现的立法解释问题如何处理也缺乏程序性规定。对于这些问题，笔者认为，反思解释中出现的事项，应当以罪状要素的用法为标准进行区分，通过用法解释可以澄清的属于审判解释，否则属于立法解释。从这个角度出发，对于反思解释中的解释事项，应当按照传统方法论解释学的三分法一分为三，分别归属于三个不同的解释主体，归类为两种不同性质的解释。传统方法论解释学认为，解释事项分为法律漏洞的填补，不确定条款或者一般条款的价值补充，以及狭义的法律解释〔1〕——也就是对法条要素之意义加以澄清。笔者认同这样的三分法，并认为在刑法解释中，前两个事项属于立法解释的范畴，后一个属于审判解释的范畴，其中，法律漏洞的填补属于立法机关解释，不确定条款或者一般条款的价值补充系法律授权最高司法机关进行解释，狭义解释事项由审判法院进行，审判中出现立法解释问题的，应当请求有权机关作出解释，立法解释对被告人有利的，对本案具有溯及力，对被告人不

〔1〕 参见杨仁寿：《法学方法论》，中国政法大学出版社1999年版，第128页。

利的,对本案没有溯及力。

其三,反思阐释是以存在论阐释为前提的,没有参与存在论阐释,就无从进行反思的阐释。“初闻不知曲中意,再听已是曲中人”,不是曲中人,不解曲中意,反思阐释应当由各诉讼主体进行,没有参与存在论阐释的旁观者,缺乏进行反思阐释的资格。就此而言,反思阐释作为审判解释,具有亲历性的特点,应当由审理法院(法官)、公诉机关和被告人等以协同的方式进行,而不得交由没有参与存在论阐释的上级法院进行阐释——毕竟“纸上得来终觉浅,绝知此事要躬行”。对此需要注意:反思阐释应当由诉讼主体亲自进行,而不得由上级法院代为包办,但理由并非直接言词原则。因为直接言词原则适用于事实审,而不适用于法律审。1999 年最高人民法院发布的《关于审判工作请示问题的通知》等规范性文件中要求事实是否清楚,证据是否确实充分,无须请示上级法院,只有法律适用的疑难问题才能请示上级法院。最高人民法院这样的规定可能是为了区分事实问题和法律问题,前者应当贯彻直接言词原则,后者则没有这样的要求。笔者认为,审判阐释虽然不适用直接言词原则,但是基于其他的亲历性理由,也要求诉讼主体亲自参与,否则法律审就会失去前提与基础。即使上级法院作出了相应的解释,这样的解释仍然需要经过审判法官等诉讼主体转化为自己的理解之后,才能予以适用,如果没有这样的转化,那么审判法官就成为自动的机器,提线的木偶,失去了诉讼主体资格。就此而言,实务中存在的一有疑难不进行思考和研究就由上级法院以批复等方式作出解释的做法是有问题的,应当得到纠正。

其四,古代的君主既是立法者又是司法者,实行君主罪刑擅断,基于立法和司法分离的罪刑法定要求,现行刑法解释体制废除了罪刑擅断。这样的原则是正确的,但是笔者认为应当规定例外情形,因为立法和司法之间不是能够截然分开的,中间存在过渡重合地带,客观上会出现两种身份集于一身的情况,不能视而不见。这一点下文还会作具体说明。

(二)立法机关解释

1. 立法机关解释的概念是否成立

这里讲的立法机关解释,就是全国人大常委会所作的解释,之所以称为立法机关解释而不是立法解释,是因为目前我国学术界把立法解释等同于立法机关解释,将最高司法机关解释排除在外,然而立法解释其实包括立法机关解释和最高司法机关解释两种形式,为了避免出现片面理解,所以将其称为立法机关解释。按照2023年修正的《立法法》第48条的规定,在法律规定需要进一步明确具体含义以及法律制定后出现新情况需要明确法律依据的情况下,由全国人大常委会对法律所作的解释就是立法解释。对于立法解释的概念,很多学者提出了否定的看法。理由之一,如袁吉亮认为:从立法到执法,不存在一个"立法解释"的阶段,把本属于立法行为的范畴强行分出一部分摆在立法和执法之间是不合逻辑的。[1] 理由之二,如以张志铭为代表的学者认为:"立法解释得以确立的认识根据是与两个命题分不开的,一个是'立法归立法,实施归实施',另一个是'有权制定法律,就有权解释法律'。"[2]他进而认为:法律解释发生于既定立法的应用中,属于法律适用,并不包含立法的含义,而且在法律适用中出现的解释,是无法区分哪些属于立法解释的情形哪些属于司法解释的情形的;而且在一般情况下,不应该超越法律条文本身所能容纳的限度去确定立法原意,因此"有权制定法律,就有权解释法律"的命题并不具有认识上的合理性。[3] 刑法学者张明楷对立法解释也

[1] 参见袁吉亮:《论立法解释制度之非》,载《中国法学》1994年第4期。

[2] 张志铭:《法律解释学》,中国人民大学出版社2015年版,第162页。

[3] 参见张志铭:《法律解释学》,中国人民大学出版社2015年版,第162-164页。

持否定态度。[1] 笔者认为，立法解释否定说值得商榷，理由如下：

其一，法律解释都是与案件相关的法律适用中的解释。首先，学界往往把法律解释分为事前解释和事后解释，其实这样的分类是不能成立的。解释都是事后的，立法解释既然是解释，当然就是在法律适用于案件之时出现的，并不是在适用于案件之前就有立法解释。其次，“明确法律规定的具体含义”之“具体含义”，“法律制定后出现的新情况”之“新情况”，以及“最高人民法院和最高人民检察院的解释如果有原则性的分歧”的用语，都提示我们立法解释是运用于案件之中才出现的法律解释，而不是与运用无关的历史解释。最后，就关于《刑法》规定的各个立法解释而言，无不是因为适用中出现了疑难才作的解释。

其二，刑法适用中出现的解释难题，有可能需要着手法律漏洞的填补。关于法律漏洞的填补者，民法和刑法是有区别的。在民法适用中不得以法律未作规定为由拒绝裁判，实际上就是要求法官作为立法者，要进行补充立法。刑法受到罪刑法定原则的约束，法无明文规定不为罪，对于刑法未做规定的危害行为，不得对被告人以有罪裁判论处。也就是说，对于立法罪状出现入罪漏洞的情形，司法者不得自行填补漏洞，只能要求立法者予以填补；在立法者通过立法解释予以填补之前，司法者只能依法判决被告人无罪。因此，司法者解释和立法者解释的区分是有实质意义的，而且，有无法律漏洞作为区分两者的界限，也是实质性的而不是流于形式的。例如，2000 年全国人大常委会发布的《关于〈中华人民共和国刑法〉第九十三条第二款的解释》规定：村民委员会等村基层组织人员协助人民政府从事 7 类行政管理工作时，属于《刑法》第 93 条第 2 款的“其他依照法律从事公务的人员”。这样的解释将原本不是国家工作人员的基层组织工作人

[1] 参见张明楷：《刑法分则的解释原理》（第 2 版），中国人民大学出版社 2011 年版，第 1 页。

员在特定情况下“以国家工作人员论”,与国家工作人员等同视之,属于类推入罪的解释,只能由立法解释进行,不能由司法解释代替。就此而言,《刑法》禁止司法机关类推定罪,但是并不禁止立法机关以类推方式发展《刑法》——当然不能溯及既往。

需要注意的是,李国如肯定立法解释,针对否定说提出的《决议》中的“法律、法令本身需要进一步明确界限”与“具体应用法律”的区分不可操作的问题,认为应当将区分点定位于立法解释具有普适性、抽象性和立法性,司法解释具有具体性、个案性,不具有普适性、立法性。〔1〕 这样的理解似乎有待商榷,因为司法解释也具有普适性、抽象性和立法性。这一点后面将具体说明。

其三,在存在两个司法解释主体的情况下,就两者有争议的事项以立法解释的方式加以裁决也是有必要并且可以操作的。另外,可以规定当事人认为司法解释超越权限或者违反刑法目的、原意或者精神的,可以请求全国人大常委会进行审查。

2. 立法解释和刑法修正案的关系

1997 年《刑法》实施至今已经颁布了 11 个修正案。刑法修正案由全国人大常委会以《关于〈中华人民共和国刑法〉修正案(×)》的方式作出后直接公布,刑法立法解释以《〈中华人民共和国刑法〉第×条×款的解释》的方式作出并直接公布。两者之间有诸多区别。〔2〕 笔者认为,根本的区别在于:刑法修正案是独立的新立法,而立法解释是对既有立法的解释,依附于既有立法,不具有独立性。换句话说,立法解释属于解释学意义上的阐发,而刑法修正案中出现的其实是独立的立法理由,与解释学无关。

---

〔1〕 参见李国如:《罪刑法定原则视野中的刑法解释》,中国方正出版社 2001 年版,第 159 页。

〔2〕 赵秉志列举了两者之间的两种区别。参见赵秉志主编:《刑法解释研究》,北京大学出版社 2007 年版,第 52、53 页。

3. 立法解释的适用情形

按照《决议》，法律、法令条文本身需要进一步明确界限的，由全国人民代表大会常务委员会进行解释。按照《立法法》，法律的规定需要进一步明确具体含义的，以及法律制定后出现新的情况，需要明确适用法律依据的，由全国人民代表大会常务委员会进行解释。《决议》和《立法法》规定的适用立法解释的情形其实是泛指需要法律解释的情形，而不是特指需要立法解释的情形，无法完全把立法解释和司法解释、审判解释区分开来，应提高其可操作性。笔者认为：

其一，刑法中需要立法解释的情形是指存在有法律漏洞需要以类推的方式填补立法罪状的情形。首先，在法律适用中发现法律对于相关事项缺乏规定出现遗漏的，即为法律漏洞。其次，法律漏洞需要填补，填补方法分为类推填补和其他填补，只有和法律既有规定联系起来的类推填补，才属于立法解释的范畴，其他填补属于补充立法而不是立法解释。最后，刑法上的立法解释，是指以类推方式入罪的解释，以类推方式出罪，不属于立法解释的范畴，而属于审判解释的范畴。

其二，具体说来，审判中发现刑法条文出现以下情形的，应当进行立法解释：

首先，不能确定罪状要素的用法，无法进行用法解释的刑法条款。例如，《刑法》第238条、第247条、第248条和第292条规定非法拘禁、刑讯逼供、虐待被监管人和聚众斗殴等致人伤残、死亡的，依据故意伤害罪、故意杀人罪的规定定罪从重处罚。在这些规定中，非法拘禁、刑讯逼供、体罚虐待以及聚众斗殴罪和故意伤害罪、故意杀人罪之间的关系究竟如何理解？有法律拟制说、注意规定说、转化犯说、可反驳的推定说以及结果加重犯说五种观点。〔1〕这些解释中无论哪一种解释都是猜测性质的，无法发现确定的用法。在司法实务

〔1〕参见田坤：《结果加重犯研究》，中国社会科学出版社2016年版，第242页。

当中，这条规定实际上运用频次较低，人们不会根据该条规定处理相关罪名，而是在无视该条规定的前提下，按照是否构成想象竞合犯的思路进行处理。对于这种用法无法确定的条款，应当提请立法机关进行解释，使其成为具有可操作性的概念，在立法机关没有解释之前，该条款的立法实际上尚未完成，不能据以定罪。

其次，超出同一法律概念的用法，需要在法律概念之间进行类推解释的。如果对于法律概念的解释，是在同一概念的范围内的不同用法之间进行的，属于审判解释；如果超出了同一概念的范围，需要在不同概念之间进行类推的，这就属于立法解释了。例如，《刑法》第280条规定：伪造、变造、买卖或者盗窃、抢夺、毁灭国家机关的公文、证件、印章的，处3年以下有期徒刑、拘役、管制，并处罚金；情节严重的，处3年以上10年以下有期徒刑，并处罚金。如果被告人的行为是骗取国家机关的公文、证件、印章的，则不能按照该条规定定罪，因为伪造的用法中，不可能包括骗取的用法，以骗取的方式进行伪造，如同说方的圆一样，是没有意义的。不过如果被告人抢劫国家机关的公文、证件、印章的，则应当按照抢夺国家机关的公文、证件、印章定罪，因为抢劫可能是抢夺的一种方式，以抢劫的方式进行抢夺，这是说得通的，并不违反逻辑。

最后，唯我性概念需要进行立法解释。唯我性概念，是指由解释者自行确定意义，无法通过视域融合的方式确定其用法的那些概念。一方面，这样的概念和其他概念一样，是解释者置身其中才能确定其意义的那些概念，离开了解释者就无法确定其意义；另一方面，解释者的这些理解就是最终标准，并不存在和这些概念自身的意义协调一致的视域融合问题。例如，左右这样的方位概念，一定是包含了言说者在内的左右，言说者如果不设身处地，代入其中，就无法确定左右。但是每一个人的左右都不相同，并不存在对于每一个人都是一样的左右。刑法中也存在这样的唯我性概念，如《刑法》第293条规定：在公共场所起哄闹事，造成公共场所秩序严重混乱的，构成寻衅滋事罪。在这里,起哄闹事就是唯我性概念,总是指某某人理解的起哄闹事,对于同样一件事情,有的人认为是起哄闹事,有的人则认为是正当行为,有的人认为虽有不妥但不属于起哄闹事。这些不同观点,谁对谁错,没有视域融合意义上的真理,最终取决于谁说话算数,法官不同,被告人的命运就可能不同。对于这样的条款,我们需要看到两点:一方面它违反了罪刑法定原则的明确性要求,应当通过立法解释予以修改,以免适用时属于无效条款,不能据以定罪。另一方面应当看到立法和司法之间存在过渡地带,无法截然分开,在特定情况下,司法者兼为立法者具有正当性。就像在特定的情况下,立法者可以在某种程度上兼为司法者,可以赦免司法者依法判处的有罪之人一样。"事有时宜,故人主擅断",如果给定的语境足够充分,唯我之断也有可能是正当的。考虑到这样的情形,应当规定明确性作为罪刑法定的内容之一是有例外条款的,对于属于唯我条款但是如果不予追诉又担心有放纵之嫌的情形,权衡之后,可以由法律明确授权,把这个唯我的司法者视为有限的立法者,在可与不可之间予以定夺。例如,在"昆山反杀案"中,〔1〕涉及正当防卫成立与否,对于不法行为是正在进行还是已经结束的问题;又如,在"长沙货拉拉女乘客跳车亡故案"中,〔2〕涉及被害人的明显过错是否导致被告人可以适用"情节显著轻微不构成犯罪",实务中可能各执一词,无法形成视域融合,这些情形即可诉诸7人合议庭审理。这个有限立法者的形象可以通过改进《人民陪审员法》和《刑事诉讼法》中的参审制予以表达:第一,由有陪审员参加的7人合议庭进行审判,以合议庭的有罪判决或者无罪判决作为最终结论,合议庭的结论不需要说明理由,但是应当就争点问题由合议庭中的职业法官一一列明,供陪审员作出抉择。第二,7人合议庭中可以考虑只设一名职业法官,另外6人由陪审员

---

〔1〕 又称于某明正当防卫案,参见最高人民检察院检例第47号。

〔2〕 湖南省长沙市中级人民法院刑事裁定书,(2021)湘01刑终1436号。

组成。第三，现在的《人民陪审员法》规定，就法律适用问题陪审员可以发表意见，但不能参与表决。可以将该规定反转过来，就具有唯我色彩的法律问题，职业法官可以发表意见，但只能由陪审员进行表决。第四，实务当中陪审员往往陪而不审，成为职业法官的点缀品，针对这种情形，7 人合议庭中的陪审员，应当由控辩双方在保障对方申请回避权的前提下自行委托产生，而不是由法院单方面产生，否则其正当性不足，难以让双方信服。因为基于委托而作出的决断，其正当性来自各方的信托，因信任而托付，因托付而接受其结论。如果陪审员不是双方选定的，那么其正当性就会大打折扣。

其三，依据《立法法》第 110 条的规定，最高人民法院等认为行政法规、地方性法规、自治条例和单行条例同宪法或者法律相抵触的，可以向全国人民代表大会常务委员会书面提出进行审查的要求，由全国人大有关的专门委员会和常务委员会工作机构进行审查、提出意见。其他国家机关和社会团体、企业事业组织以及公民认为行政法规、地方性法规、自治条例和单行条例同宪法或者法律相抵触的，可以向全国人民代表大会常务委员会书面提出进行审查的建议，由常务委员会工作机构进行研究，必要时，送有关的专门委员会进行审查、提出意见。上述规定可以考虑扩大适用范围：在法律审中，发现属于应当进行立法解释的情形的，审理法院应当中止审理，层报最高人民法院要求全国人大常委会进行解释，当事人也可以自行请求全国人大常委会进行解释。全国人大常委会不做解释的，审判法院应当以立法规定未完成为由不予适用，如果全国人大常委会所作的解释不利于被告人的，应当规定对于本案不具有溯及力，以鼓励被告人积极发现立法漏洞。

（三）作为准立法解释的司法解释

1. 司法解释的性质

综合法律规定，司法解释指最高人民法院和最高人民检察院的审判委员会和检察委员会讨论通过的审判和检察工作中具体运用法律的问题所作的解释。就主体而言，司法解释具有二元一级的特点，按照《立法法》的规定，最高人民法院、最高人民检察院作出的属于审判、检察工作中具体应用法律的解释才是司法解释，其他人民法院和人民检察院都不得作出司法解释。就程序而言，按照《人民法院组织法》的规定，最高人民法院对属于审判工作中具体应用法律的问题进行解释，应当由审判委员会全体会议讨论通过；按照《人民检察院组织法》的规定，最高人民检察院对属于检察工作中具体应用法律的问题进行解释，应当由检察委员会会议讨论通过。最高人民法院和最高人民检察院制定的规范性文件，如果不是由审判委员会和检察委员会讨论通过的，也不属于司法解释；在实务当中，后者往往被称为准司法解释，各种“意见”“座谈会纪要”等都属于准司法解释。就内容而言，司法解释就具体运用法律的问题进行解释。按照《立法法》第 119 条的规定，这样的解释应当主要针对具体的法律条文，并符合立法的目的、原则和原意，自公布之日起 30 日内报全国人民代表大会常务委员会备案。

关于司法解释是否属于刑法渊源的范畴，我国学术界有不同的观点。一种观点认为，司法解释权是司法权的组成部分，不能成为一种立法权。[1] 也就是说，司法解释从属于刑法，不属于刑法渊源的范畴。另一种观点认为，从司法解释的性质来看，司法解释可以在法律文书中引用，具有法律效力，其具有准立法的地位。[2] 也有的观点认为，在制度设计上，我国将法律解释视为一种单独的权力，一种通过解释形成具有普遍法律效力的一般解释性规定的权力，而不是一种附属于法律制定权和法律实施权或决定权的活动。[3] 这个问

〔1〕 参见陈志军：《刑法司法解释研究》，中国人民公安大学出版社 2006 年版，第 32、33 页。

〔2〕 参见孙佑海等：《司法解释的理论与实践研究》，中国法制出版社 2019 年版，第 6 页。

〔3〕 参见张志铭：《法律解释学》，中国人民大学出版社 2015 年版，第 152 页。

题与司法解释中“具体运用法律”的所指如何明确息息相关？笔者认为，广义的法律解释包括狭义的法律解释、一般条款以及不确定条款的价值补充和法律漏洞填补三方面。在刑法解释中，狭义的法律解释应当由审判者自己进行，漏洞填补由立法者进行，剩下的只有一般条款或者不确定条款的价值补充，这样的条款在具体化之前不能适用，如数额犯、情节犯和危险犯等在具体化之前无法予以适用。在民法解释中，一般条款的具体化由法官进行，属于审判解释的范畴。但是刑法中不能由法官进行，因为罪刑法定的要求之一是刑法规定应当具有明确性，将一般条款具体化到清晰明确的程度，这属于立法者解释的范畴，如果没有达到这样的程度，刑法立法规定应当视为未完成，不得据以定罪。在这样的背景下，可以将“具体运用法律”解释为对立法罪状中的一般条款或者不确定条款予以价值补充。也就是说，司法解释是基于价值考量就立法罪状中的一般条款加以具体化的细化立法，由最高司法机关结合审判、检察工作的实际情况进行。对于最高司法机关针对立法罪状一般条款所作的细化立法，全国人大常委会可以进行监督。

2. 司法解释制度回归本源

以上是就刑法司法解释的应然性质而言的，实际当中的刑法司法解释存在明显的扩张，远远超出就一般条款进行细化立法的范围。一方面，刑法司法解释代替立法机关进行解释填补最高司法机关认为存在的法律漏洞。例如，2019 年最高人民法院、最高人民检察院发布的《关于办理非法放贷刑事案件若干问题的意见》规定：“违反国家规定，未经监管部门批准，或者超越经营范围，以营利为目的，经常性地向社会不特定对象发放贷款，扰乱金融市场秩序，情节严重的，依照刑法第二百二十五条第（四）项的规定，以非法经营罪定罪处罚。”该意见将经营高利贷列为非法经营罪的罪状之一。非法经营罪所指向的并不是绝对禁止的违法行为，而经营高利贷则属于绝对禁止的违法行为，所以笔者认为将其视为非法经营罪的一种类型存在类推倾向。另一方面,据《晋书》记载,晋代的刘颂认为:“法欲必奉,故令主者守文;理有穷塞,故使大臣释滞。”时至今日,实务当中,我国审判解释的范围还是被一分为二,审判人员只能直接适用法律,在存在论的层面以叙述犯罪事实的方式阐释刑法,实务中往往称为“白纸黑字规则”,出现疑难需要进行反思解释的则认为超出解释范围必须向上级司法机关请示如何解释,一般最理想的情况是由最高司法机关作出相应的解释。最高人民法院的司法解释体量庞大,作为全国数千个法院的数万名审判法官处理案件的具体参照。另外,最高司法机关还发布了大量其他规范性文件,实务中各级司法机关也需要遵照执行。在某种意义上,司法解释以及准司法解释成为据以依赖的我国刑法的主要渊源,如果只有刑法而没有这些文件,人们可能会不知道如何适用刑法。最高司法机关规范性文件在实务中的扩张,对立法解释以及立法机关立法权产生影响,也影响了审判者的法律解释权,不能充分保障刑事诉讼的程序正义和被告人的正当权益。针对上述情况,笔者认为需要确立以下几点:

其一,《立法法》第 119 条对于司法解释是否构成法律渊源的问题回答得模棱两可,笔者认为可以明确规定最高人民法院、最高人民检察院作出的属于审判、检察工作中具体应用法律的解释属于法定授权的进行价值补充的准立法解释,属于刑法的法律渊源,各级司法机关应当据以审判案件,行政机关转化之后加以执行。综合 2021 年最高人民法院发布的《关于司法解释工作的规定》第 2 条和第 6 条的规定,最高人民法院将审判中具体运用法律作为司法解释事项,具体包括解释、规定、规则、批复和决定五类。上述规定似乎界定不清,可能会扩张刑事司法解释的范围。2019 年最高人民检察院发布的《司法解释工作规定》也存在类似的情况。

其二,对最高司法机关的规范性文件应当分门别类。一方面,应当区分准立法解释性质的司法解释和最高司法机关其他规范性文件,明确刑事司法解释的性质是法律授权的针对不确定条款的准立法解释。在审判工作中,构成刑事司法解释的条件有两个,一是所解释事项为刑法中的不确定条款,二是必须由最高人民法院审判委员会讨论通过。如果不是针对上述事项的,最高人民法院所作的解释应当是无效的,不得作为法律渊源予以引用,如果不是经过审判委员会讨论通过的,也不得作为法律渊源予以引用。不同时具备上述两个要件的最高人民法院规范性文件,如各种"指导意见"和"座谈会纪要"等,在审判中不具有法律渊源的地位,只能作为论证法律概念之用法的理由加以使用,如果各方提出异议,认为不具有相关性,或者理由自身是错误的,审理法院发现异议成立的,应当拒绝将其作为裁判理由。另一方面,对于准立法解释性质的规范性文件,如果存在越权情形或者与法律的目的、原意、精神相冲突的,审理法院应当层报最高人民法院予以撤销或者修改;同时应当允许当事人进行两次上诉,第二次飞跃上诉至最高人民法院,请求最高人民法院予以撤销或者修改,当事人也可以按照《立法法》第 110 条的规定请求全国人大常委会予以撤销或者修改。

其三,应当调整相应的刑事程序。首先,应当建立审级独立制度,一审法院不是二审法院的派出机构,而是彼此分离的审判机构,应当按照审级制度的规则进行沟通。根据 1999 年最高人民法院发布的《关于审判工作请示问题的通知》等规定,审判实务中往往以是否需要反思解释为标准,没有疑问不需要反思解释的案件由审理法院直接适用法律,需要反思解释的才属于"适用法律存在疑难问题的重大案件",需要向最高人民法院请示汇报。笔者认为,是否需要司法解释不以是否需要反思作为标准,而应当以是否属于需要价值补充的不确定条款作为标准,实务中就立法解释以外的事项无须向上级法院进行请示,审判法院应当遵循法律审的程序将其列为争点,听取各方意见后依法独立作出判决,上级法院应当按照审级制度在二审或者再审中就此表达看法,通过这样的方式影响下级法院。其次,审判法院应当完善"让审理者裁决,由裁决者负责"的制度,有关法律适用的问题应当由审判法官作出决定，但本院以及上级法院的生效判决在法律适用上不一致的案件应当由审判委员会讨论决定。最后，《刑事诉讼法》第37条规定：辩护人的责任是根据事实和法律，提出犯罪嫌疑人、被告人无罪、罪轻或者减轻、免除其刑事责任的材料和意见，维护犯罪嫌疑人、被告人的诉讼权利和其他合法权益。据此，就最高司法机关的规范性文件提出意见，将其区分为属于法律渊源的准立法解释和其他规范性文件，属于被告方辩护权的范畴，应当得到保障，审判法院应当按照法律审的要求，将包括上述区分在内的法律解释的争点与依据予以公开，听取各方意见，不能以内部讨论或者请示汇报取而代之。为了鼓励被告人发现最高司法机关司法解释中存在的问题，还可以考虑建立相应的三审终审制，保障当事人获得由最高人民法院亲自听审和复核的机会。

其四，对于其他人民法院制定的规范性文件，也应当参照上述方式予以处理。另外，最高司法机关只能自行制定准立法解释，不得委托包括高级人民法院在内的下级法院进行解释。对于盗窃罪等数额犯，在确定数额加大的标准时，最高人民法院授权各省高级人民法院在规定幅度内自行确定。这样的授权应当收归最高人民法院，各高级人民法院可以提出请示，在报最高人民法院审判委员会讨论通过后才具有法律效力。

四、审判解释观的改造

（一）刑法的审判解释观概述

据何卫平所言，在1838年以前，西方解释学主要作为语文学、神学和法学的解释方法发展的，而以施莱尔马赫的《解释学与批判》为标志的成熟的解释学哲学诞生后，解释学开始超越具体的领域，以一般意义的理解作为自己研究的对象。西方哲学意义上的解释学从近代到现代大体经历这样几个阶段或形式：一般解释学（施莱尔马赫）、生命解释学（狄尔泰）、此在解释学（海德格尔）、哲学解释学（加达默尔)、批判解释学(哈贝马斯)、综合解释学(利科)和解构解释学(德里达)等。[1] 哲学意义上的解释学的兴起与发展,与抵制自然科学认识论对于人文学术的殖民有关。在笛卡尔建立了认识论哲学体系后,率先反对的是意大利人维柯。他认为自然认识和历史认识属于不同的范畴。自然不是人的作品,它是上帝的作品,唯有上帝才能完全洞悉其奥秘,人类至多对其个别属性和特征作经验的和片段的描述。至于历史领域,那就截然不同了,历史是人自己的作品,历史知识是唯一真正的知识,因为人只能认识自己创造的东西。[2] 他以此反对笛卡尔将历史(社会)混同于自然,运用同一方法去认识。至此后德国历史学派(兰克、德罗伊森)、新黑格尔主义者(克罗齐、科林伍德)等从不同的方面丰富了对历史(社会)认识的研究,到狄尔泰的时候,终于创立了精神科学认识论,与自然科学认识论比肩而立。康德以纯粹理性回答了自然认识何以可能,狄尔泰要做"社会科学的康德",回答了历史认识何以可能。在狄尔泰看来,对于自然认识,主体如何超越自身而切中客体始终是一个难题,而在历史认识中,这个异质实体相符的问题并不存在,因为作为对象的历史世界是人类精神(生命)的创造物,而历史的认识者本身也是历史的存在,这种同质性使历史认识成为可能。[3] 狄尔泰的人文科学认识论需要通过不同于自然科学认识论的解释学方法表现出来,就此而言也可以叫作方法论解释学。笔者猜测狄尔泰似乎认为自然科学认识论中存在主客异质主体如何切中客体的符合论难题,而在人文科学解释学中,解释者和解释对象都是人,不存在主客异质的符合论问题,妨碍人们理

〔1〕 参见何卫平:《解释学之维——问题与研究》,人民出版社2009年版,第259-261页。

〔2〕 参见[意]维柯:《新科学》,朱光潜译,人民文学出版社1986年版,第104页。

〔3〕 参见洪汉鼎:《诠释学——它的历史和当代发展》,人民出版社2001年版,第201页。

解的因素来自理解者的成见，这会造成误解，通过某种解释方法或者某些解释方法的组合运用，排除成见的干扰，将解释对象的意义重构出来。不过人们对这些方法不一定信心十足，时不时走到符合论的道路上，希望找出解释对象的意义本身，来衡量方法是否正确，德国的目的法学和利益法学等似乎就具有这样的特征。

就法律解释学而言，近代法律方法学说发端于萨维尼。在萨维尼的时代，科学理性盛行，当时的法律是概念法学，认为法律适用是以三段论的推理方式进行的，作为大前提的制定法原则上是完美无缺的，并不需要进行解释。在这样的时代背景下，萨维尼认为尽管法律一般不需要解释，但制定法也不是完美无缺的，遇到有缺陷的法律文本时，在填补漏洞或者进行解释之后才能适用。解释的目标，是对存在于法律中的思想之重构，亦即发现立法者的意志。发现的方法包括文义解释、逻辑解释、体系解释和历史解释，这是至今仍被奉为经典的法律解释四原则。〔1〕后继者对于法律需要解释的情形、解释目标是主观的还是客观的以及解释方法等不断加以补充，形成了蔚为壮观的法律解释学潮流。例如，意大利法学家贝蒂"继承了施莱尔马赫和狄尔泰的诠释传统，认为诠释学主要是指向精神科学领域的一种理解方法"〔2〕。他认为文本的意义与作者的意志无关，也与读者无关，文本的意义是自律的，需要通过特定的方法才能重构出来。为此，他提出了理解现象是一种三位一体的过程：在其对立的两极我们发现了作为主动的、能思的精神的解释者，以及被客观化于富有意义形式的精神，并提出了解释的四原则。〔3〕另外，我国学者转介时需要注意的是，德国既有法律解释学，也有法学方法论，两者似乎是

---

〔1〕参见［德］阿图尔·考夫曼、［德］温弗里德·哈斯默尔主编：《当代法哲学和法律理论导论》，郑永流译，法律出版社2002年版，第156页。

〔2〕潘德荣：《西方诠释学史》，北京大学出版社2013年版，第373页。

〔3〕参见洪汉鼎主编：《理解与解释——诠释学经典文选》，东方出版社2006年版，第129页。

近义词。大致来说，两者的关系是这样的：法学方法论探讨法官适用法律判定案件的方法，这些方法涉及的环节之一是解释法律，两者之间是形式逻辑上的种属关系。

我国刑法学界以犯罪构成作为犯罪论的基石，近年来也高度重视刑法解释。张明楷认为："狭义的刑法学，仅指刑法解释学。"[1]但是我国刑法学界所讲的解释，范围比德国解释学所讲的要小，特指刑法文本的意义解释。我国的刑法解释观，观点琳琅满目，但是各种观点之间缺乏内在联系，其实还没有成为系统的学问。不过各种解释观都涉及三个维度的问题：一是解释的背景，亦即在什么样的场合进行解释；二是解释的对象，亦即法律文本的意义究竟是指什么；三是解释的方法，亦即怎样进行解释，尤其是据以解释的根据是什么。

其一，关于解释场合，各种解释观点是一致的：区分法律适用和法律发现，认为前者有现成的法律可供适用，后者则需要经过解释之后才能适用。在法律发现中，拉伦茨认为：只有在法律条文的意义有疑问的情况下，才需要借助解释这一媒介，解释者将他认为有疑义文字的意义，变得可以理解。[2] 郑永流认为，法律应用中判决形成模式可以概括为推论模式和先等置后推论的等置模式，绝大部分法律应用采用后一种模式。[3] 也就是说，法律是以三段论的方式适用的，法律属于三段论的大前提，如果法律意义是明确的，就可以直接作为大前提，不需要解释，如果有疑义、不确定或者有漏洞，才需要解释。

其二，关于解释对象，法律解释的对象是法律文本的意义，该意义有的认为是指法律的文义，有的认为是指立法者意志，有的认为是

---

[1] 张明楷：《刑法学》（第6版），法律出版社2021年版，第1页。

[2] 参见[德]卡尔·拉伦茨：《法学方法论》，陈爱娥译，商务印书馆2003年版，第193－194页。

[3] 参见郑永流：《法律判断形成的模式》，载《法学研究》2004年第1期。

指解释者意志,还有的主张综合的意义观。至于立法者意志,则有主观说和客观说的区别。主观说认为就是指立法者的主观心理活动,客观说认为是指客观精神,由文本作为表达式所表示的精神,这个客观精神可以还原为法律承认和保护的利益,亦即法益。

其三,关于解释的根据与方法,刑法学界普遍认为,目的论解释是刑法解释的根本方法。关于目的论解释,张明楷认为:所有的刑法解释,都要从刑法的文理开始,而且不能超出刑法用语可能具有的含义,刑法的解释应当从刑法的文义出发,并且在用语可能具有的含义内得出符合法条目的的解释。〔1〕 而追问刑法目的,无非是追问立法者制定法律所要实现的目的何在,关于目的何在? 在我国刑法学界把它当作法益何在的同义词。张明楷认为:“解释的方法无穷无尽,但最终起决定作用的是目的论解释,因为目的是全部法律的创造者,每条法律规则的产生都源于一种目的。刑法的目的是保护法益,所以法益成为刑法解释的重要工具。”〔2〕也就是说:“目的论解释,就是指根据刑法规范的目的,阐明刑法条文含义的解释方法;质言之,是根据保护法益及其内容解释刑法。”〔3〕目的论解释有客观目的论和主观目的论之分,前者试图找到历史上立法者的原意,后者则认为,由于立法者并不是现实存在,所以目的解释变成了立法者如果身处现在的案件中,其作为一个理性的人所具有的目的是什么。这其实就是解释者自己所猜测的立法者意志。无论进路如何,似乎两派观点都认为,目的论就是要找到立法者所要保护的法益是什么。例如,有的学者认为,“婚内强奸”是否构成强奸罪,取决于强奸罪所要保护

---

〔1〕 参见张明楷:《刑法分则的解释原理》(第2版),中国人民大学出版社2011年版,第45－50页。

〔2〕 张明楷:《刑法分则的解释原理》(第2版),中国人民大学出版社2011年版,第347页。

〔3〕 张明楷:《刑法分则的解释原理》(第2版),中国人民大学出版社2011年版,第353页。

的客体或者法益是什么，立法者所要保护的法益可能各不相同，因此是否构成犯罪不能一概而论。如果是要保护所有妇女性的不可侵犯的权利，那么就构成强奸罪；如果保护范围是丈夫以外的人对妇女性的不可侵犯的权利，那么就不构成犯罪。

以上是我国学界共享的刑法解释思路，在这样的共识前提之下，我国刑法学界有所谓形式解释和实质解释的争论。形式解释和实质解释并没有明确的定义，各抒己见、不尽相同。一直以来，我国刑法学界接受了一种法律的文义解释观，认为法律的文义有核心和边缘之分，在文义核心部分，法官必须遵照文义；在边缘部分则有作出不同解释的余地。对于边缘部分如何解释的问题，陈兴良认为，形式解释论与实质解释论之间的分歧的焦点在于能否通过实质判断将实质上值得科处刑罚但又缺乏形式规定的行为入罪。[1] 形式解释论认为，刑法解释应当受到核心文义的限制，对于落在文义边缘的行为，不得以有实质的社会危害性为由突破核心文义限制作出有罪解释。实质解释论则认为，对于不在文义核心的边缘行为，只要落在文义可能性的范围之内，可以基于实质的社会危害性或者法益侵害性，作出有罪解释。笔者认为，客观的或者主观的目的论解释也好，法益解释也好，还是以它们为前提的形式解释与实质解释也好，这些解释观有其合理成分，但需要改造，只有融入叙述解释学之中，才能满足审判解释的要求。以下将从法律适用论、法律意义观和法律方法论三个角度具体展开。

（二）法律适用论批判

1. 叙述的法律适用论而非三段论的法律适用论

认识论解释学认为法律适用遵循三段论，这样的理解是不能成立的。

其一，法律适用过程实际上不是三段论的过程，而是叙述犯罪事

---

〔1〕 参见陈兴良：《形式解释论的再宣示》，载《中国法学》2010 年第 4 期。

实与对叙述进行反思相继而起的过程。一般认为,人民检察院的起诉书和人民法院的判决书中“经审查(审理)查明犯罪事实如下:……”部分是叙述案件事实,“本院认为:……”部分是对该案件事实适用法律。蕴含在这种写法中的思路是:先查明与法律无关的裸的案件事实,然后以其为小前提,以刑法规定为大前提,以三段论的方式得出有罪与否的结论。

叙述案件事实,其实是依据所选择的罪状对证据加以组织从而使之转化为犯罪事实,没有司法罪状作为据以叙述的原型,犯罪事实就无法叙述成形。也就是说,叙述和运用是一回事:叙述案件事实之际,法律已经作为原型得到适用,并不存在叙述案件事实是一回事,适用法律给案件事实定性是另一回事的问题。而且,据以叙述的原型其实并不现成存在于所援引的法条之中,而是在叙述案件事实过程中阐释而成的,它的意义经历了某种增长,成为司法罪状。判决书和起诉书“本院认为”部分所表述的法律适用,其实是把叙述案件事实中已经得到“成长”的司法罪状以明述的方式表达(重构)出来,尤其是将其中的疑难之处以明述的方式表达出来,在反思中就其正确性接受各方审查。简言之,“本院认为”部分所援引的罪状,实际上在叙述案件事实中已经阐释为司法罪状的立法罪状,而不再是未经阐释的立法罪状。需要注意的是:2018 年发布的《人民陪审员法》第 21 条、第 22 条规定,人民陪审员就事实认定问题有权独立表决,就法律适用问题区分情形或者有权表决,或者有权提出意见。《刑事诉讼法》第 236 条关于上诉如何处理的规定,也明确区分了事实认定和法律适用。笔者认为,这个要求是针对叙述之后的反思阶段的,在叙述的阶段并不存在这样的区分。叙述事实既是法律事实又是传来事实,上述条文中所讲的事实认定,是从传来事实的角度来说的证据事实问题,不是指法律事实定性问题。上述条文所讲的法律适用问题,是从法律事实的角度来说司法罪状是否得到了正确阐释,属于法律定性问题。

其二,叙述的法律适用论是“一体两面”的法律适用观,同时涉及含义和指称两个面向的法律适用论。一方面,如本书第一章所述,叙述犯罪事实的过程,就是形成司法罪状,以此为原型引导犯罪事实叙述的过程;另一方面,这样的叙述其实也是一种阐释:在叙述犯罪事实的同时阐释出作为原型的司法罪状。在叙述案件中阐释司法罪状,在阐释司法罪状中叙述案件事实,叙述和阐释原始地结合在一起,构成了解释学循环关系,这样的法律适用方式,可以称为“一体两面”的法律适用方式。

进言之,在这种“一体两面”的法律适用中,犯罪事实与司法罪状其实是立法罪状的意义与指称的关系。利科提出了意义与指称之间的辩证法。“指称是句子依据某种用法所指谓的东西,它也是说话者把自己的话应用于现实时所谈及的东西。某人某时指称某物是一个说话事件,但这个事件从意义中吸取其结构。说话人以意义的观念结构为基础,并通过这种观念结构指称某物……”[1]循着利科提示的方向看,形成案件事实和解释罪状形成司法罪状两者是相互依存的。从案件事实的角度来说,法律事实是根据犯罪原型对证据事实进行叙述,从而使罪状获得具体指称,它以犯罪原型已经得到确定为前提。从司法罪状的角度来说,司法罪状是在根据证据事实对罪状进行解释从而使罪状形成具体意义的过程中形成的,它以案件事实已经在叙述中得到确定为前提。罪状的意义和指称,任何一方都不可能离开另一方而独立成立,只有两者达到协调一致,才能同时成立。用菲肯切尔的话来说:一方面应该考量待判断的具体案件事实,凭此具体化事由从法律或法官法中取得其标准及评价观点,与前述做法同步,法官亦应以其认为适切的法律观点为据,以补充必要的案件事实,使之更趋精确;另一方面两者必须一直持续进行,直到不能

---

〔1〕 徐友渔等:《语言与哲学——当代英美与德法传统比较研究》,生活·读书·新知三联书店1996年版,第203、204页。

再为正当的个案裁判寻获任何新观点为止。[1] 通过两者之间的循环关系，菲肯切尔认为，它既提供了个案规范，也确定了待判的案件事实。[2] 这样一个树干，在起诉书和判决书等文书的论证中，采取了“花开两朵各表一枝”的反思方式。其中树干是“经审理查明案件事实如下”，反思一枝是“上述事实有以下证据证明，足以认定”，另一枝是“本院认为依据《刑法》第×条规定构成某某罪”，前者属于传来事实反思，后者属于法律事实反思。而《刑事诉讼法》中所讲的“适用法律错误”，从“一体两面”的含义和指称关系来看，一是指称的错误，亦即叙述犯罪事实没有以司法罪状为原型，从而出现事实定性错误；二是法律解释错误，对罪状所作解释是错误的，亦即所形成的犯罪原型是错误的。

加达默尔认为，应用，正如理解和解释一样，是解释学过程的要素之一；[3] 并且说道：“应用决不是把我们自身首先理解的某种所与的普遍东西事后应用于某个具体情况，而是那种对我们来说就是所与文本的普遍东西的自身理解。”[4] 他所讲的应用和解释，含糊不清，没有和叙述联系起来，更没有和“一体两面”的叙述适用论联系起来，容易导致神秘主义和误解。针对这样的不足，有必要将他所讲的应用升级为“一体两面”的叙述适用论。

另外需要注意的是，三段论推理也讲含义和指称，但是他们所讲的含义和指称是形式逻辑意义上的，以为罪状解释和叙述案件事实各行其道，分别进行。然而实际情况是：解释罪状和叙述案件事实，

---

〔1〕 参见［德］卡尔·拉伦茨：《法学方法论》，陈爱娥译，商务印书馆2003年版，第22页。

〔2〕 参见［德］卡尔·拉伦茨：《法学方法论》，陈爱娥译，商务印书馆2003年版，第22页。

〔3〕 参见［德］汉斯－格奥尔格·加达默尔：《真理与方法——哲学诠释学的基本特征》（上卷），洪汉鼎译，上海译文出版社1999年版，第395页。

〔4〕 ［德］汉斯－格奥尔格·加达默尔：《真理与方法——哲学诠释学的基本特征》（上卷），洪汉鼎译，上海译文出版社1999年版，第438页。

是同一个过程的两个侧面，并非两个不同过程。两者之间的关系不是形式逻辑意义上的，而是解释学意义上的，是罪状的意义与指称之间的解释学循环关系。

2. 法律解释与法律适用的关系是部分与整体的关系

法律解释从属于“一体两面”的法律适用整体中的意义一面，而不是外在于法律适用的大前提。我国法学界对于法律解释学的探讨由来已久，不过这些探讨基本上属于认识论方法论意义上的解释学探讨，人们普遍认为，其一，法律解释是三段论法律适用的一个环节，是获得作为三段论大前提的法律规范的活动；其二，作为大前提的法律条文，正常情况下直接适用为大前提，不需要解释，出现意义不明确或者法律规定有漏洞或者过于抽象的情形，才需要进行法律解释。[1] 这样和三段论联系在一起的法律解释观，似乎是难以成立的，因为法律适用中已包含了法律阐释，具体表现为：其一，三段论的法律适用在司法实务中并不存在，为法律适用提供大前提的法律解释缺乏依托。其二，出现疑难之际的解释属于反思的解释，没有出现疑难之际也有存在论层面的解释——叙述犯罪事实，其实同时也是阐释立法罪状在案件中的意义，使其具体化为案件中的司法罪状。在这里，叙述事实和阐释罪状，是同一过程的两个不同方面，阐释性的叙述和叙述性的阐释，合二为一。

3. 解释和司法罪状是不可分割的原初的整体结构

解释和司法罪状的关系并非像三段论所设想那样是彼此外在的关系。一方面，司法罪状是在解释中形成的，离开了解释，司法罪状就不能形成。另一方面，解释是对司法罪状的解释，离开了司法罪状，解释也不复存在。而按照三段论的设想，罪状是在前的，离开了解释也可以独立存在，进行解释就是将罪状作为对象加以认识。

---

〔1〕 参见梁慧星：《民法解释学》，中国政法大学出版社 1995 年版，第 192－194 页。

4. 法律解释分为直接解释和疑难意义再阐释两个层次

法律解释并非像三段论设想的只有疑难意义解释这一个层次。方法论解释学认为进行法律解释,所指向的对象是法律文本,而不是法律的规范意旨或者意义。[1] 也就是说,意义自在地存在于文本之内,只有出现疑难之时才需要解释,否则不需要经过解释而直接适用。方法论解释学的观点是不能成立的。

一方面,在所谓直接适用的案件中,立法罪状也经过了阐释。阐释司法罪状是通过叙述犯罪事实表现出来,只要在叙述犯罪事实,就已经是在阐释司法罪状,并不是遇到疑难才进行阐释。换句话说,阐释不只是方法论意义上的阐释,也是存在论意义上的阐释。

另一方面,在疑难意义的阐释中,人们感到自己对于司法罪状及其要素的把握出现疑难,于是进行解释,加以澄清。这样的疑难解释,属于反思意义上的解释,而不是三段论设想的对自在于法律文本之内的意义的解释。反思意义上的解释,其实是对已经有所理解的司法罪状及其要素的再解释。正如海德格尔所言:"任何解释工作之初都必然有这种先入之见,它作为随着解释就已经'设定了的'东西是先行给定的,这就是说,是在先行具有、先行视见和先行掌握中先行给定了的。"[2] 既然所有的解释都奠基于前理解,那么提到解释学,就只有存在论的阐释实践和反思的解释,认识论或者方法论意义上的解释学偏离了这样的实际情况,因而是不能成立的。

换个角度来说,司法罪状基本上是被人们不假思索直接理解的,我们运用各种各样的司法罪状,用它叙述案件事实,但是我们对于司法罪状本身则日用而不知,"从来不需要想起永远也不会忘记","此中有真意,欲辨已忘言",说不出口来,好像不存在一样。只有遇到疑

---

〔1〕 参见张志铭:《法律解释学》,中国人民大学出版社2015年版,第19页。

〔2〕 [德]海德格尔:《存在与时间》,陈嘉映、王庆节译,生活·读书·新知三联书店1999年版,第176页。

难的时候，人们才想起要阐释司法罪状，如在“车辆禁止入内”的公园起火之际，消防车构不构成该规则所讲的“车辆”就成了一个需要自觉处理的疑难问题。为了回答该规则中的“车辆”究竟是指什么这个意义上的疑难问题，人们先行假定这里的“车辆”是不包括消防车在内的，作了这样的前理解之后，接下来就需要进行阐释，经过阐释之后才能适用，这时司法罪状才会被自觉地意识到。由此看来，着眼于司法罪状是否为人们自觉意识到，可以将罪状原型分为潜移默化直接理解的隐含司法罪状和存在疑难经过解释的明述司法罪状两种类型。当然这两种类型之间存在过渡，不是截然分开的。而且，“会者不难，难者不会”，司法罪状究竟属于何种类型因人而异；不过直接理解了的高手对于疑惑重重的初学者，负有（再）阐释的责任，需要针对后者的困惑与疑难，把司法罪状阐释清楚，说给他听。

（三）法律意义观批判

人们阐释刑法文本，常常追问法律文本的意思是什么，对于这个问题方法论解释学有各种不同的回答。叙述的法律解释学秉持视域融合的法律意义观，将各种意义观的合理成分兼收并蓄。

1. 文义说的法律意义观

文义说对于法律意义的回答是：法律文本的意义就是文本的含义。这个回答给人的印象似乎是什么也没有说的同义反复：法律文本的意思就是法律文本的意思。于是人们作了一些限定。一种观点认为，文义解释是众多法律解释方法中的一种。例如，杨仁寿认为：“狭义的法律解释，系指于法律规定不明确时，以文义……等方法，探究法律之规范意旨而言。其旨在澄清法律疑义，使法律含义具体化、明确化。”〔1〕“文义解释，指依法文用法之文义及通常使用方式而为解释，据以确定法律意义而言。”〔2〕“典型的解释，是先依文理解释，

---

〔1〕 杨仁寿：《法学方法论》，中国政法大学出版社1999年版，第128、129页。
〔2〕 杨仁寿：《法学方法论》，中国政法大学出版社1999年版，第133页。

而后再继以论理解释……唯论理解释及社会学的解释，始于文义解释，而其终也，亦不能超过其可能之文义，故如法文之文义明确，无复数解释之可能性时，仅能为文义解释，自不待言。”[1]针对文义说的法律意义解释观，需厘清以下内容：

其一，不能混淆法律条文的符号含义和适用意义、语言学意义和解释学意义。

狄尔泰将解释对象界定为“我们由外在感官所给予的符号去认识内在思想的过程”[2]。由此可见，解释对象是符号的意义。同样地，刑法条文既是文字符号又具有意义。在我国律学传统中，荀子已经区分法之数与法之义，“诵数以贯之，思索以通之”[3]。在字面上把文字符号的意思读懂弄通，在传统上属于训诂之学，近代以来属于语言文字之学，在我国刑法学中，这属于注释刑法学的范畴。例如，将《刑法》分为则、篇、章、节、款、项组合而成的结构，将同一条款分析出两个以上的意思并探讨其关系，对于刑法条文中的“但书”进行分门别类的梳理，对于分则条文中“……的”结构展开辨析，等等，都属于文字符号层面上作注释。一方面，不针对文字符号上的困惑进行这些方面的注释，“句读之不知，惑之不解”[4]，就不能在字面上把刑法条文的语言学含义读清楚。另一方面，给文字符号在语言学上作注释的时候，人们可能作出错误的注释，也需要相应的解释进行纠正。例如，在《刑法》第263条中有“冒充军警人员抢劫”加重处罚的规定，张明楷将“冒充”解释为“假冒”和“充当”，又将“充当”解释为真正军警人员抢劫。对于这样的注释，笔者认为因为“冒充”不是一个词组，而是一个语词，是构成句子进行交流的最小单位，“冒”和

---

〔1〕 杨仁寿：《法学方法论》，中国政法大学出版社1999年版，第132、133页。

〔2〕 洪汉鼎主编：《理解与解释——诠释学经典文选》，东方出版社2006年版，第76页。

〔3〕 《荀子·劝学》。

〔4〕 《师说》。

“充”作为构成“冒充”的语素，不能作为构成句子的最小单位，就此而言其自身是不能作为意义分析单位的。

把作为文字符号的刑法条文注释清楚，只是我们理解刑法条文意义的前提，而不是主题。我们有这样的体验：每一个字词都认识，语法结构也理顺得清清楚楚，如果考试时让做填空题可以一气呵成，但只是字面上读懂了刑法条文，总觉得疑惑重重，如果让做应用题或者案例分析题就一头雾水不知所云。例如，“公园内车辆禁止入内”，这句话在字面上没有什么难懂的，可是公园里面失火之际，消防车是否属于条文中的“车辆”？面对这样的难题，字面含义或者语言学含义就无能为力了，我们需要从法理上分析“车辆”一词的意义。从道理上来说，公园内禁止车辆入内，是为了保障人们正常游览不受干扰，现在公园失火，消防车前往灭火，是为了恢复正常游览秩序，理所当然不在禁止之列。换句话说，该条中“车辆”一词的意义，是指干扰正常游览意义上的车辆，而不是指帮助恢复正常游览秩序意义上的车辆。这样的意义，在字典上找不到，在运用于具体案件之前还不存在，我们称之为解释学意义。正如考夫曼所言：“因此，‘法律意义’并非固定不变的事物，它系随着生活事实而变化——尽管法律文字始终不变——也就是随着生活本身而变化。”〔1〕

对于刑法条文的语言学意义和解释学意义，荀子称为“法之数”和“法之义”，我们当代人可以简称为“法文”和“法意”。对于两者的关系，荀子认为“法意”才是关键，说道：“不知法之义而正法之数者，虽博，临事以治，必乱。”〔2〕加达默尔认为：“法律不是摆在那儿供历史性地理解，而是要通过解释变得具体地有效。”我们不妨说：“法意”是“法文”在案件中所具有的意义，在这个结构中，法文解释是前

〔1〕［德］亚图·考夫曼：《类推与“事物本质”——兼论类型理论》，吴从周译，台北，学林文化事业有限公司1999年版，第89页。

〔2〕《荀子·君道》。

提，法意解释是主题，我们解释清楚作为文字符号的“法文”，以此为前提，才能解释清楚作为主题的“法意”在案件中所具有的意义。之所以说法意解释是主题，是因为诉讼活动中的法律解释，其使命就是将法律适用于案件当中。而在方法论解释学中，法文和法意的关系是含糊不清的。按照这样的观点，文义解释是澄清法律疑义的一种方法，亦即依据文义与通常使用方式来确定其含义的方法。这样的界定将文义说的适用前提限定在遇到法律疑难的场合，但是何为文义，何为通常使用方式，似乎还需要继续解释。而且在通常使用方式中呈现的意义和文义是有区别的，一为语言学意义，二为法律适用中出现的解释学意义，不宜当作同义词来看待。

其二，如果方法论解释学中所讲的“法文”，就是刑法条文作为文字符号所具有的意义，那么将其作为法律解释的起点和归宿值得商榷。

因为法文解释只是法意解释的前提，法意解释才是法律解释的出发点和归宿。另外，如果方法论解释学中所讲的“法意”，就是刑法条文的通常使用方式、通常用法，那么它就只是法意各种可能用法中的一种，可是按照方法论解释学，似乎它同时还是所有各种用法的总和。

其三，方法论解释学认为遇到法律适用有疑义的情形才需要进行法意解释，没有疑义就不存在进行解释的契机，直接适用法律即可。

正如施莱尔马赫所言：“哪里有误解，哪里就有解释学。”[1]这样的观点是不能成立的，因为在此之前，正如埃塞尔所言：“每个法律的‘适用’就已经是在解释了，因为判断条文的字义是否已经够清楚，因

---

〔1〕 何卫平：《通向解释学辩证法之途——伽达默尔哲学思想研究》，上海三联书店2001年版，第12页。

而不必对之再作解释……这种判断就已经是一种解释了。"[1]本书在第一章中也表达了这样的观点:叙述是原始现象,叙述犯罪事实的过程,同时也是阐释司法罪状的过程,两者是以解释学循环的方式同时进行的。

其四,与方法论解释学桴鼓相应,在我国当代刑法学中,刑法解释有文理解释和论理解释的区分。

"通行理论认为,刑法解释从方法上可以分为文理解释和论理解释,文理解释指通过对法律条文的用语、语法结构等的分析,阐明法律条文的含义;论理解释指从逻辑上对法律条文的含义进行阐明。"[2]王政勋则认为,通行意义上的文理解释因为远离事实,仅对文本进行语义分析而从来不会单独发挥作用;而论理解释不限于从字面上解释刑法,显然是进行语用解释;任何法律解释都是语义解释与语用解释的结合。[3] 王政勋的观点是有见地的,不过,首先,语义与语用其实是难以分清楚的,不像初看上去那样泾渭分明。其次,他所讲的语义解释其实就是把刑法条文当作文字符号弄清楚语言学意义,属于法律注释而不是法律解释的范畴;他所讲的语用意义是经验的语用意义,然而法律解释中的语用不是经验的语用,而是先验的语用、哲学的语用。最后,法文和法意的性质不同,相应的解释性质也不相同,正如陈嘉映所言:"诠注是知识性的,事关知识,正确与否是首要的标准。阐释所涉是理解……"[4]另外,在实务当中,多数情况下法文是清清楚楚无须解释的,法意则是在适用中或者说解释中形成的。在笔者看来,方法论解释学的这对概念可以这样改造:大体来

---

[1] [德]亚图·考夫曼:《类推与"事物本质"——兼论类型理论》,吴从周译,台北,学林文化事业出版有限公司1999年版,第87页。

[2] 王政勋:《刑法解释的语言论研究》,商务印书馆2016年版,第194页。

[3] 参见王政勋:《刑法解释的语言论研究》,商务印书馆2016年版,第194、195页。

[4] 陈嘉映:《谈谈阐释学中的几个常用概念》,载《哲学研究》2020年第4期。

说，文理解释就是在不考虑适用于案件的前提下，把刑法条文当作文字符号，在字面上把刑法条文的语言学意思读懂弄通，而论理解释则在适用于案件的情况下，为了回应案件提出的问题而把体现在文字符号中的义理或者意义弄清楚。因此笔者不赞同拉伦茨的观点，即“由一般的语言用法获得的词义，其构成解释的出发点，同时为解释的界限”〔1〕。

其五，文义解释对我国刑法解释学的影响，还表现在与文义解释相关的扩张解释、限缩解释、当然解释和反对解释中，虽然这样的文义解释无所不在，但真实情况如何是另外一回事。

首先，就文义解释而言，前述杨仁寿说“文义解释，指依法文用法之文义及通常使用方式而为解释，据以确定法律意义而言”〔2〕，可见尽管打着文义解释的旗号，其实就是通常用法解释，并不是翻字典。至于当然解释，指法文虽未规定，唯依规范目的衡量，其实是较之法律有规定者，更有适用之理，而径行适用该法律规定而言〔3〕。至于反对解释，系指依照法律规定之文字，推论其反对之结果，借以阐明法律之真义而言。〔4〕 可见论者自己也认为，当然解释需要进行目的衡量，反对解释需要进行推论，其实并非文义所能及。其次，就限缩解释而言，也存在同样的情况，打的旗号是限缩解释，其实还是用法解释。例如，《刑法》第263条规定：抢劫银行或者其他金融机构的处10年以上有期徒刑、无期徒刑或者死刑，并处罚金或者没收财产，被告人从某银行董事长的办公桌上抢走一块价值数十万元的玉雕，是否构成抢劫银行的加重抢劫罪？有的观点认为，这是在银行抢

〔1〕 [德]卡尔·拉伦茨：《法学方法论》，陈爱娥译，商务印书馆2003年版，第219页。

〔2〕 [德]亚图·考夫曼：《类推与“事物本质”——兼论类型理论》，吴从周译，台北，学林文化事业有限公司1999年版，第182－183页。

〔3〕 参见杨仁寿：《法学方法论》，中国政法大学出版社1999年版，第158页。

〔4〕 参见杨仁寿：《法学方法论》，中国政法大学出版社1999年版，第151页。

劫,从字面上来说,属于抢劫银行的一种情形;不过这样的字面含义过宽,不足以表示该条规定的真实意思,所以需要进行限缩解释。所以当时有效的最高人民法院发布的《关于审理抢劫案件具体应用法律若干问题的解释》第3条对此进行限缩,将"抢劫银行"解释为:抢劫银行或者其他金融机构,是指抢劫银行或者其他金融机构的经营资金、有价证券和客户的资金等。其实"抢银行"的意思并不是在银行抢劫,而是以银行为抢劫对象,以银行为抢劫对象中的"银行",其用法是区分性质的,《刑法》第263条"抢劫银行"中的"银行"是指使银行和其他机构区分开来的金融资产,因此被告人并不构成抢劫银行的抢劫加重犯。在这里,我们都懂得"银行"一词的语言学意义,但是这只是解释的前提,我们真正需要确定的是"银行"这一概念的意思或者用法,它与"银行"的语言学意义是不同性质的,并没有种属关系,因此不存在进行限缩解释的问题。最后,扩张解释也不是因某一概念的文义过窄而将其在文义可能性范围之内加以拓展,其实也是在具体语境中确定相关法律概念的用法。这一点后面还会涉及。

2. 立法者原意说和文本独立意义说

在德国概念法学时代,人们相信制定法完美无漏洞,任何案件都可以在制定法中找到相应的规则以供适用,无须另外探寻立法者意志。也就是说,立法者意志已经完整地体现在制定法的文字符号之中。制定法完美无漏洞的神话破灭之后,在疑难案件中,人们需要在文字符号之外寻找立法者意志,这个立法者意志的所指有旧说和新说之分。在旧说内部,则有历史原意说和理性原意说的分歧。[1] 历史原意说探讨立法者于立法时所具有的意思,理性原意说探讨立法者于当今面临案件时应当具有的意思。旧说认为探寻立法者原意,可以通过法律文本、立法史资料或者其他资料进行。

---

〔1〕 参见张志铭:《法律解释学》,中国人民大学出版社2015年版,第25-28页。

新说主张法律文本就是立法，如果有立法者意志，这个立法者意志也是法律文本自身所具有的意义。新说中一派的代表是贝蒂。贝蒂作为方法论学者反对立法者原意说，主张文本意义自律说。他认为阐释的对象不是作者的主观心理活动，而是“富有意义的形式”。“‘富有意义的形式’之自主性要求，表明被理解的‘文本’是独立存在的。文本的独立性意味着，它的意义不仅不依赖于理解者，而且不取决于它的作者。”[1]加达默尔评述说：“他系统地叙述了解释学（阐释学，下同——著者注）原则的一个完整的规范，在这个规范中居于首位的是文本的意义的自律。”[2]贝蒂的观点对我国法学界没有产生影响，但是我国法学界实质上存在类似观点，这种观点对于立法者原意说的批评，从操作层面来看是由于立法者原意阙如，无从确定所作解释是否符合立法者原意，从而使法律解释失去了正确性标准，流于随意。进一步则是应当把立法者意志和法律文本的意义加以区分，法律文本的意义并不依附于作者，就像我们读一本书，并不需要了解作者是谁，作者是怎么想的，仍能读懂一样。解释法律文本的意义，最好是把作者看作无名氏，这样才有可能理解法律文本的独立意义。新说中另外一派是以海克等为代表的利益法学。按照海克的观点，法律作为立法者意志，既是诫命概念又是利益概念，是由两者结合而成的整体概念，[3]法官应当探究利益概念，在出现多种解释可能时，根据利益概念决定取舍，对不确定条款进行补充，并据以填补法律漏洞。

但是新说中法律文本的自身意思究竟是指什么？无论哪种说法，都没有把客观意义指什么的问题落到实处，给人留下只破不立的

〔1〕 潘德荣：《西方诠释学史》，北京大学出版社2013年版，第380页。

〔2〕 《伽达默尔集》，邓安庆等译，上海远东出版社1997年版，第396页。

〔3〕 参见吴从周：《概念法学、利益法学与价值法学——探索一部民法方法论的演变史》，中国法制出版社2011年版，第324－326页。

印象。上述旧说和新说,在方法论解释学中往往表述为主观说和客观说,例如,拉伦茨说以探究历史上立法者的心理意愿为目标的解释为主观解释,以解析法律内存的意义为目标的解释为客观解释。针对上述法律意义观,笔者评论如下:

其一,从根本上来说,"作者对自己或自己作品的理解与阐释者的理解有性质上的区别,其中突出的一点在于,阐释者总是联系于环境因素来理解作品的意义,而在作者那里,环境因素内化于作品创造,换言之,作品有什么意义,这通常不在作者的审虑之中。因此,深入的阐释并不在于像作者自己那样去理解文本,实际上,我们无法直接把阐释者的理解和作者的理解拿到一起来比较"[1]。

其二,粗线条来说,法律解释分为两个层面:立法解释和审判解释,亦即法律适用者解释和立法者解释。法律适用者层面的解释是面对法律文本的,不需要考虑立法者意志。但是在有的案件中,法律文本的意义无论怎样解释,竭尽所能都不能形成足以适用于案件的意义,这个时候就需要考虑立法者意志,从而进入了立法者解释的层面。例如,《刑法》第 238 条第 2 款规定:犯非法拘禁罪,使用暴力致人伤残、死亡的,依照本法第 232 条、第 234 条的规定定罪处罚。需要注意的是:对于立法者层面的解释,解释者并不是非得立法机关不可,也可以是司法机关,司法机关在此是以补充立法者的面貌出现的。而且立法者层面的刑法解释,应当有利于被告人。这个问题,下文还会具体说明。

其三,在审判解释或者适用者解释的层面,主观说是不能成立的,客观说才是有可能成立的,不过客观说中的文义说是不能成立的,理由如前所述。另外,客观意义说还并没有具体说明意义是现成的还是生成的,以及如何生成的,需要补充。

---

〔1〕 陈嘉映:《谈谈阐释学中的几个常用概念》,载《哲学研究》2020 年第 4 期。

3. 解释者意志说的法律意义观

解释者意志说认为，法律意义不是立法者意志，也不是法律文本自身的意义，“法律文本的意思取决于解释者的理解，实际上也就是解释者的意思”[1]。霍布斯认为：真正的立法者不是因其权威首先使法律被制定出来的人，而是因其权威而使法律继续成为法律的人。[2] 苏力是这种观点在我国的代表性学者：“所谓‘解释’，根本不是一个解释问题，而是一个判断问题。司法的根本目的不在于明确法律的含义是什么，而在于判断什么样的决定比较好，可以为社会接受。因而，法律解释不在于发现对文本的正确理解，而在于为具体的司法做法提供根据和理由。”[3]陈忠林认为：刑法规范的解释者不是刑法规范内容被动的认识者，而是一个能动的选择者或决定者，刑法解释是人们为了保证刑法规范的正确适用而理解、选择、决定刑法规范含义的过程。[4] 他的观点也带有解释者意志说的色彩。我国刑法学者普遍认为目的解释是刑法解释的根本方法。通说所讲的目的解释其实就是立法者处于当前案件情况下的应当会具有的理性意志，亦即解释者猜测的立法者意志，其实也属于解释者意志说的范畴，不属于客观解释者。针对上述法律意义观，笔者认为：

其一，其他的解释学把法律意义当作自在的客体，像石头一样，独立于解释者的理解而存在，而解释者意志说揭示了法律意义不是自在的客体，而是精神客体，属于陈嘉映所称的“有我之知”[5]的范

---

〔1〕 张志铭：《法律解释学》，中国人民大学出版社2015年版，第31页。

〔2〕 参见[德]阿图尔·考夫曼、[德]温弗里德·哈斯默尔主编：《当代法哲学和法律理论导论》，郑永流译，法律出版社2002年版，第185页。

〔3〕 苏力：《解释的难题：对几种法律文本解释方法的追问》，载《中国社会科学》1997年第4期。

〔4〕 参见陈忠林：《刑法的解释及其界限》，载赵秉志、张军主编：《中国刑法学年会文集第一卷：刑法解释问题研究》，中国人民公安大学出版社2003年版，第39－42页。

〔5〕 陈嘉映：《感知·理知·自我认知》，北京日报出版社2022年版，第4页。

畴,法律意义是我理解的法律意义,我们总是联系着自己的前理解来理解法律意义,法律意义中包含着解释者的理解,理解不同,精神客体就会呈现不同的面貌。正如考夫曼所言:自然科学的认识模式至少原则上是以主体—客体—模式进行,也就是说,认识的主体是采取接受的态度,他并不进入认识过程中,认识是“纯客观的”。相反地,对理解现象而言,这种主客模式一开始就不适合,因为理解者并不处于诠释状态之外,而是包含于其中作为共同形成之因素。

其二,法律解释虽然需要解释者的参与,但是这并不意味着解释者可以随意发挥,任意解释,用自己的意思取代法律文本在案件中呈现的意义。根据何卫平的研究,在解释学的道路上,既有施莱尔马赫重构作者原意的“重构”之路,又有黑格尔的综合之路。[1] 按照加达默尔的评价,黑格尔道出了一个决定性的真理,即历史精神的本质并不在于重建过去的东西,而在于与现时生命的思维性沟通,这样黑格尔就在根本上超越了施莱尔马赫的解释学观念。[2] 这种综合的解释有自己的真理,解释其实是解释者视域和刑法意义的视域的融合过程,解释者意志必须受到刑法意义视域的约束,正确的解释,既是解释者的理解,又是法律意义本身,是两者的统一体。如果忽视了视域融合,解释就会蜕化为解释者的恣意。历朝历代的统治者,延请文人墨客写过多少律令格式,编过多少大典,然而在法律适用中,白纸黑字徒成具文时有发生,不可不察。

其三,特定情况下尽管无法出现视域融合意义上的司法罪状,但是诉讼程序中仍然应当作出唯我的决断。出现这样的情况时,审判者的解释与其说是发现立法者意志,不如说是把自己当作立法者,以

---

〔1〕 参见何卫平:《通向解释学辩证法之途》,上海三联书店2001年版,第10页。

〔2〕 参见[德]汉斯-格奥尔格·加达默尔:《真理与方法——哲学诠释学的基本特征》(上卷),上海译文出版社1999年版,第221页。

自己的意志作为立法者的意志，与其说是认识论的，不如说是存在论的。

4. 综合的意义观

施莱尔马赫认为解释是针对文本的，由语文解释和心理解释组成，前者大体上属于注释的范畴，后者大体上属于作者主观心理解释的范畴。当代美国学者赫施区分含义（meaning）和意义（significance），在他看来，前者是作者通过作品表达的意思，是不变的，而后者是这个意思在不同场合的应用，是变化的。[1] 这样的观念对我国刑法解释学也有影响，我国刑法解释学的意义观，往往并非只持一端，而是综合性的，如杨仁寿认为刑法条文的意义是以文义为基础的，文义有核心和边缘之分，在文义范围之内，解释者可以其推测的最为合理的立法者意志进行解释。

但是这样的观点也具有上述其他各种意义观的不足，在笔者看来，方法论解释学区分语文解释和心理解释，在法律解释中表现为区分解释对象和解释目标，认为解释对象是法文，解释目标是法意。例如，梁慧星认为，法律解释的标的指解释的对象，是法律规范之条文、立法文献等，而法律解释目标，是指解释者对这些对象进行解释，所欲探究和阐明的法律规范之法律意旨。这样的理解从属于一种主客二分的认识论解释学，以为法律意义是作为对象而存在的，解释它就是把它作为对象加以认识。笔者认为，法律条文作为文字符号，如果在语言学意义上读不懂，我们需要进行解释，但是这属于法文解释，和法意解释是两码事，法律解释的主题是探讨法意解释，而不是法文解释。而且，两者之间是前提与主题的关系，而非对象与目标的关系，这样的理解应当改造。在反思的解释中，法律解释所指向的对象不是法文，而是法意，是已经得到阐释的法律意义，解释的实质是对

---

〔1〕 参见[美]赫施：《解释的有效性》，王才勇译，生活·读书·新知三联书店1991年版，第17页。

已经得到阐释者的再阐释；解释的目标自然是克服误解，获得正确的解释。存在论的解释和反思的解释，两者之间是整体与部分的关系，我们总是在整体上已经有所理解，疑难是特定的，再解释也是特定的，把特定的疑难解释清楚，就回归到整体的清晰自明之中。施莱尔马赫"哪里有误解，哪里就有解释"的名言，不妨改为"哪里有误解，哪里就有再解释"。

需要注意，我国学界还有其他的综合意义观。张志铭认为，和以往解释学的意义观不同，哲学解释学给出的是融合的意义观，这是一种颠覆性的意义观：在法律解释活动中，立法者、法律文本和解释者，立法原意、法律语义和解释者的理解，是三个不可相互替代的因素，它们构成三种不同的"视界"，在确定法律文本的意思时，它们之间是相互制约、相互融合的关系，解释的最终结果是三者之间的"视域融合"，而不可能是由其中的哪一个决定。[1] 笔者认为，这样的解读或许难以成立，已在本章第一节作了具体说明，兹不赘述。另外，杜宇解读了德国法学中的类型学说，在他看来，类型是介入抽象概念和具体事实之间的中间层次，将双方联结起来。[2] 这似乎也可以归入综合意义观的行列。本书第一章对类型学说已有评论，兹不赘述。

5. 视域融合的意义观

本书的司法罪状论，主张视域融合的意义观，这在本章第一节已经作了具体说明。这里再补充四点：

其一，本书所主张的司法罪状论，所秉持的是以视域融合为基础的法律意义观，吸收了方法论意义观的合理成分，包含了如下要点。首先，法律意义以法条文义为前提，但是与案件相联系，是指法律条文在案件中所具有的意义。法律意义在刑法条文适用于个案时通过解释而形成的处境意义，离开了与案件相关联的解释，就没有法律意

〔1〕 参见张志铭：《法律解释学》，中国人民大学出版社2015年版，第37页。

〔2〕 参见杜宇：《类型思维与刑法方法》，北京大学出版社2021年版，第26页。

义可言。其次，法律意义解释最初可以区分为立法者层面的立法解释和司法者层面的审判解释。在司法者层面的解释中，法律意义解释具有融合的特征：法律解释牵涉解释者的理解和法律意义两者，真正的法律意义不是对象，而是解释者理解与文本的处境意义的统一体，其中既有文本的处境意义又有解释者的理解，是同时包含了两者的原始的精神客体。最后，在不能形成视域融合又有特殊正当性的情况下，基于法律明确规定的例外，解释者可以把自己当作立法者进行解释或者阐发，作为对视域融合的补充。

其二，解释法律意义分为阐释和阐发两种类型，视域融合适用于法律意义的阐释而非阐发。阐释和阐发都采用了“A 是 B”的表达式，在阐释表中表示的是：A 是 B 的用法，直接就是其用法，没有中介或者桥梁加以连接；而在阐发中表示的是“A 可以视为 B”，为什么可以如此，需要给出一个第三方 C 作为理由，只有通过第三方 C，A 和 B 才有可能联结起来。也就是说，阐发出现于两个概念、事物之间，是将本不相同者在某种观点下进行比较，看能否等同视之，而这用以比较的观点是解释者选取的，加入了解释者权断的成分，具有立法者解释的色彩。权断者的旨趣不同，阐发的事情就不同，而这样的旨趣是不能强求一律的，不可能出现德沃金梦寐以求的“唯一正解”。比较起来，法律意义阐释如果要成功，必须既是解释者自己的理解，又是事物本身，自然没有阐发中的单方权断成分。罪刑法定的要求之一是禁止类推入罪。学界就禁止类推入罪的性质和界限争论不休，在笔者看来，禁止类推入罪，就是禁止以阐发的方式解释刑法，据以对被告人定罪。近年来我国一些刑法学者引述德国刑法学的类型学说，倡导“合类型性解释”[1]。笔者认为：

首先，类型学说晦暗不明，在多数场合不知所云，我们需要睁大眼睛，不能照单全收。笔者唯一能够理解的合类型性解释，就是把解

〔1〕 杜宇：《类型思维与刑法方法》，北京大学出版社 2021 年版，第 191 页。

释者选择的比较点作为类型,在法律文本的既有概念和未写入概念之间进行比较,看是否可以将后者视为前者。也就是说,这个名号的"合类型性解释",其实就是进行阐发的类推解释。其次,像考夫曼这样的德国刑法学者是自相矛盾的,一方面他们在审判解释中倡导类型解释;另一方面他们也知道这其实属于立法者解释:比较点的确立主要不是根据一个理性的认识,在很大程度上要根据决断,因而取决于权力运用。[1] 我们应当以平等对话的姿态,通过阐释和阐发的区分,避免这样的矛盾——审判解释属于阐释而非阐发,不能以"合类型性"的名义类推入罪,但是在立法解释的层面可以进行阐发和类推入罪。最后,我国刑法学界借鉴了法国刑法,提出刑法应当严格解释。一般认为,所谓严格解释,和禁止类推入罪的意思是同样的。但是类推解释和一般解释的界限不是一个在可能文义之内,一个在可能文义之外,这样的界限是虚幻的。所谓严格解释就是严格区分阐释和阐发,各归其道,各得其所,不得混淆——属于同一个概念内部的用法解释的是阐释,属于两个概念之间的拟制或者隐喻关系的就是阐发,审判解释不得采用阐发的方式进行,否则就违反了禁止类推入罪的原则。以此观之,有的司法解释存在违反严格解释或者禁止类推入罪的倾向。例如,2002 年最高人民法院发布的《关于审理非法生产、买卖武装部队车辆号牌等刑事案件具体应用法律若干问题的解释》(已失效)第 4 条规定就存在这样的问题。该条第 2 款内容是:使用伪造、变造、盗窃的武装部队车辆号牌,骗免养路费、通行费等各种规费,数额较大的,依照《刑法》第 266 条的规定以诈骗罪定罪处罚。笔者认为:第一,这样的解释属于阐发。诈骗罪指向骗取财物,而上述行为不是骗取而是骗免,各种规费对于收缴机关是财产,对于骗免一方则是债务而非财产。骗取和骗免,财产和债务,分别是

[1] 参见[德]考夫曼:《法律哲学》,刘幸义等译,法律出版社 2004 年版,第 116 页。

不同的概念,不能说后者是前者的用法——骗免式骗取,债务式债权,这样的话容易产生混淆。第二,这种解释应当由全国人民代表大会常务委员会进行解释。第三,就阐发而言,把免除负担拟制为取得财物,这样的类推存在疑惑。在刑法体系中,只有以弄虚作假等方式逃避缴纳税款等列明的行为在符合前置条件的情况下才构成犯罪,其他骗免并没有作为犯罪处理。如果进一步联系民法来看,使用这些方式骗免债权,属于拒绝履行债务的违约行为,可以追究其违约责任,而不是作为犯罪处理。

其三,阐释法律意义而形成的司法罪状分为存在论阐释中的蕴含罪状和反思阐释中的明述罪状。一方面,存在论的解释是一种显现在叙述实践中的默会之知,是不可言说的,我国刑法解释学的观点属于方法论解释学,尚未把反思的解释和存在论的解释加以区分,以为解释不是必需的,只有在遇到疑难时才需要解释。这样的观点遗忘了存在论层面的罪状阐释。其实反思解释的对象是存在论层面的已经阐释的法律意义,反思解释其实是再解释,将存在论层面显示的有疑问的法律意义转化为明确言说的法律意义加以反思。另一方面,在哲学解释学这里,加达默尔尽管提出了视域融合的解释学真理,但他的关注重心是揭示各种解释方法的可能性前提,对于反思层面的阐释并未加以展开,给人留下了哲学解释学反对方法的印象。综合起来,哲学解释学不能只关心存在论,方法论解释学的方法也应当建立在存在论的基础之上,我们将两者结合起来,将法律解释区分为存在论解释和反思解释,将司法罪状区分为蕴含罪状和明述罪状,两全其美,才能满足司法实践的需要。

其四,视域融合对文本意义说和解释者意志说进行了改造。笔者主张的视域融合的意义观,既不是文本的自在意旨,也不是解释者意志,如果要说它和两者的联系,那么可以说两者的融合不过是经过了改造之后的融合。一方面,文本解释说所讲的意义,只破不立,虽然揭示了法律文本的意义不是立法者的意志,而是有自己生命的客观精神,但是没有说出这个客观精神是什么,文本解释说是一种悬在半空的理论。视域融合视野下的法律意义是指法律的语境意义、面相意义,亦即为了回应案件叙述中提出的原型问题而对立法罪状加以阐释形成的司法罪状,如果是明述罪状,明述的罪状要素之意义,就是该罪状要素的用法。这样的法律意义来自立法罪状,就此而言可以说内在于法律文本,但只有立法罪状,不和案件事实叙述相结合,就不会具有这样的意义,就此而言,不能把这样的内在于文本的规范意义理解为脱离叙述而自在的存在。另一方面,解释者意志说所讲的解释者意志,虽然揭示了法律解释属于"有我之知",而非"对象之知",但是"有我之知"并不等于随心所欲,怎么解释都行。视域融合视野下的法律解释,一方面"有我",另一方面所知的内容是法律的处境意义、面相意义或者个案意义。视域融合视野的解释语言,是一种翻译性的语言,它既把法律的处境意义、面相意义或者个案意义表达出来,又解释着自己的语言。正如翻译者如果没有把对方的语言翻译过来,那么就是自说自话,不能说是正确的翻译,在法律意义阐释中,如果偏离了处境意义、面相意义或者个案意义,那么这样的解释与其说是解释,不如说是强权的植入。

(四)法律方法论批判

1. 法益目的论简介

一般认为目的论解释是根据刑法规范的目的阐明刑法条文的含义。19 世纪的德国是概念法学时代,萨维尼开创了作为方法论的法律解释学,认为法律解释的目的是发现立法者意思,为了避免解释者的主观成见构成干扰,法律解释应当遵循相应的方法进行,解释方法有文义、逻辑、历史和体系四种方法。20 世纪法学理论发生了剧烈变化,19 世纪形成的概念法学已经力不从心,"与之相适应,要求打破概念法学的禁锢,要求弹性地解释法律,要求具体的社会妥当性,要求承认并补充成文法漏洞,要求发挥法官的能动性”[1]。在这样的背景下,出现了自由法运动。自由法运动中的法律解释自有特点为:

其一,正如狄尔泰区分自然认识和历史认识,提出“我们说明自然,我们理解精神”[2]的区分一样,耶林假定了世界中两个法则的对立,一个是目的律,它支配了人类的意志,主宰着有生命的创造;另一个与其对立的是因果律,主宰无生命的创造,物质世界服从这个规律。推动世界的力量是目的律中的目的,而非因果律中的原因。[3]耶林有名言:目的是全部法律的创造者。

其二,至于法律的目的是什么,有不同的回答。一派是爱尔里希的自由法学观点,认为法官可以自由发现规范,即依法律目的创造规范,甚至不妨依感情而裁判。[4] 也就是说,目的是指法官的目的,甚至可以不受法律的约束。另一派是耶林和海克为代表的利益法学。利益法学既反对概念法学的观点,又反对自由法律续造的观点,认为后者的结果是“解释者将自己的愿望和目的‘插入’制定法,实际上是以法律解释作为伪装,以追求解释者自己的目的,将解释者的恣意转嫁给制定法,必然松弛法律对法官的约束力”。利益法学认为,过去以为权利是受到国家强制力量保护的意思,这样的认识需要深化,因为意思表示受到目的律的制约,而人类行动的目的都是受到利益驱动的,耶林说道:“没有什么是因为权利自己的缘故,或者因为意思的缘故而存在的。每一个权利都可以在‘增益其存在’中——简言之,就是在前述最广义的利益中——找到其目的设定与正当化理

---

〔1〕 梁慧星:《民法解释学》,中国政法大学出版社1995年版,第62页。

〔2〕 洪汉鼎:《诠释学——它的历史和当代发展》,人民出版社2001年版,第105页。

〔3〕 参见吴从周:《概念法学、利益法学与价值法学——探索一部民法方法论的演变史》,中国法制出版社2011年版,第126页。

〔4〕 参见梁慧星:《民法解释学》,中国政法大学出版社1995年版,第67页。

由。"[1]"没有利益,是不可能有行动的。"[2]也就是说,权利的本质是受到国家强制力保护的利益。因此法律解释的目的不是对解释者的目的进行包装,而是应当受到立法约束,"探求法律规范命令背后的各种利益状态及其衡量,以尽量拓展法律规范的意义范围"[3]。

其三,就法律解释目的和法律解释方法之间的关系而言,萨维尼认为四种法律解释方法不能单独起作用,而应当相互协作,以达成正确的解释。但是对于何谓正确的解释萨维尼并没有给出回答。耶林曾说道:"在法律领域内寻找法律目的,是法学的最高任务——不管在教义学上或者法律史上。"[4]海克则认为,法律概念是由诫命概念和利益概念结合而成的整体的概念,法官应当根据利益概念决断疑义、补充不确定条款并填补法律漏洞。结合二人的观点,应该不至于反对以下的说法:运用各种解释方法的目的就是发现法律意义本身,而法律意义本身就是法律目的或者法益,当各种解释方法得出的结论不同时,法律目的或者法益,就是衡量各种方法得出的结论正确与否的标准。

法律目的论,尤其是法益目的论的解释观对我国刑法解释学产生了影响。我国刑法学主流观点认为,目的是全部法律的创造者,刑法的目的,就是保护法益,法益目的论解释是刑法解释的根本方法。[5] 法益目的论解释不是一个孤立的点,而是一个网络,加以展开,大体包含了以下要点:

---

〔1〕 吴从周:《概念法学、利益法学与价值法学——探索一部民法方法论的演变史》,中国法制出版社2011年版,第114页。

〔2〕 吴从周:《概念法学、利益法学与价值法学——探索一部民法方法论的演变史》,中国法制出版社2011年版,第129页。

〔3〕 梁慧星:《民法解释学》,中国政法大学出版社1995年版,第67页。

〔4〕 吴从周:《概念法学、利益法学与价值法学——探索一部民法方法论的演变史》,中国法制出版社2011年版,第132页。

〔5〕 参见张明楷:《刑法分则的解释原理》(第2版),中国人民大学出版社2011年版,第83页。

其一，文义解释。首先应当进行文义解释，当文义解释有多种不同的结论时，再继之以目的论解释尤其是法益目的论解释进行解释。《刑法》第205条规定，“虚开增值税专用发票或者虚开用于骗取出口退税、抵扣税款的其他发票的，处三年以下有期徒刑或者拘役，并处二万元以上二十万元以下罚金”。按照法益目的论，该条的“虚开”，可能是指违反发票管理制度意义上的虚开，也可能是指偷逃增值税意义上的虚开。由于存在两种可能的结论，需要进一步展开目的论解释，确定哪一种是可取的。对此，最高人民法院发布的《关于虚开增值税专用发票定罪量刑标准有关问题的通知》（法〔2018〕226号）规定，在新的司法解释颁行前，对虚开增值税专用发票刑事案件定罪量刑的数额标准，可以参照最高人民法院发布的《关于审理骗取出口退税刑事案件应用法律若干问题的解释》（法释〔2002〕30号）第3条的规定执行，即虚开的税款数额在5万元以上的，以虚开增值税专用发票罪处3年以下有期徒刑或者拘役，并处2万元以上20万元以下罚金。于2022年5月15日施行的最高人民检察院和公安部发布的《关于公安机关管辖的刑事案件立案追诉标准的规定（二）》第56条规定：“虚开增值税专用发票或者虚开用于骗取出口退税、抵扣税款的其他发票，虚开的税款数额在十万元以上或者造成国家税款损失数额在五万元以上的，应予立案追诉。”从上述规范性文件来看，公安司法机关选择了后一种结论，需要由学者继续进行解释，补充理由。

其二，主观目的论解释。张明楷认为：“与其他的法解释一样，在解释刑法时，必须考虑刑法最终要实现何种目的，进而做出符合该目的的合理解释。在采用文理解释、历史解释、体系解释等解释理由不能得出唯一解释结论时，以及采取上述解释理由提示了解释结论时，必须由目的解释来最终决定。”〔1〕但一些人将这样的目的理解为解

---

〔1〕 张明楷：《刑法分则的解释原理》（第2版），中国人民大学出版社2011年版，第83页。

释自己的主观目的或者推测立法者的主观目的，无论什么样的目的，在操作上都是解释者自己做出了决断，然后为了让自己的决断被他人接受而从法律上找理由做解释。在这里，所谓法律解释，其实不是解释法律本身，而是用法律来包装决断者的先入之见，给人留下依法办事的印象。如果法律的意义是多种多样的，决断者会将其视为诸多备选方案，根据自己的意志从中挑选，并按照特定的目的确定哪一种是最优的或者在兼顾诸目的方面效果是最好的，为此进行的理性计算或者其他说理活动，就是“解释”。

其三，法益解释。法益解释可以理解为一种客观目的论解释。我国刑法学界的法益解释包含了以下特点：首先，就刑法的范围而言，法益是相对于伦理道德来说的，张明楷认为，法益这个概念明显排除对道德情感本身的保护，所以，我们必须排斥本罪的保护法益是道德情感本身的结论。而德国利益法学中的利益是最广义的利益，耶林说：“他们包括了所有人类奋斗与努力的一切目标：名誉、爱、工作、教育、宗教、艺术、科学”[1]。其次，就法益和刑法条文的关系而言，对于法益究竟寓居于何处——内在于刑法条文之中还是外在于刑法条文的问题，实际上采取了外在于刑法条文的观点。例如，张明楷认为法益的内容本身是前实定法的，但是对犯罪构成要件的解释结论，必须以法条的保护利益为指导，而不能停留在法条的字面含义上。[2] 而在德国利益法学中，海克认为法律概念是由利益概念和诫命概念结合而成的整体概念，多少有前者内在于法律条文之中的味道。最后，法益解释论的解释具有机制还原的色彩，认为构成故意杀人犯罪，背后是有理由的，需要追问构成犯罪的理由，还原这个理由，故意杀人构成犯罪才算通过解释得到了理解。

---

〔1〕 吴从周：《概念法学、利益法学与价值法学——探索一部民法方法论的演变史》，中国法制出版社 2011 年版，第 133 页。

〔2〕 参见张明楷：《刑法学》（第 6 版），法律出版社 2021 年版，第 78－80 页。

2. 阐释、阐发与起兴

为了对法益目的解释论进行反思，我们需要将解释区分为具体类型，以获得反思框架。解释学其实并非泛指关于解释的学问，解释学的对象指向文本，是对文本的意义进行解释的学问，与文本无关的事项，我们可以进行解释，但是解释学在传统上并不予以探讨。拉伦茨认为："'解释'意指，将已包含于文字之中，但被遮掩住的意义'分解'、摊开并予以说明。透过解释，我们可以'谈论'这项意义，换言之，我们用其他语词更清楚、更精确地表达它，使它可以传达给他人。"[1]这种观点揭示了解释就是对文本语义的展开，但是需要分门别类予以具体展开。依据陈嘉映所说，文本的理解，可以分为三个层次，一是阐释，二是阐发，三是起兴。陈嘉映认为：阐发固然侧重于生发、发抒，但既为阐发，则与原文本仍有或密或疏的义理联系，受到文本的约束；王弼解释老子，也许阐发多于阐释，但他阐发的思想与老子的思想确有千丝万缕的联系；而起兴相当于读后感，无论它从什么文本而来，那个文本都只不过是这份感想的触发器，这份感想或妙或蠢，对我们理解文本都没有什么帮助。[2] 本来，起兴之"兴"，是"赋比兴"意义上的"兴"，即使没有"关关雎鸠在河之洲"，仍然有"窈窕淑女君子好逑"，前者的作用是在修辞上提供一个话头，而不是有所阐释或者阐发。

上述区分大致界定了解释学意义上的解释的类型，在刑法解释中，我们还需要注意三点：

首先，刑法解释是对于刑法文本的阐释和阐发，既不是在刑法文本之外另外建立一套不需要刑法条文的刑法理论学，也不是托物言

---

[1] ［德］卡尔·拉伦茨：《法学方法论》，陈爱娥译，商务印书馆2003年版，第194页。

[2] 参见陈嘉映：《谈谈阐释学中的几个常用概念》，载《哲学研究》2020年第4期。

志,用条文来表达解释者的意向。阐释和阐发,其实就是进行语义分析,将蕴含罪状中有疑问罪状要素之用法——隐含的在世界之中的用法——进行再解释,明确说出来。也就是说,我们对于有疑问的罪状要素之用法已经有所理解,我们阐释和阐发,其实是建立在这样的存在论的叙述基础之上的,一旦离开了这样的基础进行解释,要么舍弃了文本,要么变成了写读后感,就算洋洋洒洒,也已经不是解释学意义上的解释了。而上述方法论解释,要么是建立一套先行于法律规定的法益侵害的理论,用来解释立法和司法,要么借题发挥,可惜所抒发的只是解释者自己的感受,而不是与司法罪状或者罪状要素之用法的共鸣,这些方法其实并不构成解释学意义上的阐释和阐发。诉讼实务中当中,有的代理人或者辩护人往往下笔千言,离题万里,自己却意识不到,这与其不知道解释学意义上的"解释"所指的是什么有关。张志铭在中国人民大学出版社 2015 年版《法律解释学》的第 4 – 6 章探讨了各种解释或者论证方法,从本书的解释学观点来看,这些方法不属于文本阐释或者阐发的范畴,整体上更为接近非语义的论证方法。

其次,就刑法解释与罪状的关系而言,司法罪状与刑法阐释相关,立法罪状与刑法阐发相关。刑法学界通常认为,刑法解释仅指审判解释,立法解释的提法不能成立。面对有缺陷的法律,不要批判立法,而要通过审判中的解释予以弥补。张明楷说:解释而非嘲笑法律,则能让古老的法律吃着新鲜的食物。[1] 笔者认为,刑法适用中的解释,既有阐释又有阐发,阐释发生于同一个概念内部的不同用法之间,阐发则发生于不同概念之间。尽管横看成岭侧成峰,但无论是岭还是峰,都是同一个庐山,阐释的用法属于同一个概念的不同面相。而阐发者则是关联着黄山说庐山,尽管相似,但是毕竟是两座不同的山。显而易见,厘清刑法解释的两个层次,有利于克服刑事立法

〔1〕 参见张明楷:《刑法格言的展开》(第 3 版),北京大学出版社 2013 年版。

的漏洞与不足，推动刑事立法的发展，而且可以为禁止类推入罪提供明确的界限。罪刑法定原则的要求之一为禁止以类推的方式入罪，但是类推入罪和正常入罪的界限划在哪里？这个界限一直是有争议的。笔者认为，正常入罪和类推入罪的区别，就是阐释与阐发的区别，属于同一概念内部不同用法之间的解释的，是阐释而非阐发；属于不同概念之间以类推或者隐喻方式进行关联的，属于阐发而非阐释。例如，在"朱某勇故意毁坏财物案"中，被告人朱某勇利用事先获悉的账号和密码，侵入被害人陆某辉、赵某花夫妇在证券营业部开设的股票交易账户，然后篡改了密码，并使用陆、赵夫妇的资金和股票，采取高进低出的方法进行股票交易。按照股票成交平均价计算，用首次作案时该账户内的股票与资金余额，减去案发时留有的股票与资金余额，朱某勇共给陆、赵夫妇的账户造成资金损失 19.7 万余元。[1] 最高人民法院将本案作为公报案例，裁判要旨体现了对于"毁坏"的新解释：被告人为泄私愤，侵入他人股票交易账户并修改密码，在他人股票交易账户内，采用高进低出的股票交易手段，造成他人资金损失数额巨大的行为，构成《刑法》第 275 条规定的故意毁坏财物罪。笔者认为，这样的解释不是阐释性的审判解释，而属于阐发性的类推入罪解释，妥当起见应当请求全国人大常委会进行。因为就用法而言，进行股票交易，无论正当与否、造成了损失与否，无论如何都不是毁坏股票，以进行股票交易的方式毁坏股票，这话是说不通的——除非名为股票交易实则不然。如果认为前者和后者虽然是两个不同概念但是有相似之处——都是基于不法意图给他人造成了经济损失，故而将两者等同视之，拟制为"毁坏"，这无疑属于阐发与类推，应当进行立法解释，而且立法解释的结论对被告人不利的，对于本案不具有溯及力。

---

〔1〕 参见上海市静安区人民检察院诉朱某勇故意毁坏财物案，载《最高人民法院公报》2004 年第 4 期。

最后,在法律明文规定的例外情况下,审理者可以不进行阐释和阐发,而按照自己是立法者的身份进行决断。也就是说,在例外情况下,阐发的解释方法才有用武之地。在司法实务中,有的辩护人以目的论的方式解释法律规定,滔滔不绝,但是没有什么效果,别人也不愿意听。辩护人对此怨声载道,辩护人的抱怨中包含了对于协同式法律审程序缺失的不满,其抱怨是有意义的。不过,即使建立了协同式程序,也应当反思解释方式是否出现了范畴错误,把法律解释和法律起兴混为一谈,也就把属于立法解释的法律阐发和属于审判解释的法律阐释混为一谈了。刑法学界进行学术研究,也有必要区分两个范畴,进行审判解释探索时,不要把自己当作立法者随兴而起,也不要把自己当作立法解释者阐发法律。

3. 主观目的解释论作为法律起兴方法,仅在法律规定的例外情形中成立

其一,叙述解释学所讲的法律目的,从解释者的角度来说,是发现法律的意义真理的旨趣,而不是什么策略性的考量。具体到定罪中,表现为正确地阐释司法罪状及其构成要素的用法。在主观目的论中,其目的并非发现司法罪状及其构成要素的用法,而是指向解释者自己的决断,以理性选择的方式论证这样的决断是否能达到目的,这并非解释学意义上的解释方法,而是决断意义上的解释方法,原则上不能用于刑法审判解释。因为解释学意义上的解释方法是有真理性要求的,必须揭示真实的语义,而目的论意义上的决断是策略性的,不指向语义本身,而指向解释者的主观意向,把这样的意向当作手段,只问能够达到目的与否。做出决断,并以理性选择的方式进行解释,这也是一种法学方法。但是这种方法与罪刑法定原则有冲突,只有在允许解释者自己可以兼为立法者的例外情况下才能适用。

其二,进言之,叙述解释学所讲的法律目的,从解释者的角度来说就是基于解释学真理而协调彼此行动以达成共识的交往的旨趣。主观目的论解释认为法律解释是由法官独断的,与主体间共识无关。

笔者认为，语义的反思解释能够达至视域融合的解释学真理，对于视域融合的解释学真理，加达默尔并没有讨论它有什么用途，其实通过语义分析达成视域融合这个事件，可以和正当程序联系起来，让其起到达成共识的作用。司法罪状需要证立，亦即需要取得诉讼主体各方的一致认可才能成立。达成共识的程序多种多样，区分于其他以达成共识为目标的正当程序，协同式程序以基于视域融合的解释学真理达成共识为特点，不是波斯纳主张的具有讨价还价的交易色彩的共识，也不是罗尔斯主张的重叠共识，更不是哈贝马斯的理想情景下的真理共识论。对于反思性解释中的争议，法官应当按照阐释学真理的要求发现真相、得出结论。在这里，解释学真理和法律论证在协同式程序中统一起来，从而区别于其他正当程序。

其三，主观目的论中的目的是唯我的，是解释者的决断，无法转化为“事情本身”的解释者决断。这样的决断与解释者的目的相关，具有策略性而非真理性。就语义决断作出的相关论证，其作用不是揭示语义本身，而是判断能否达到设定的法益保护目的，如果能够达到预期目的，就是妥当的，否则就是不妥当的。这样的理性选择论证与解释学的阐释和阐发是两码事，它并非基于“回到事情本身”的解释学的逻辑展开，而是在不能发现罪状要素的前提下提供的替代品，属于将司法人员的决断予以合理化的说服策略。原则上这样的方法应当作为立法方法，而不是作为审判解释方法。不过在是否构成正当防卫，是否构成避险过当，是否属于情节显著轻微不构成犯罪等场合，如果无法形成视域融合的用法解释但是案件仍需要继续处理，而且刑法明确规定可以由审理者按照自己居于立法者地位的方式作出决断，同时受到相应的正当程序约束，那么可以适用这种主观目的的解释论。

4. 法益目的论作为法律阐发，只能在立法解释中成立

法益目的论是几种观点与方法的大杂烩，下面将其梳理为三个部分具体说明。

其一,法益的概念不能成立,应当回归法律意义的概念。在我国刑法解释观中,法益具有特殊地位,人们往往把法律意义解释为法益。然而法益的概念是不能成立的。

首先,我国刑法学界主流的观点认为,意义的指称是法益或者犯罪客体,解释刑法的根本规则是法益解释或者法益目的解释。这样的思路与解释学的观点大相径庭:一方面,解释学又名释义学,[1]解释学的对象本来就是文本的意义,意义就是意义,用法就是用法,这是原初的状态。但是刑法解释观觉得这个意义空洞无物,需要进一步确定意义的指称是什么。然而从逻辑上来说,意义和指称是相对立的概念,既然是意义,就不能问它的指称是什么。所以我国刑法解释学界这样的追问误入歧途,偏离了释义学的初衷。另一方面,近代哲学意义上的解释学是针对自然科学认识论的,作为其对立者,哲学意义上的解释学以人文科学认识论的形象出现。自然科学的对象是物理事实,而精神的客观表达式虽然出现于物理世界,但其本质却是要表达某种精神、价值、意义。就此而言,释义学的意义,其用法是区别性的:意义、精神属于同一范畴,是相对于物理客体而言的。也就是说,意义的用法与犯罪客体或者法益没有内在联系。当然,我们往往"见利忘义",孔夫子则说:"不义而富且贵,于我如浮云。"既然我们不能把与物质相对立的精神理解为利益,自然也不能将法律意义强行还原为犯罪客体或者法益之类。

其次,在反思的法律解释中,我们追问的是某某罪状要素的意思是什么,亦即该罪状要素的用法是什么。例如,拐骗儿童罪中,"拐骗"的意思是什么,或者"拐骗"一词是在什么意义上使用的?这不能更换为:某某罪状要素的利益是什么。例如,这句话是什么意思,我们听得懂。"拐骗"所要保护的利益是什么,这句话是什么利益,我

---

[1] 参见张汝伦:《意义的探究——当代西方释义学》,辽宁人民出版社 1986 年版。

们则听不懂。我们由此感受到:无论如何,意思和法益是不相通、不可还原的。进言之,法益和法律意义没有相通之处,实在不应该混为一谈:第一,学者所讲的法益和刑法条文是两码事,法益是外在于刑法条文的,而意思是内在于立法罪状之中的,司法罪状就是立法罪状在案件中呈现出来的意思。第二,解释—意义是不可分割的整体,法律的意义是法律在案件中呈现的语境意义、面相意义,是在叙述案件事实中形成的,在叙述之前并没有现成的预定的意义;作为其组成部分的罪状要素的用法具有个案相关性,是在叙述案件事实的过程中形成的,在叙述之前并没有现成的用法。然而人们设想的法益或者犯罪客体却是现成的,并在解释之前就存在——不过它不存在于犯罪事实叙述之中,也不存在于刑法条文之中。第三,反思解释只是针对部分罪状要素进行的解释,和司法罪状之间的关系是部分与整体的关系,从属于作为整体的司法罪状。而司法罪状是一个作为叙述原型的典型事例,和法益或者犯罪客体之类风马牛不相及。

再次,从学术史来看,第一,在对概念法学的反思之后,德国法学经历了从目的法学到利益法学再到价值法学的阶段,1970 年之后利益法学已经融到价值法学之中。价值法学认为,利益是评价客体,法律则提供评价标准,不能把两者混为一谈。[1] 第二,耶林目的法学中提出的广义利益观,其思想资源来自英国边沁的功利主义,[2] 而不是德国本土的解释学传统,属于伦理学的范畴,并不是解释学意义上的解释方法。第三,建立在功利主义基础之上的法益解释,还有经济学帝国主义的味道,其问题在于:是生存定义利益而不是利益定义生存,把生活简化为经济利益的交易,这不是经济学的结论,而是它

---

〔1〕 参见吴从周:《概念法学、利益法学与价值法学——探索一部民法方法论的演变史》,中国法制出版社 2011 年版,第 199 - 204、396 页。

〔2〕 参见吴从周:《概念法学、利益法学与价值法学——探索一部民法方法论的演变史》,中国法制出版社 2011 年版,第 484 页。

的工作假设。[1]

复次,一方面,主张目的论解释的论者把法条当作一个答案,追溯隐藏在立法者背后的所要解决的问题——按照实质解释观就是立法者所要保护的法益;同时其又主张客观解释,认为法律的意义与立法者意志无关,从而陷入了自相矛盾之中。另一方面,主张目的论解释的论者其实也找不到什么立法者目的,无非是把解释者的猜测声称为立法者意志,从而混淆了立法和司法的界限。

最后,作为根据用来解释的法益,应当比作为解释对象的法律意义更为确定,更为大众所知晓,但是在法益解释论中,对于法益是什么,存在于哪里,人们却总是一头雾水!

综上五点,叙述解释学的法律解释目的是回应叙述案件事实中的原型问题,为叙述案件事实提供正确的司法罪状作为原型,而不是为了揭示与此无关的法益,法益概念在刑法解释中存在意义较小,应当予以删除。

其二,法益目的论接受了一种机制还原的理论化思路,这样的思路是不能成立的。理论家总想超越就事论事的常态、找出一般的机制,不然不好意思把自己的观点称为理论。陈嘉映说:"哲学—科学理论的根本目标,即在于发现世界的机制——周易、阴阳五行学说、牛顿的'宇宙体系'、康德的纯粹知性概念或曰范畴、达尔文的演化理论、乔姆斯基的普遍语法。"[2]在实务当中,每一次对法律意义的解释都是不同的,但这只是表象,理论家认为不能停留在这样的"感性认识"中,大道至简,它们在深层次一定受制于一个共同的机制,刑法学的任务在于运用理性发现这个深层的机制,以简驭繁,把个别的解释活动归结为这个深层机制的一个实例。为了满足理论爱好,各种

---

〔1〕 参见陈嘉映:《何为良好生活——行之于途而应于心》,上海文艺出版社2015年版,第35、36页。

〔2〕 陈嘉映:《说理》,上海文艺出版社2020年版,第343页。

刑法解释理论都希望找到那个至简的解释之道。所谓法益目的论解释,反映了刑法学者的这个隐秘需求,无非是从法益出发,以法益为道,从而"道生一,一生二,二生三,三生万物"[1]。

关于机制还原的观点,我们有一种直觉,杀人自然就是犯罪,说它不是犯罪才需要解释。但是机制还原论者却提出这样的问题:杀人凭什么就是犯罪,后面一定有相应的依据,学者的使命就是把这个依据找出来。笔者认为,机制还原论的这一提问是不能成立的,在诱导人们作出错误的回答。首先,历史(社会)理解以强调个别性为特征,不以获得一般规则为目的。自然科学的认识虽然也研究个例,但其目的是归纳出一般规律,对个别对象的研究是作为手段而存在的。易言之,自然认识是认识一般、共相、本质或规律。而历史(社会)的认识就是认识不可重复的个别事件和个人本身,而不是把个别事件当作一般、共相、本质或规律的一个实例或手段。对此,加达默尔说道:"历史认识也不力求把具体现象看成为某个普遍规则的实例。个别事件并不单纯是对那种可以在实践活动中作出预测的规律性进行证明。历史认识的理想其实,在现象的一次性和历史性的具体关系中去理解现象本身……去理解这个人、这个民族、这个国家是怎样的,它们现在成为什么——概括地说,它们是怎样成为今天这样的。"[2]我国有法律学者认为,法律解释的目标是构建针对个案的裁判规范亦即个别规范,而不是普适性规范。[3] 这样的观点抓住了问题的本质,难能可贵。其次,即使存在一般规则,也是不可诉诸言辞予以表达的。没有疑问的罪状要素不需要反思的解释,反思的解释是针对罪状有疑问的部分要素的解释,这种解释是治疗性的,正如没

---

〔1〕《道德经·第四十二章》。

〔2〕[德]汉斯-格奥尔格·加达默尔:《真理与方法——哲学诠释学的基本特征》(上卷),洪汉鼎译,上海译文出版社1999年版,第5页。

〔3〕参见陈金钊等:《法律解释学》,中国政法大学出版社2006年版,第160页。

有疾病自然就是正常的，一旦澄清了怀疑，司法罪状就回归到正常状态，默默地作为原型引导着犯罪事实叙述。在这里，正常的司法罪状没有预定的标准，它是对怀疑的否定，没有自身积极的内容，不可能归纳出一般规则作为解释标准。至于存在论层面的司法罪状及其要素之用法，它是自明的实践之知，只能通过叙述显示出来，无法明确说出来。最后，根本就没有这样的一般规则。如前所述，法律意义是具有个案相关性的处境意义，是遵循问答逻辑形成的，叙述案件事实要求提供原型，司法罪状是为了回应这样的问题才形成的，问题不同，司法罪状及其要素的用法就会不同。由于问题不可预定，"至简大道"也不可预定。

其三，法益目的论所讲的文义解释提供备选项，法益目的作出最终决定的方法，是以解释者所选择的"法益"——笔者称为意义——作为比较基准，在案件和法条之间进行比较，从而确定是否可以等同视之的方法。这实质上是类推解释法。类推解释作为立法解释，如果是做入罪解释，应当由全国人大常委会进行，如果是作出罪解释，审判机关可以进行。

5. 刑法阐释的方法是阐释学循环的方法

刑法阐释的方法不是文义解释加上法益目的的比较方法，而是阐释学循环的方法。反思阐释和类推阐发相对应，不过类推阐发是以解释学循环的方式辩证展开的，而不是以法益目的论的类推比较方式进行的。以下从五个方面加以说明。

首先，这个辩证的过程是通过问答逻辑、猜测与证立以及发现与反驳的方式进行的分析与展开的辩证过程。问答逻辑指当罪状要素的用法在具体案件中对于解释者构成疑难之际，解释者会像膝跳反射一样作出回答。猜测与证立指解释者所作的回答是猜测性的，需要进一步得到证立，不能够固执己见，把猜测当作用法本身。发现与反驳指进行证立，既需要正面发现是否存在这样的在世界之中的用法，将隐含的"世界之中"明述出来，又需要对否定的观点作出回应，达到正面能成立反面推不倒，正反结合形成辩证的统一体状态，这样的解释才能成立。

其次，在问答逻辑环节，反思阐释中的猜测是对有疑问的罪状要素的猜测，而不是对于立法者意志的猜测。柯林伍德提出了历史解释的问答逻辑以对抗自然科学的陈述逻辑，这是一个了不起的成就。但他的问答逻辑是追问历史事件行动者头脑中的动机，以此对历史事件进行解释。毫无疑问，他的问答逻辑属于方法论解释学的范畴。而反思阐释是建立在存在论阐释的基础之上的，是与现时生命沟通的阐释而非重构作者意图的阐释，属于加达默尔哲学解释学意义上的问答逻辑。

再次，在猜测与证立环节，法益目的论解释也讲猜测与证立，但是和反思解释中的方法猜测与证立是不同的——后者需要发现罪状要素隐含的用法，而前者是发现不能的前提下所作的替代的判断与论证。具体来说，一方面，反思解释是对于理解中的疑惑的回答，这个回答由猜测和证立两步组成，第一步是将默会的法律阐释以明述的方式加以猜测。有的人觉得这个罪状中某个要素的意思不是这样的，但是"心求通而未得，口欲言而不能"，说不出口来，只好认栽。有的人则能把这个意思说出来，画龙点睛，让人豁然开朗。把默会中有所理解的语义蕴含从一团纠葛中加以清理，在明面上说出来，这就是法律用法解释的第一步。所谓成形，就是把蕴含的语义放在另一个层面，和人们已经熟悉的东西连接起来，使其得以清晰地成形。另一方面，回答问题时，反思解释是由猜测和证立两步组成的。在第一步反思解释中，成形的表达是猜测性质的，猜测对象是解释者有所理解的罪状要素之用法，它内在于罪状要素之中。由于猜测对象的用法内在于罪状要素之中，自然会对解释者提出要求：只有确实来自罪状要素在世界中的用法的解释才是正确的解释，解释者需要为此而进行证立，将蕴含的有疑问的四种类型的"世界"明述出来，走到光明之下给人们看清楚，否则其解释就是不能成立的。

复次,反思解释区分发现与看似发现,认为只有排除看似发现的情形才能确定发现罪状要素的用法,而方法论解释往往不排除看似发现。解释者以为自己已经发现了隐含在四个层次的世界中的罪状要素之用法,但也可能是假象,就像插在水里的棍子是弯曲的一样的假象,因此必须排除这种似是而非的假象,才能说确实发现了所猜测的用法。

最后,叙述解释学的反思解释,既是方法论又是存在论,而法益目的论是方法和存在彼此外在的解释论。

在法益目的论中,解释方法和解释对象是彼此外在的,而反思的法律解释其实不是对外在对象的解释,而是以"有我之知"作为解释对象,是解释者对于自己的前理解的反思,解释者和被解释者是同一的,并不存在像认识主体和认识客体那样的二元对立,这样的解释是无须外在方法作为工具、媒介就进行的。另外,解释的方法是进行语义分析,发现蕴含于其中的用法,这样的语义分析既是发现,也是发明,而不是所谓手段目的计算和理性选择。陈嘉映说:"隐含的东西是隐藏的,但隐含的东西不仅仅是隐藏着,像我的保险柜里藏着一条钻石项链,无论把它藏在那儿还是把它拿出来放在桌面上,它都一模一样。隐含的东西不是这样的,隐含还意味着,隐含的东西和其他东西纠结在一起。因此,我们无法原封不动把它拿出来,而是需要先做一番分析的工作,然后才能说得出来,而这个说出来的东西,由于已经摆脱了当时它在隐含状态中的纠葛,所以它既是原来那样东西,又不完全是原来那样东西。为了突出与现成东西的隐藏的区别,我把这种处在纠葛状态中的隐含称作'蕴含'。"〔1〕"把蕴含的东西展开、摆在明面上说出来,就是所谓分析。被分析出来的东西,在一个基本意义上当然是在那里的……但它不是以分析好的形态停在那里的,分析有所取舍和重新安排。所以,分析的结果既可以说是发现,也可

---

〔1〕 陈嘉映:《简明语言哲学》,中国人民大学出版社2013年版,第237页。

以说是发明。”[1]由此看来，解释—新用法是一个原初的统一体，不可分割，它意味着新意义的生成，也意味着没有这样的解释方法就没有这个新意义的生成，解释方法不是对既有意义的反映，而属于新用法的存在。一言以蔽之，语义分析的法律解释，既是方法论又是存在论——“它不是一种工具性的方法，工具性的方法是自然科学的一种方法，伽达默尔的方法其实就是真理本身的显现”[2]。

另外还要注意两点：第一，法益目的论的解释观其实是一种符合论的意义观，预设了法律意义的本体是法益，各种方法进行解释得出的结论是否正确，最终取决于是否符合法益本身。但是符合论在这里并不能适用。因为一方面法益究竟是指什么，这并不是自明的，也有待解释澄清；另一方面，如果已经知道了法益是什么，那就意味着已经知道了法律意义是什么，不需要进行各种方法论上的解释了。第二，刑法反思阐释区别于类推阐发的上述特点，也体现在如何处理“疑义有利于被告人”方面。我国刑法学界多数观点认为“疑义有利于被告人”只适用于事实问题，不适用于法律解释问题。[3] 笔者认为，应当区分阐释和阐发，在阐发中对于多个可能的比较点，解释者可以不顾疑义择一决断。而在刑法阐释中，如果一种解释还停留在怀疑的或者猜测的状态，没有进行证立，或者在证立中不能对否定者的攻击加以澄清，那么所发现的用法就只是决断，只是看似发现，而不等于发现本身。在看似发现中，即使其他诉讼主体被说服，法律解释仍然尚未完成，相应的法律意义也没有形成，在这样的情况下讨论“疑义有利于被告人”似乎没有什么意义。

---

〔1〕 陈嘉映：《简明语言哲学》，中国人民大学出版社2013年版，第237页。

〔2〕 邓晓芒：《哲学史方法论十四讲》，重庆大学出版社2008年版，第61页。

〔3〕 参见张明楷：《刑法分则的解释原理》（第2版），中国人民大学出版社2011年版，第38－40页。

CHAPTER 05 >>

第五章

叙述的正当程序观导论

按照三阶刑法的叙述定罪论，正当定罪程序是以取得被告人有效承认为目的而行使交往性追究权力的司法程序，是使二阶刑法生长为三阶刑法的纯粹程序，也是兼顾多元价值的法律程序；未经被告方在正当程序保障下的有效承认，不得定罪。我国出现过纠问式和审判决断式程序，各有优劣，但是都足以称为正当程序。审查式程序兼收并蓄，克服了这两种程序的不足，是理想的正当定罪程序。我国现实的刑事程序是以混合式程序为基础的多元程序，应当改造成审查式程序。

一、正当定罪程序的含义

（一）正当定罪程序是以获得承认为目的的司法程序

1. 定罪程序是以获得被告方承认为目的的司法程序

马克斯·韦伯在研究统治类型时，把“合法性”作为一个核心概念。他说道：“一切经验表明，没有任何一种统治自愿地满足于仅仅以物质的动机或者仅仅以情绪的动机,或者仅仅以价值合乎理性的动机,作为其继续存在的机会。毋宁说,任何统治都企图唤起并维持对它的'合法性'信仰。"[1]从他的论述中可以看出,统治的合法性或正当性建立在被统治者的同意之上。就定罪活动而言,从"上刑用甲兵"的单纯镇压过渡到《尚书·吕刑》所云"士制百姓于刑之中,以教祗德",也就是由"司寇"过渡到"司法",其标志性的转变是前者不需要征得被追诉者的同意,而后者需要征得被刑事追诉者同意,因为取得其同意的定罪才是具有合法性的活动,亦即司法活动,而不是单纯的镇压活动。

2. 获得被告人承认是犯罪事实的内在组成部分

是与不是,存在与不存在,是属于特定共同体的事情,与相关共同体人员是否承认息息相关。维特根斯坦说:"'遵守规则'是一种实践。以为[自己]在遵守规则并不是遵从规则。因此不可能'私自'遵从规则;否则以为自己在遵从规则就同遵从规则成为一回事了。"[2]维特根斯坦的意思是说,实践预设了实践共同体的存在,规则存在于实践共同体其他成员的同意之中,离开了他者的同意,规则就不复存在了。黑格尔说"自我意识只有在一个别的自我意识那里才获得它的满足"[3],也揭示了真理和事实具有社会性,离不开相互承认。根据以上揭示,社会性是事实的内在本性,社会共同体中受到影响的他人也加以承认,才能谓之成立。

"刑起于兵""上刑用甲兵",上古时代,刑是兵刑,是兴师问罪的讨伐与镇压,自然无须取得被镇压者同意。到了西周的时候,出现了

---

〔1〕[德]马克斯·韦伯:《经济与社会》(上卷),林荣远译,商务印书馆1997年版,第239页。

〔2〕[英]维特根斯坦:《哲学研究》,陈嘉映译,上海人民出版社2001年版,第123页。

〔3〕[德]黑格尔:《精神现象学》(下卷),贺麟、王玖兴译,商务印书馆1979年版,第121页。

德刑、祥刑、义刑、中正之刑的观念,作为兵刑、虐刑的对立者与超越者。“非德之威,所谓虐也。”[1]“明德慎罚,文王所以造周也。”[2]郑玄认为,德刑与兵刑、虐刑的区别在于:“德所威则人皆畏之,言服罪也。”[3]陈栎进一步解释说:“刑必合于中,而后刑即所以为德。”[4]《尚书·吕刑》说:“咸庶中正。”叶梦得《书传》解为:古者谓狱已成而不失其实曰中。中正虽为古语,但其核心是因为事情属实而表示同意,这仍然保留在我们的日常生活中。我们说打靶打中了、一语中的、你猜中了——他确实干了这勾当;这些都是表示不偏不倚,无过无不及的意思。现在北方的日常语言中,表示同意、赞同对方观点时,往往以“中”表示。甲说:“这件事我错了,给你赔礼道歉。”乙说:“中!”中正的观念道出了事实在于相互承认,被追诉者“中乎”才能追究其刑事责任。法只存在于同类之间,是调整人与人的关系的,异类之间的关系不是法律关系。兵刑、虐刑不把被追诉者当作同类、当作人看待而予以压制,德刑、中正之刑则把被追诉者作为同类、作为人看待,取得其承认才能用刑,这样的转化,意味着用刑从并非司法的活动向司法的活动转化。我国从西周时期对此已经有自觉的意识,寻求按照司法的要求用刑,从这时起,论罪处刑就进入了司法的时代。兵刑之于司法之刑,正如猴子之如人类,人类是猴子进化而来,但是人类不可退回到猴子的状态。司法时代的刑事责任,建立在被追诉者承认的基础之上,否则在道理上没有约束力。这是我们讨论问题的出发点,同时我们需要记住,这个出发点意味着对兵刑、虐刑的否定,商鞅改法为律,或许就是以律释法,突出处罚应当像音律一样中和,以此抵制“返祖”的冲动。

---

[1] 苏轼:《东坡书传》,世界书局1988年版。

[2] 《周书·成公二年》。

[3] 《礼记·表记》。

[4] 《欧阳文忠公集》卷四八。

叙述犯罪事实也是以对话方式进行的实践,任何一方都不能在对话之外将自己的叙述称为犯罪事实。公诉机关在起诉书中一律宣称:指控被告人有相关犯罪之事,事实清楚,证据确实、充分,足以认定。如果果真如此,既然足以认定,为什么还要被告人一方进行辩护呢?既然足以认定,怎么不直接定罪量刑,还要多此一举进行审判干什么呢?显然,公诉机关知道,自己只是事实认定中的一方,起诉书并不是自言自语的独白,而是写给被告人看的对话,被告人是对话的另外一方,自己的指控能否成立取决于被告人是否认可,没有获得认可之前,起诉书只是指控而已;换句话说,公诉机关和被告人,看似势不两立,实则相反相成,构成了一个对话共同体,这个对话共同体构成了犯罪事实的叙述者。在这个对话共同体中,叙述者没有达成共识,犯罪事实就不能成立,也就是说,如果被告人不予认可公诉人所叙述的犯罪事实,那么公诉机关所叙述的犯罪事实不能成立;反过来,即使被告人一方供述了自己的犯罪事实,如果公诉机关不予认可,也不构成犯罪事实。

事实总是"我们"的事实,没有脱离叙述者而独立存在的犯罪事实。不过,作为法律工作者,笔者不像哈贝马斯那样把叙述者的范围或者"我们"的范围设定为一个无限开放的理想共同体,笔者关注的是现实的共同体,在这个共同体中,不可或缺的一方是被告人。叙述的目的是对被告人予以刑事惩罚,叙述的对象是被告人。犯罪事实是公诉人为了实现施加刑罚的目的而说给被告人听的。判处一个人刑罚,应当征得他的同意,因为他有免于错误定罪从而提出异议的权利。犯罪事实是与主体相关的,是具有"向来我属性"[1]的犯罪事实,绝非价值无涉。作为惩罚被告人的依据上的犯罪事实,该犯罪事实必须取得被告人的自由承认。也就是说,被告人的承认是"我们"

〔1〕 陈嘉映:《海德格尔哲学概论》,生活·读书·新知三联书店2005年版,第60页。

的犯罪事实的内在组成部分，没有被告人的承认，公诉方的指控不能谓之社会事实。这是人文学术界公认的出发点。也就是说，如果被告人不承认有指控之事，那么就不能对其施加惩罚。换句话说，在“我们”共同体中，如果没有获得被告人的承认，在对其施加刑罚意义上的犯罪事实就是不能成立的；没有被告人的承认也可以办成“铁案”的观点是不能成立的。被告人和公诉人在法院主持下围绕承认与否进行的话语辩论活动，并不外在于犯罪事实，而是在惩罚被告人意义上的“我们”的犯罪事实的内在组成部分。

3. 两种唯我论述评

公诉机关叙述的犯罪之事，只有获得了人民法院和被告人的一致认可，才能称为犯罪事实；这就是犯罪事实的主体间性。犯罪事实的这个内在属性，人们日用而不知地自发运用，但缺乏自觉的认识，在反思层面，人们从自在的犯罪事实观出发，主张的是两种唯我论。

其一，主客二分的唯我论。

这种唯我论是主客二分的二元论，认为犯罪事实是一回事，叙述者是另一回事，彼此外在；犯罪事实一旦存在，就是不依赖于叙述者而存在的，尤其是不依赖于被告人的承认而存在；叙述者在刑事诉讼中应当查明这样的自在事实，至于被告人是否承认在所不问。按照中国传统，凡断罪必取输服供词，无供不定案；清末变法的内容之一是以证据裁判取代口供定案；从那时起，被告人承认与否，好像与案件事实真相毫不相关了。现在《刑事诉讼法》的态度是，重证据，重调查研究，没有被告人供述，证据充分、确实的，可以认定被告人有罪。实务中往往把被告人的供述等同于被告人的承认，没有被告人的承认，如果有罪证据确实、充分，也可以认定为有罪，亦即“办案人员的主观认识符合客观情况”，往往是指承不承认都一样，被告人不承认也不会导致事实不能认定。这种理解的问题在于以下三个方面：

首先，一方面，这种唯我论混淆了犯罪行为和犯罪事实的所指，犯罪事实不是指已经过去了的物理意义上的行为，而是事实化了的行为,亦即在叙述中继续存在的行为。离开了叙述者的叙述,这样的犯罪事实从何而来?另一方面,这种二分法将符合论真实观、案件事实的双重结构和犯罪事实的主体间性混为一谈。按照符合论的观点,公安司法人员的主观认识应当符合客观自在的案情,但是脱离了办案人员叙述与认识的案情并不存在,于是论者以证据充分、确实或者排他性证据标准取而代之。然而,证据是否充分、确实,涉及两个维度,一个维度是从传来事实的双重结构意义上来说的,另一个维度是在主体间维度上来说的。人们的任务不在于幻想寻找脱离主体的事实,而在于在"我们"共同体中能否达成共识。同样地,公诉人叙述犯罪事实是一种对话的语用行为,像其他语用行为一样,预设了被告人的存在;如果不需要取得被告人的认可,还要公诉人的叙述干什么?

其次,判处一个人刑罚,涉及一个人的生命、尊严,更涉及社会伦理,因而应当征得他的同意,因为他有免于被错误定罪从而提出异议的权利;这应该是人文学术公认的出发点。实际上,刑事程序的全部设置,都以犯罪事实的成立需要被告人的承认作为默示的基石。刑事程序的运转,要以被告人的存在为前提,被告人死亡或者去向不明,刑事程序就要停止运转;因为被告人不能表态的话,对其加以惩罚的犯罪事实的认定就失去了意义。在侦查阶段,要讯问犯罪嫌疑人,甚至要预审获得犯罪嫌疑人的承认之后才告"破案",因为犯罪事实不是独断的事实,它不只是"侦查人员"叙述的事实,而且也是犯罪嫌疑人一起参与叙述的事实,没有犯罪嫌疑人的承认,侦查人员的叙述就不能作为"我们"的、社会的事实出现。刑事审判的基本任务之一为准确及时查明案件事实,这个规定可以修改,更加明确地表述为:准确及时查明被告人也认可的案件事实。

最后,离开了被告人的承认,实际上剩下的就是公诉机关单方面地确定证据是否充分、确实。表面上的以自然科学的主客二元论方式探讨犯罪事实,实际上会导致司法机关的唯我论,使公诉机关获得不受共识制约的特权。公诉机关享有对犯罪嫌疑人和被告人的追诉权，如果由公诉机关单方面认定犯罪证据和案件事实，被告人的话语权没有得到相应保障，很有可能导致刑罚的滥用。有的论者主张公诉机关说的不算数，法院说了算，法院实行自由心证，可以克制公诉机关的为所欲为。然而，法官进行自由心证，行使最终审判权，也不能代表完全是法官说了算，还是需要放在共同体的背景中达成共识，防止出现以法官的恣意特权取代公诉机关的恣意特权的现象。由上可见，犯罪事实应当与叙述者有紧密联系，应当承认被告人一方的参与，避免由公诉机关和审判机关独自确定犯罪事实。

其二，孤立的主体观。

另一种唯我论是将犯罪嫌疑人、被告人视为脱离对话共同体的孤立主体。这种观点认为，犯罪嫌疑人、被告人与案件处理结果利害攸关，如果承认犯罪事实会导致其承担刑事责任，对其不利，就此而言，犯罪嫌疑人、被告人不会自愿承认。针对这种情况，在古代司法制度中，可以强制其承认，但是根据现在的制度，要尊重其主体地位，尊重其趋利避害的选择，赋予其无罪推定的权利，哪怕有犯罪事实也可以推定为无罪而不予承认；也赋予其沉默权，其可以置身事外，对公安司法机关的讯问保持沉默，没有和公安司法机关进行合作的义务，当然其也有进行辩护从而否认指控的权利。

首先，按照这样的思路，犯罪嫌疑人、被告人只有权利而无义务，无罪者有权进行辩护否认指控，有罪者则可以利用程序避免承担责任，最终一律不承担责任。这样的理解显然是荒谬的。人是社会中的人，总处于与他人的关系之中，因而被追诉方也不可能是脱离与追诉方的关系而存在的孤立个体。当我们言及被追诉人的时候，已经预设了追诉方的存在，两者天然是相辅相成的；尤其是谁也不会否认，审判是主要用来解决当事人之间的纠纷的，而“审判主要是用来解决当事人之间的纠纷的”这句话，本身就已经包含了审判是重建当事人之间共识的活动的意思，从这个意思中分明可以看出：刑事审判程序也是在追诉方和被追诉方就犯罪事实是否存在发生争议时，为解决争议、重建共识而相互交涉的活动，在这样的活动中设想被追诉方可以抽身于与追诉方的合作之外，就像设想重庆不是中国的一部分一样荒唐。

其次，犯罪嫌疑人、被告人的角色是复杂的。“君子喻于义，小人喻于利。”[1]敢作敢为，勇于承认，这是君子之德。不过，尽管道德人皆有之，人人皆可为尧舜，但是当事人毕竟与案件有利害关系，趋利避害，也是人之常情。在这种情况下，当事人往往沉默不语，或者言不由衷，他的衷情不希望表露出来，刻意用言语掩饰拒绝，因为作为犯罪者，他知道自己应当吐出真情受到惩罚，但是出于自保的人性，他会千方百计拒绝承认，避开处罚。面对这样的情形，我们不妨设想一下两个人如何分配一个梨的情形，最好是礼让为先，孔融七岁能让梨，是千古美谈；次之是互不相让，但遵守规则，按照石头剪刀布的规则定输赢；最差是抢夺，先下手为强后下手遭殃。在一个正常的制度中，应当以小人之德的有规则竞争为底线，鼓励作为君子之德的礼让，禁止缺德的抢夺。类似地，对于犯罪嫌疑人、被告人来说，超越利害关系不以举证责任为限主动配合公安司法机关查明真相，如果确有相关犯罪事实的话，好汉一人做事一人当，勇于承担，这是存有良知的体现，值得鼓励。但是这不能强求，何况其是利害关系人，其趋利避害的诉求并不能绝对否定。在这样的情况下，应当退而求其次，犯罪嫌疑人、被告人可以不主动说明情况，而将自己和公安司法机关的关系视为辩论关系，要求公安司法机关进行立论，立论初步成立之后才予以回应。但是无论如何，立论初步成立之后，犯罪嫌疑人、被告人应当予以回应。到了这个时候如果还置身事外，整个刑事程序就名存实亡，没有意义了，所以应当禁止。

最后，无罪推定和不得强迫自证其罪都有其针对的背景，需要结

〔1〕《论语·里仁》。

合背景进行具体的理解。在古代有些司法制度中，犯罪嫌疑人、被告人负有招供的义务，如果不按官员的预断招供，就可能遭到刑讯。人们对此深恶痛绝，要求废除供述义务，进而犯罪嫌疑人、被告人有权不与追诉方合作。然而，如果双方不合作，那么整个刑事程序都会荡然无存了，这实在是一种因噎废食的做法。细究起来，古代的做法是错误的，可是它错在哪里呢？错在不讲道理，不是以理服人，而是以权以力服人，所以近代需要把双方的合作合理化，改为以理服人的合作，即对话式的合作。对话式的合作，包括主动陈述和自首坦白，也包括辩论。在辩论式的合作中，犯罪嫌疑人、被告人仍然是有义务的，如其应当参加论辩，对追诉方的主张表示赞同或反对，当其表示反对时应提供相应的理由等，如果其不履行这些义务，那么整个辩论式合作也就会不复存在了。

无罪推定和不得强迫自证其罪需要放在这样的古今之变背景下来理解。所谓不得强迫自证其罪，针对的是犯罪嫌疑人、被告人的供述义务，意思是供述并非义务，而是美德，不可以强迫为之。而无罪推定与辩论中的举证责任分配有关，按照自罗马法以来就有的举证责任分配规则，一般应是“谁主张，谁举证”以及“否定的一方不负举证责任”，所谓无罪推定，就是犯罪嫌疑人、被告人不负自己有罪的举证责任，追诉方主张其有罪，应由追诉方举证，而犯罪嫌疑人、被告人一方无此责任，这是对古代犯罪嫌疑人、被告人负有举证自己无罪义务的否定。当然，无罪推定还有更多的意思，贝卡里亚最早提出：“在没有作出有罪判决之前，任何人都不能称为罪犯。”贝卡里亚的意思是说：一方面，追诉方应当以理性的方式运用证据查证犯罪，而不能以刑讯拷问的方式逼迫被追诉方按其预断招认犯罪；另一方面，未经法院判决，犯罪嫌疑人、被告人在法律上并不构成罪犯，不能以对待罪犯的方式对待之。但是他没有讲清楚为什么不能以罪犯的方式相待。人们历来认为这是一种有利于犯罪嫌疑人、被告人的假定，即使其有罪，在法院判决作出之前也视为其无罪，给予无罪者相应待遇。笔者认为，这并非假定，而是犯罪事实的内在规定性使然，可以从犯罪事实的主体间性中得到说明，因为犯罪事实的成立必须取得犯罪嫌疑人、被告人的承认，尚未获得犯罪嫌疑人、被告人在法官面前所作的承认之前，法律上的犯罪事实尚不成立，其自然不能被称为罪犯。

（二）正当定罪程序是行使交往性追诉权力的程序

定罪活动是司法活动，是国家行使司法权的行为，同时定罪活动必须基于犯罪事实叙述的逻辑、遵循对话理性展开，否则就不能保障正确地认定犯罪。在这样的背景下，正当程序所面临的问题是权力与道理、司法权与对话理性如何结合的问题。定罪的程序多种多样，但是不一定都是正当的。正当的司法权应当是一种交往性的权力，能够把国家司法权和对话理性结合起来，将事实认定权力建立在对话理性基础之上。[1] 如果不能将两者结合起来，司法权力运行偏离了对话理性，不能避免将无罪之人认定为有罪之人，那么这样的程序就是不正当的程序。对此需要注意以下三点。

其一，正当定罪程序指向正当的追诉程序。

正当定罪程序是指追诉程序，如果没有追诉，就没有程序正当与否可言。有的学者认为正当程序是尊重和保障被告人人权的程序，这样的话本身没有错，但是如果讲得过头了，把正当程序理解成一个禁止追究、反对追究的程序，不是惩罚犯罪而是专门保护犯罪者的程序，那就变得荒谬不可理喻了。我们只能说追究程序应该受到制约，不能被滥用，“宁可枉杀三千，不可使一人漏网”，这样的情况是不应该发生的，所以才有追诉程序正当化的问题。讨论罪刑法定时，人们经常引入古代刑法作为对比，说那时候刑讯逼供、罪刑擅断，无程序可言。其实也不是无程序可言，而是无正当程序可言。

---

〔1〕 关于交往权力的概念，阿伦特早已提出。参见［德］哈贝马斯：《在事实与规范之间——关于法律和民主法治国的商谈理论》，童世骏译，生活·读书·新知三联书店2003年版，第180页。

其二,区分有效承认与无效承认。

如果承认有罪只与刑事追诉权有关,而这样的权力并不是建立在对话理性的基础之上,那么就是“因王而圣”,所取得的承认是无效的承认,人民法院不应当确定其构成犯罪事实。如果取得的承认是建立在基于叙述逻辑展开的对话理性的基础之上,人们之所以承认,是因为指控之事系以司法罪状为原型以证据为依据,无可否认,那么就是“因圣而王”,由此获得的承认就是有效承认,人民法院即应当按照否定之否定的对话逻辑确定其为犯罪事实。司法实务中,有的公安司法机关只要取得了被告方的承认即予以定案,而不探究这样的认定是不是以有效承认为依据,“一字入公门,九牛拔不出”,需要引以为戒。

其三,把握交往性程序与程序目的之间的关系。

首先,程序目的不是立法者的主观目的,而是程序自身固有的内在目的;而且交往性追究程序和取得被告人对犯罪事实的承认之间,是内在的手段—目的相互循环的关系,而不是外在的单向关系。其次,正当程序是定罪的正当程序,无罪者不需要通过正当程序来确认自己无罪。再次,交往性追究程序获得被告方承认的目的应当受到交往性追究程序的制约,不能为达目的不择手段。最后,交往性追究程序应当受到获得被告方承认之目的制约,如果没有获得有效承认或者按照叙述逻辑不可能获得有效承认,意味着定罪程序的目的无从实现,应当立即终止程序。

(三)正当定罪程序是使二阶刑法成长为三阶刑法的纯粹程序

正当定罪程序作为程序,是与实体成对出现的。与它对举的实体,一是指书面刑法,二是指法院判决,正当定罪程序在实施书面刑法,但是并非在实体法与程序法作为不同实体彼此外在的意义上实施,而是在同一个刑法有机体生长的不同阶段意义上实施。法院认定被告人犯有指控之罪的判决是在正当定罪程序中完成的,但是这个程序并非不完善的程序,而是确定犯罪事实的纯粹程序。

1. 正当定罪程序实施二阶刑法，使之成长为三阶刑法

其一，二阶刑法和三阶刑法。

刑法是为了定罪量刑而存在的，需要具体化于定罪量刑的诉讼实务中，体现在被告人是否犯有刑法规定的罪状的案件事实中，作为适用刑法而存在。欧阳修云："儒者之于礼乐，不徒诵其文，必能通其用。"[1]类似地，人们如果只是背诵法条，还不能够运用法律对案件做出正确的判断，那他就还没有掌握这个法条。还没有具体化于定罪量刑的刑法文本，是尚未完成的纸面刑法。由国家专门机关按照一定的规程具体化于定罪量刑之中的刑法，人们往往称为行动中的刑法、适用刑法、实用刑法。但这些名称都没有揭示纸面刑法和判决中刑法的关系，两者的关系仍然被遮蔽在云山雾罩之中，为了有所揭示，本书第一章称前者为二阶刑法，称后者为三阶刑法。

其二，实施二阶刑法的方式是通过正当定罪程序使之成长为三阶刑法。

三阶刑法和作为立法文件的二阶刑法之间是通过刑事程序联系起来的，对于他们之间的关系，我国目前以刑法和刑事诉讼法的关系为题进行探讨。通说的观点是刑法规定犯罪和刑罚，刑事诉讼法规定司法机关在当事人和其他诉讼参与的参加下确定被告人刑事责任的方式与步骤等；刑法属于实体法、主法、目的法，刑事诉讼法属于程序法、助法、手段法；先有刑法，而后有刑事诉讼法，即使没有刑事诉讼法，也存在刑法；程序法的唯一正当目的，即最大限度地实现实体法。通说的观点是不能成立的。因为两法之间是目的与手段关系的说法不合逻辑，根本不可能发生。刑法规定的罪状和定罪中形成的犯罪事实毕竟是不同的，我们只能说，刑事诉讼中需要查明的是被告人是否犯有刑法罪状的事实，不能说需要查明的是刑法规定的罪状，而前者并没有预先存在于刑法规定的罪状之中。刑法的罪状，如伪

---

〔1〕 钱穆：《宋明理学概述》，九州出版社2010年版，第11页。

造货币的，处3年以上10年以下有期徒刑，这给刑事诉讼法提供了什么目标呢？刑事诉讼法又怎么去保证正确地实现这个目标呢？法院开庭审理张三抢劫案，就是要确定张三是否犯有指控的抢劫罪，总不能说是为了实现《刑法》关于抢劫罪的规定吧——谁也不能要求张三按照《刑法》的规定实行抢劫，刑法也不可能提供这样的规范。

法理学家哈特也就相关主题发表过观点。他认为，法律是第一性规则和第二性规则的结合，第一性规则设定义务，关于第一性规则是否被违反的情况，如果没有专门授权并最终地和权威地确定违反第一性规则，那么第一性规则就是没有效率的；为了补救其缺陷，需要引入审判规则作为第二性规则。[1] 哈特不同于边沁，他高度重视程序法，不过他和边沁一样，也认为实体法和程序法是彼此外在的。哈特的观点对我国法理学界也有影响，如孙笑侠认为，程序性是现代法的基本特征之一。[2] 在我国刑法学界，储怀植提出刑事一体化的理念，与上述法理学观点有不谋而合之处。兹摘录要点如下：一体化刑法运作，观念上旨在论述建造一种结构合理和机制顺畅（刑法和刑法运作内外协调）的实践刑法形态。迄今为止，刑法学科群（注释刑法学、刑法史学、比较刑法学、刑法哲学、国际刑法学、外国刑法学等）基本上是静态的文本刑法和理念刑法理论。动态的实践刑法认知尚未形成系统的学问即理论，可以说是一个缺憾。刑法在运作中存在和发展，刑法的本性是动态的和实践的。根据刑法的本性打造一门学问，是刑法本身的需要。[3]

无论实体法和程序法二分的观点，还是第一性规则和第二性规则二分的观点，都认为两法犹如两个人，需要组成团队才能发挥作

〔1〕 参见［英］哈特：《法律的概念》，张文显等译，中国大百科全书出版社1996年版，第77页。

〔2〕 参见孙笑侠：《程序的法理》，商务印书馆2005年版，第57页。

〔3〕 参见储槐植：《刑事一体化》，法律出版社2004年版，第502、503页。

用。笔者则认为,刑事诉讼法和刑法并不是彼此外在的两部法律,两法之间的关系其实是同一个刑法的不同发展阶段,其中第三阶段就是刑事诉讼法的阶段,亦即三阶刑法的阶段,刑事诉讼法和三阶刑法,异名而同谓,指的是一回事,只是侧重点不同而已。上述观点把同一部法律的两个不同阶段,误解成为两个彼此外在而又性质不同的法律。本书援引了考夫曼的法律现实化过程的观点,法律是用来规制现实生活的,这样的规制要经历法律理念—法律规范—法律判决三个阶段,直到形成法律判决,法律才得以完成。考夫曼揭示:法律是一个生命有机体,具有自己的内在生命目的,通过程序来实现立法规定,使之转化为司法判决,这是法律实现的最后阶段。循着考夫曼的思路,一方面,法律犹如一棵树,法律理念犹如种子,立法规定犹如开花的树,而司法判决犹如果实成熟的树;司法判决是在实施书面刑法,但它并不外在于刑法,而是使书面刑法成长为司法判决。另一方面,法律需要实现规制生活的内在目的,停留在纸面上还没有进入司法程序付诸实施的刑法,只能算潜在的未完成的刑法。因此,传统观点认为纸面刑法就是已经完成的刑法,刑事程序外在于刑法,这样的立论前提并不成立。就此而言,沈家本在《奏进呈诉讼法拟请先行试办折》中说:“刑律不善,不足以害良民,刑事诉讼律不备,即良民亦罹其害。”其可以更好地表述为:刑法文本不好,不足以害良民;刑事程序不好,不足以生长出正确的法院判决或者三阶刑法,甚至会造成冤屈。

尽管正当定罪程序作为使二阶刑法生长为三阶刑法的力量已经被压抑到意识的深层,但是它并没有被完全遗忘,而是经常无意识地冒出,指引着人们的探索。例如,刑事诉讼法学者界定刑事诉讼,一般会说它是司法机关在当事人和其他诉讼参与人参与下,依照法律和证据解决被告人刑事责任的活动。在这样的界定中,刑法其实只是作为刑事诉讼活动的组成部分而存在的,属于刑事诉讼法意义上的程序刑法。又如,刑法学者界定刑事责任,一般会说它是司法机关依据刑法规定强制犯罪者承担的刑事法律后果。显而易见,这样的刑事责任不自觉地超越了书面的二阶刑法的范畴,而属于通过刑事程序生长而成的三阶刑法的范畴。

其三,提出正当定罪程序使二阶刑法生长为三阶刑法命题的必要性。

考夫曼自己没有使用"三阶刑法"这个名词,也没有意识到他所讲的法律判决其实就是在正当定罪程序中生长而成的刑法。他的观念中还有刑法和刑诉法系二分的实体法与程序法的残留,从这样的前提出发,有意无意地将个案中的刑法限定为特指法律判决,把达成这个判决的程序抽象出来,留给外在于刑法的刑事程序法,从而不至于和传统观念决裂。然而这样的妥协存在以下问题:一是判决不是学者在书房的奇思妙想,是要产生法律约束力的,必须由特定机关按照一定方式进行,法律判决只是程序的结果,不可能脱离作为过程的程序而独立存在,将其剥离只是一种思维中的抽象;二是这里的法律判决,其实已经不再是停留在书面的二阶刑法,而是成长为法律判决的刑法,但是只要讲到刑法,人们就会习惯性地将其等同于书面刑法,从而也将法律判决和书面刑法混为一谈,看不出两者的差异和其间的成长。有鉴于此,应当去掉这样的妥协,形成三阶刑法的理念,并指出三阶刑法是通过正当定罪程序生长而成的,是刑法发展的最后也是最高阶段。

2. 正当定罪程序是使三阶刑法得以成立的纯粹程序

正当定罪程序是使二阶刑法生长为三阶刑法的程序,这样的程序是纯粹的正当程序。尽管三阶刑法原初是不可分的,但是在反思中可以分为两个部分:其中一部分是狭义的刑事程序法,另一部分是关于被告人是否犯有刑法规定的罪状的决定、判决,我们往往将前者简称为程序,将后者简称为实体,以形成对举。需要特别注意,这里的程序不是指刑事诉讼法,而是指作为刑事程序法——三阶刑法组成部分,保证形成正确判决、决定的狭义程序;这里的实体不是指书面刑法,而是指作为刑事程序法组成部分的关于被告人是否犯有刑法规定罪状的判决、决定。

我怀疑别人做了一件坏事,我的怀疑是否妥当呢?一方面我应当继续收集材料;另一方面,即使收集了足够多的材料,觉得有把握了,我还需要和对方见面,看对方是否认可,对方认可之后,我才放下心来,才觉得自己的判断是正确的。可见,真实、正确之类和承认的关系密不可分,只有对方承认了我的理由是充分的,我才会认为自己的判断是真实的。黑格尔说:"自我意识只有在一个别的自我意识那里才获得它的满足。"[1]这句话也揭示了真理在于相互承认。对于社会事实,得到受此影响的他人的承认,才能谓之成立。

基于同样的理由,人民检察院的起诉书在叙述完了犯罪之事之后,还要加上一句:以上事实,有以下证据可以证实。但是起诉书所控之事,只是其单方面主张,还不能称为事实。实际上,人民检察院的起诉书中叙述指控之事并声称是以证据为依据以罪状为原型,是写给被告人和人民法院看的,取得了他们的承认,所控之事才可能转化为犯罪事实。可以说,既然被告人是我们的同类,与追诉者一样具有平等人格,那么施罚于他就应当取得他的同意,确认指控之事是否构成犯罪事实就应当取得他的同意,没有取得他的同意,对他施加刑罚意义上的犯罪事实就不存在。换句话说,犯罪事实总是由"我们"叙述而成的犯罪事实,这个"我们"共同体中,被告人是不可或缺的参加者,如果没有取得被告人的承认,那么就不是"我们"共同体中的犯罪事实,对被告人没有约束力,就像要约没有经过承诺就不成立为合同一样。正如合同成立不等于合同有效一样,有效的承认应当是经过交往性追究程序取得的承认。对此又可以表述为:未经正当定罪程序取得被告人的有效承认,人民法院不得将指控之事确定为犯罪

---

〔1〕[德]黑格尔:《精神现象学》(下卷),贺麟、王玖兴译,商务印书馆1979年版,第121页。

事实。

沿着这样的思路走，需要继续说明《刑事诉讼法》第236条规定了实体裁判错误的二审处理方式，第238条规定了程序错误的二审处理方式，将实体问题和程序问题当作并驾齐驱的问题。其实，无论证据问题还是法律问题，是否存在错误最终都取决于程序，程序是终极标准，事实认定是否错误取决于论证事实问题时是否遵循了正当程序，法律适用是否错误也取决于解释法律规定时是否遵循了正当程序。

3. 不完善的程序正义论述评

罗尔斯认为，刑事审判是不完善的正当程序，这种程序有结果正确的独立标准——只要被告人犯有被控告的罪行，他就应当被宣判为有罪，但是即使法律被正确地遵循，过程被公正、恰当地引导，还是有可能达成错误的结果——一个无罪的人被宣判为有罪，而有罪的人却逍遥法外。[1] 我国学界接受了罗尔斯的观点，认为刑事审判的判决结论是否正确，尤其是认定被告人是否犯有指控的罪行是否正确，有程序之外、程序之前的独立标准，并把这个叫作实体问题；刑事程序并不一定能够保障必然正确地认定指控能否成立，亦即程序公正并不保证一定实现实体公正——公正的程序可能导致错误的定罪结论。

罗尔斯的这种结论，是基于符合论的真实观做出的。接受罗尔斯的不完善的程序正义论者认为，案件事实真相是独立于人的认识而自在存在的，而不是通过程序形成的，实体公正的目的是发现事实真相，这其实与程序没有什么关系。例如，“看到张三杀人李四抢东

---

〔1〕 参见[美]罗尔斯：《正义论》，何怀宏等译，中国社会科学出版社1988年版，第80－83页。

西，人们便议论纷纷：张三李四已经'犯了罪'"[1]。实务当中，有的公安司法人员认为自己在程序开始之前就已经搞清楚了案件事实的真相是什么，程序在确定真相方面没有什么意义，只是办理手续而已。办理手续转化为判决书的意义在于使已经弄清楚的案件真相通过权威的方式宣告出来，从而具有正当性，对社会全体成员都具有约束力。

然而，刑事程序中法律适用所形成的案件事实，其真理性是"道行之而成"意义上的正确性，而不是有现成自在的事实作为原型的正确性。就此而言，罗尔斯所预设的刑事判决结果的正确性有独立于程序的标准，这样的观点是不能成立的。正当刑事程序不是不完善的正当程序，而是纯粹的正当程序，离开了这样的程序，无法获得正确的定罪结论。我国学者受罗尔斯的影响，把刑事程序当作不完善程序，认为遵循程序并不能保证正确定罪，正确定罪并不一定要遵循程序，为此提出两者不能兼顾时何者优先的问题，有的主张正当程序优先，有的主张实体真实优先，这样的预设其实是不能成立的。

具言之，刑事程序中确定的犯罪事实具有四位一体的结构：人民检察院叙述的犯罪之事，当且仅当以证据为依据、以罪状为原型而得到被告人的承认时，才能称为犯罪事实。这样的犯罪事实，从案件事实的角度来说，它由所叙之事加上证据两部分组成，从案件事实的性质的角度来说，它是以司法罪状为原型编织而成的。这样的犯罪事实和人们平时感受到的"事实上的犯罪"是不同的。正在进行的行为并不能称为犯罪事实，犯罪事实作为案件事实是在事后叙述中产生的，"事实上的犯罪"也就是亲历其事的人们叙述的他们认为是犯罪的事件。人们叙述的亲历实情在诉讼程序中是案件事实的组成部分，但不能直接等同于诉讼中确定的犯罪事实，因为对于案件事实如

---

〔1〕 冯亚东、胡东飞、邓君韬：《中国犯罪构成体系完善研究》，法律出版社2010年版，第5页。

何定性并不取决于人们的感受，需要结合司法原型才能准确定性。例如，昆山反杀案中，有的人认为行为人余某明构成犯罪，有的人则认为是正当防卫不构成犯罪。而且叙述者以为是亲历实情，实际上却未必，它的亲历性、事实性和关联性都还有待确定，不一定是能够成立的。例如，看见行为人把一条毒蛇扔到别人身上，其实它是一条玩具蛇。综上所述，“犯罪事实”一词有不同的用法，诉讼中追究被告人刑事责任意义上的犯罪事实，是在刑事诉讼中才形成的，在此之前并不存在。因此不完善的程序正义论的立论前提是不能成立的。

4. 罪刑法定原则的新理解

《刑法》第3条规定：“法律明文规定为犯罪行为的，依照法律定罪处刑；法律没有明文规定为犯罪行为的，不得定罪处刑。”我国学界将该条规定称为“罪刑法定原则”，认为其基本意思是法官只能根据刑法定罪量刑，司法中实现罪刑法定的方法是结合案件对刑法文本的含义进行解释。本书对此评论以下四点。

其一，《刑法》规定的罪刑法定，其调整对象不是书面的二阶刑法，而是三阶刑法，是对三阶刑法的要求：在案件中适用书面的二阶刑法之际，应当按照正当程序进行，以形成公正判决。刑事诉讼法学界有的观点认为：程序法定是刑事诉讼法的基本原则之一；程序法定原则源于大陆法系国家，并与罪刑法定原则相伴而生。[1] 而有的刑法学者认为，罪刑法定原则的最先来源是1215年英王约翰签署的大宪章第39条的正当法律程序的规定。[2] 笔者认为，学者理解的程序法定和《刑法》第3条的罪刑法定，所指的其实是同一个意思的不同侧面。

其二，三阶刑法是结合案件对刑法文本进行解释的刑法，但这样

〔1〕 参见孙长永主编：《刑事诉讼法学》（第4版），法律出版社2019年版，第81页。

〔2〕 参见张明楷：《刑法学》（第6版），法律出版社2021年版，第53、54页。

的刑法解释是叙述的解释学,包含了“一体两面四要素”(参见本书第一章)。我国刑法学界所讲的刑法含义解释,只是刑法叙述解释中的一个侧面。

其三,对于《刑法》第3条,笔者认为,首先,“法律明文规定为犯罪行为”中的“法律明文规定”后面应当接上对象,才能说明是将什么规定为犯罪行为。不过也可以理解为省略句,省略了作为对象的刑事案件。其次,“法律明文规定为犯罪行为的”逻辑有待明晰,因为书面的二阶刑法是未完成的,需要在案件中适用之后才能具体化为犯罪事实亦即三阶刑法,故而在先的书面刑法不可能直接以尚未生成的犯罪事实为调整对象,否则就是前后倒置。最后,“法律明文规定为犯罪行为”中的法律,应当解释为书面的二阶刑法、刑法文本,“依照法律定罪处刑”中的法律,应当解释为包括了二阶刑法、刑事程序法在内的法律,它们结合在一起生成了三阶刑法。

其四,就我国学界而言,认识到三阶刑法是在实施二阶刑法的正当程序下生长而成的,还有一个特别的障碍。我国学界接受了三段论的法律适用观,认为刑法是提供大前提的,刑事诉讼法是提供小前提的,刑法学研究大前提如何解释,刑事诉讼法学研究小前提如何查明,先查明裸的事实作为小前提,再以三段论的方式对其适用法律,从而使其转化为案件事实。尽管学者们往往以三段论的方法理解罪刑法定,然而如本书第一章所述,这样的理解并不能成立,应当为叙述的定罪论所替代。

综上,审理刑事案件,应当以二阶刑法意义上的刑法文本为法律渊源,通过正当定罪程序形成三阶刑法或者法院判决;这就是本书理解的正当定罪程序意义上的罪刑法定。

(四)正当定罪程序是兼顾其他价值的正当法律程序

1. 法律上的正当程序由两部分组成

前述纯粹正当程序是理想形态的,它把通过纯粹程序发现真相当作人们生活追求的中心乃至全部,不问利害,孜孜不倦,别无他求,可以在无始无终的人类中不断深入下去，永无止境。而现实的正当程序中，以纯粹程序去发现真相不可能是人们生活的全部或者唯一，犯罪嫌疑人、被告人和诉讼参与人的其他权利和利益也需要予以尊重和保障，程序也需要及时终结，不可能无休无止。面对两者的矛盾与冲突，应当基于全面人权保障的理念对理想形态的正当程序作出限制和调整。经过法律限制和调整之后，现实的正当程序就成为法律上的正当程序。法律上的正当程序，实际上是由两个程序复合组成的，一部分是实现刑法，致力于发现被告方是否犯有刑法规定的罪状的纯粹程序——这样的纯粹程序自然是尊重和保障人权的；另一部分是尊重和保障除此以外的其他人权的程序。我国学界认为刑事程序是不完善的程序，从这样的前提出发，把致力于实施书面的二阶刑法或者发现犯罪事实之真相的纯粹程序误解为程序的工具价值，把尊重和保障除了发现真相外的其他人权的程序误解为程序的内在价值，学术界进而展开了程序本位论和程序工具论的争论。笔者认为，人们所讲的工具性的程序，其实就是发现犯罪事实的纯粹程序，其中自然包含了尊重和保障人权——因为必须以平等对话的方式取得被告方的承认；所讲的本位性的或者具有内在价值的程序，其实就是程序的除此以外的其他内在价值或者正当性价值。法律上的正当程序，两个部分是兼而有之的，有意义的所谓程序本位论，不过是更加强调尊重和保障其他人权，为此在特定情况下甚至可以把查明真相放在靠后的位置；有意义的所谓程序工具论，不过是锲而不舍致力于查明真相，认为查明真相就是最大的人权，其他人权与此冲突时，保障程度应当受到限制。对程序工具价值和内在价值做了上述的新解释之后，下面沿用这样的名称对两者关系继续加以说明。

2. 程序工具论应当受到程序内在价值论的制约

在处理实体结论和程序内在价值关系方面，由来已久的观点是“重实体轻程序”的程序工具观。公安司法机关在程序开始之前自认为还没有弄清楚案件事实真相，需要收集调查证据，如果严格遵守程序，不能便宜行事，就觉得程序碍手碍脚，妨碍了案件真相的发现，导致或枉或纵。所以在程序碍事的时候，重实体轻程序论者认为要把程序内在价值放在一边，采用有助于查明真相的其他方法。

笔者认为，程序内在价值确实可能"碍手碍脚"，但是它能提供理由表明自己的正当性。例如，针对沉默不语或者谎话连篇的犯罪嫌疑人，"你不打他不招"，"三句好话不如一根马棒棒"，这似乎是有效的取证手段，但是这样的取证方式是野蛮的，不把人当人看，而诉讼的根基在于各方都是平等的人，公安司法机关不能那样对待犯罪嫌疑人、被告人。"捶楚之下，何求而不得"，以刑讯方式取得口供是再简单不过的事情。然而人类在进化，人们再也不愿意退回到通过"禽兽行为"进行调查的状态，诉讼化的司法，是以文明理性的方式进行的司法，而不是倒退到"大刑用甲兵"的司法。又如，对于特定人员、物品、文件等赋予免于作为证据的特权，一方面限制了查明案件的事实真相；另一方面，在价值多元的社会中，这也兼顾或者保卫社会中某些至为重要的价值，正当性由此得以彰显。再如，疑罪从无、一事不再理等，是不符合不枉不纵、查明事实的实体公正理想的；但是尽管如此，被告人有权不被长期追诉，有权获得及时的审判，这样的权利高于专门机关查明案件事实真相的权力，在这样的情况下，应当以被告人的权利为优先，选择宁纵勿枉，及时终结程序。而且所有强制措施，都必须以尊重和保障人权的方式进行，未经正当程序，对犯罪嫌疑人、被告人不得进行逮捕、拘留。譬如，被告人享有不被强迫自证其罪的权利，有关机关不得为查明真相而强迫被告人进行供述，该权利是维持正当程序的内在要求，如果不遵守这样的规定，正当程序就蜕变为司法恣意。总而言之，程序内的措施自身应当具有正当性，具有内在价值，为达目的不择手段，因为程序碍手碍脚就不予遵守，这是不正当的，"在这种冲突面前，应当选择法律程序"[1]。

---

〔1〕 李心鉴：《刑事诉讼构造论》，中国政法大学出版社1992年版，第143页。

3. 程序本位论应当受到程序工具价值论的制约

程序本位论的基本观点是程序尽管不能保证产生正确的结论，但是仍然具有自身独立的价值。这种价值主要体现在两个方面，一方面是公正程序尊重受判决结论影响的人的参与，给予他们获得倾听、进行交涉的机会，而不是将其视为被动等待、命运被决定的客体，这本身就具有独立的价值。陈瑞华认为："程序正义的核心理念，是指司法机关在作出一项法律决定过程中，对那些利益可能受该决定直接影响的人，应保障其有机会获得中立法庭之公正审判的机会。"[1] 对于那些公安司法机关认为已经弄清楚是有罪之人的被告人，他们应该会同意达夫的以下观点：对那些实际有罪的被告人也应当给予公正审判的机会，因为这样会使被告人通过积极有效地参与裁判的制作过程而保持一种道德主体的地位。[2] 另一方面是公正程序尊重被告人的参与，可以吸纳被告人的不满，有助于其接受判决结论。有学者认为，应当把"认识的真理与正当性原理"[3] 结合起来，"当我们认识到客观真实不能实现的时候，必须而且应当引入事实认识的正当性标准……如果当事人能够参与事实认定的过程，即使没有达到他所期待的诉讼结果，他也会认为，对自己不利的原因在于自己的失误，而非判决不公"[4]。这话的意思隐隐约约是即使判决结果是错误的，正当程序也可以使其正当化。

笔者认为：其一，就实体公正而言，被告人不被错误定罪，这是被告人最基本的权利，程序本位论者承认了这一点，自然也就要承认程序公正的工具性价值。其二，程序本位论认为遵守正当程序也会导

---

〔1〕 陈瑞华：《刑事诉讼法》，北京大学出版社 2021 年版，第 45 页。

〔2〕 参见陈瑞华：《程序正义理论》，中国法制出版社 2010 年版，第 65 页。

〔3〕 锁正杰：《刑事程序的法哲学原理》，中国人民公安大学出版社 2002 年版，第 120 页。

〔4〕 锁正杰：《刑事程序的法哲学原理》，中国人民公安大学出版社 2002 年版，第 125 页。

致错误结论,这样的理解是值得商榷的。无罪之人被错误定罪,如果不是来自公安司法机关的外在强制,而是来自被告人自身的原因,如生活没有着落的老人希望自诬其罪得到监狱看守所的供养照顾,当然不能归责于公安司法机关,而是要归责于被告人自己没有遵守正当程序。也就是说,这种错误定罪,也是来自正当程序没有得到遵守,尽管不是来自公安司法机关的没有遵守,而是来自被告人的没有遵守。而认识的真理性与正当性相统一的观点,认为这种错误犯罪是在各方都遵守了正当程序的情况下发生的,似乎出现了混淆——并非在各方都遵守了正当程序的情况下发生的,而是在一方遵守了另一方没有遵守的情况下发生的,所以遵守的一方在伦理上可以免责。其三,在特殊情况下查明案件真相的程序工具价值优先也是可以接受的。例如,刑讯逼供罪的罪状如何结合取证的特殊情况予以定夺,警察进行刑讯逼供,往往在封闭的由其完全控制的空间进行,按照一般方式取证往往无果。鉴于取证的难度,刑法应当作出反应,规定推定型的刑讯逼供罪,只要犯罪嫌疑人、被告人在其控制期间出现了身体伤害,就推定系侦查人员所为,除非其能够提出反证。

(五)正当定罪程序的含义

综上所述,正当定罪程序是通过行使交往性权力以取得被告方有效承认的司法程序,它是使二阶刑法生长为三阶刑法的纯粹程序,也是兼顾多元价值的法律程序,未取得正当定罪程序保障下被告人的有效承认,不得定罪。

《刑事诉讼法》第2条规定,刑事诉讼法的任务是保证准确、及时查明犯罪事实,正确应用法律,惩罚犯罪分子,保障无罪的人不受刑事追究,要尊重和保障人权。学界往往以刑事诉讼目的论为题,对该条规定展开探究,多数观点认为该条规定体现的刑事诉讼目的是惩罚犯罪,保障人权。惩罚犯罪又叫实体真实,意思就是刑事诉讼法应当从属于刑法,正确实施刑法,查明案件真相,体现了刑事诉讼法的工具价值;保障人权又叫正当程序,主要是保障犯罪嫌疑人、被告人的宪法性基本人权，具有独立于实施刑法和查明案件真相的目的，体现了刑事程序自身的价值。一般认为两个目的是彼此外在的，人们应当尽量追求“实体真实”和“正当程序”的统一，两者冲突需要取舍时应当坚持正当程序优先。多数的观点是存在问题的，结合正当定罪法律程序的含义，笔者对该条规定解释如下：其一，正当定罪程序由两部分复合而成，一部分是纯粹的正当定罪程序，另一部分是尊重和保障其他人权的程序。纯粹的正当定罪程序固然是在实施刑法，不过是以二阶刑法成长为三阶刑法的方式实施刑法，它内在地决定了三阶刑法能否成立，并非二阶刑法的附庸；而且纯粹的正当定罪程序是以对话理性为基础的行使交往性权力的程序，尊重和保障人权是其内在固有之义，并不存在追究实体真实就要排斥保障人权的问题。该条中的“保障无罪的人不受刑事追究”和“尊重和保障人权”是指后一部分的尊重和保障其他人权的程序。这里需要注意的是：从纯粹的正当定罪程序的角度来说，程序自身携带的目的是获得被告人的有效承认，而非不获得被告人的有效承认。没有获得有效承认应当确定无罪，不可能获得有效承认应当立即终止定罪程序，这些事项作为“保障无罪的人不受刑事追究”的内容，列入正当法律程序中后一部分的目的更为妥当——尽管与纯粹的正当定罪程序息息相关，因为不能达到正当程序内置的定罪目的就应当终止程序。其二，在纯粹的定罪程序中，犯罪事实具有主体间性，是指被告方也认可的犯罪事实，司法程序的目的就是获得被告方的承认。因此，该条中的“准确、及时地查明犯罪事实”，可以用强调的方式表达为“准确、及时查明被告方也承认的犯罪事实”。其三，纯粹的定罪程序使二阶刑法生长成三阶刑法，而不是以三段论推理之类的方式实施刑法。因此需要把“准确、及时查明犯罪事实”和《刑事诉讼法》第1条所讲的“保证刑法的正确实施”联系起来，两者之间是同位语的关系，刑法正确实施的方式，在定罪程序中就是通过准确及时查明犯罪事实来实现的。

二、审查式正当定罪程序

（一）纠问式定罪程序——以秦制为例

谭嗣同在《仁学》中说："两千年之制，秦制也。"秦制之下的定罪程序是纠问式的。纠问式程序的意义在于将惩罚犯罪嫌疑人的活动当作司法活动，只有取得了犯罪嫌疑人的承认，国家追诉机关才能进行惩罚。但是纠问式程序并不能保证供认的正当性或者说有效性。

1. 纠问式程序的基本特征是双方组合下的强制取供，对自白的有效性保障不足

秦的法律规定："凡讯狱，必先尽听其言而书之，各展其辞，虽智（知）其訑，勿庸辄诘。其辞已尽书而毋（无）解，乃以诘者诘之。诘之有（又）尽听而书其解辞，有（又）视其它毋（无）解者复诘之。诘之极而数訑，更言不服，其律当治（笞）谅（掠）者，乃治（笞）谅（掠）。治（笞）谅（掠）之必书曰：爰书，以某数更言，毋（无）解辞，治（笞）讯某。"[1]《唐律》规定："诸应讯囚者，必先以情，审察辞理，反复参验，犹未能决，事须讯问者，立案同判，然后拷讯。"《律疏》引《狱官令》云："诸察狱，先备五听之理，尽求情之意，又验诸证信，事多疑似，犹不首实者，然后加以拷掠。"结合学者的解释可以看出纠问制的承认具有如下特点：

其一，双方组合。秦制下的刑事程序只有双方，一方是官府，另一方是被告人。官府和被告人之间不是辩论关系，官府身居高位，言以人贵，所讲的都是金科玉律，被告人作为纠问对象，有义务加以承认，否则就是顶嘴，就要纠正过来。

其二，强迫自白。兵刑、虐刑回到刑事司法当中，称为取供定罪的正常工具。"夫战，刑也。"[2]兵刑同质，刑起于兵。刑指肉刑，刑

---

〔1〕《睡虎地秦墓竹简》，文物出版社1978年版，第2－5页。

〔2〕《国语·晋语六》。

讯具有以肉刑镇压的方式迫使敌人投降从而吐出实情的性质,其意义流传到今天的日常语言中,大致相当于抓舌头。抓,强迫的意思,舌头,就是使别人成为自己的舌头,亦即自己的代言人,说出自己想说的话或者想了解的情况。在战争中,舌头不吐实而杀之,甚至不受谴责。历代律令对于刑讯的条件、对象和方式等都有规定、有限制,以便让其带有和平理性的色彩。从这些规定可以看出,刑讯乃不得已而为之的最后手段,应当遵循刑讯的"比例原则"予以适用。但是在古代的实际当中往往不分青红皂白,一味刑求。

秦制之下也存在强迫按照决狱官员的预断自白的情况。"夫人情安则乐生,痛则思死,棰楚之下,何求而不得?故囚人不胜痛,则饰辞以视之,吏治者利其然,则指导以明之,上奏畏却,则锻炼而周内之。盖奏当之成,虽咎繇听之,犹以为死有余辜,何则?成练者众,文致之罪明也。"[1]当双方就情实与否看法不同时,正常情况之下应当进行辩论,但是秦制之下的刑狱之法以决狱者的是非为是非,存在被告人被逼诬服,鞫狱官吏文饰其罪的情况。

其三,以自白作为主要的认罪方式。纠问式司法中,无供不定案,凡断罪必取输服供词。《大清会典》记载:"凡听断,依状以鞫情,如法以决罚,据供以定案。内外问刑衙门审办案件,除本犯事发在逃,众证明白,照律即同狱成外,如犯未逃走,鞫狱官详别讯问,务得输服供词,毋得节引众证明白即同狱成之律。"按照这个规定,除了非出现人犯在逃的情形,可以用"众证明白"代替自白外,都要实行罪从供定。

其四,接受强迫自白的依据是有罪推定和等级伦理。一方面,纠问制与法家之制相匹配。"千里之堤溃于蚁穴","风起于青萍之末",法家之制实行君王安全至上,防范优先,为此推定每一个人都心怀叵测,是戴罪之身。于是,才入公门即为罪人;无论实际上有罪无

〔1〕《汉书·路温舒传》。

罪,都耷拉着脑袋,不敢抬头见人,坐也不是站也不是,无所适从,战战兢兢,充满畏惧。入门三分罪,制度性有罪推定的目的是防患于未然。另一方面,认定招供认罪是情实还是文饰,本来属于理解领域,但是在有些古代制度中却容易演化成官吏们的特权。他们单独认定之后,还可能会以刑讯的方式逼迫被告人,从而获得情实的假象。本质上来讲,这是权力对于知识、对于理解的独断。这种情况和中刑的要求是背道而驰的。为克服其间的紧张,其做法是将刑狱之法合法,其核心是尊卑之际的等级名分。因为辩论预设了双方平等的关系,而招供定罪维护的却是上下尊卑的等级名分。关于刑讯,有学者这样为其辩护:"照与威并行,用狱之道也。能照则无所隐情,有威则莫敢不畏。"[1]关于诬服,《左传·桓公十年》襄王曰:"君臣无狱,今元咺虽直,不可听也。"《谏诤》曰:"为君隐恶。"这些都是子民理想的行为准则,按照等级名分的要求,小民受了委屈,也要泣下而从之。这些等级伦理把刑讯逼供和诬服其罪正当化,所以戴震说:"酷吏以法杀人,后儒以理杀人,浸浸然舍法而论理,死矣,更无可救矣。人死于法,犹有怜之者,死于理,其谁怜之。"[2]被追诉者有时候不是服罪而是服命,认为我就这个命,命中注定有此灾异;身世浮沉雨打萍,毫无参与机会。

综上,可以说,纠问制之下,凡断罪必取输服供词,但是往往以刑讯的方式取得被告人的承认。定罪需要取得被告人认可的做法,其实是没有问题的。有问题的是以刑讯等野蛮的方式取得承认,是虚假的承认,而不是理性的、真正的承认,所以应当以理性的真正的承认取代野蛮的虚假的承认。可以说,在秦制的森严等级下,处理权力和真理的关系时,是"因王而圣""因君而师",等级特权凌驾于话语规则之上。"刑罪之失,失在苛暴。若不胜掠,或至诬服。诬服之情,

---

〔1〕《周易程氏传》。

〔2〕《孟子字义疏注》。

不可以折狱。”[1]程颐解释《周易·象》之“君子以明庶政，不敢折狱”时，认为：“君子观山下有火，明照之象，以修明庶政，成文明之治”；“折狱者，专用情实，有文饰则没其情矣，故无敢用文以折狱也”。[2] 刑狱之法的基本矛盾，就是信服和诬服、情实和文饰之间的矛盾，中国古代很长时间里在两端之间徘徊，有时便会有文深网密，陷民于罪，以信服之名行诬服之实的情况。被告人被逼诬服，鞫狱官吏文饰其罪的情况也有记载。造成这一基本矛盾的原因在于等级伦理不允许平等辩论。直到近现代引发古今之变，平等取代等级特权，犯罪嫌疑人、被告人成为平等的诉讼主体，这样的矛盾才迎来了解决的契机。

2. 纠问式程序下的纠错机制难以发挥实效

人可以驯服牛马，人也可以驯服人，但是人不可能像牛马一样永远被驯服，“王侯将相，宁有种乎”。人会反抗，在事实面前人人平等乃是天性。弱女窦娥蒙受冤屈，也会大声喊：“没由来犯王法，不提防遭刑宪，顷刻间游魂先赴阎罗殿，怎不生把天地冤！”所以，在古代，为了缓和社会矛盾，对于纠问式刑狱之法，统治者也会做一些修修补补，建立相应的纠错机制。纠错之道，不外乎道德建设和制度建设两个方面。

在道德建设方面，主要是培养仁爱而清廉的儒吏。在刑狱方面，民间希望官员都是包青天，清官崇拜情结反映了被侮辱和被损害者对社会公平、正义和法治的期待，对现实的无奈、不满和愤懑，同时也是其唯一希望和寄托[3]。作为回应，儒生入仕的官员，往往提倡决狱以仁。例如，《名公书判清明集》记载真西山说抚民以仁：“为政者

[1] 《三国志·魏书·司马芝传》。

[2] 《周易程氏传》。

[3] 参见于铁丘：《清官崇拜谈——从包拯到海瑞》，济南出版社2004年版，第4、5页。

当体天地生万物之心,与父母保赤子之心,有一毫之惨刻,非仁也,有一毫之忿疾,亦非仁也。存心以公。传曰:公生明。私意一萌,则是非异位,欲事之当理,不可得也。十害。断狱不公,狱者,民之大命,岂可少有私曲。听诉不审,诉有实有虚,听诉不审,则虚者反实,实者反虚。淹延囚系……惨酷用刑,刑者,不得已而用,人之体肤,犹己之体肤,何忍以惨酷加之乎。今为吏者,好以喜怒用刑,甚者或以关节用刑,殊不思刑者,国之典,以代天纠罪,岂官吏逞忿行私者乎。"

儒家思想产生于以血缘族群为组织形式的社会,由天生的血缘亲情推出人性本善,由伦理上的长幼尊卑推出一种"人人亲其亲、长其长而天下平"的政治格局。[1] 在这样的背景下,按照西周的德刑理想,官员应当以德服人,让被追诉者"既道极厥辜"[2],亦即心悦诚服,尽输其罪。《汉书·韩延寿传》记载:韩延寿任官时,有兄弟正田产而诉,韩延寿自责为乙郡表率,不能宣明教化,于是闭门思过,直到兄弟悔过息诉,他才起来听事。推其至诚,吏民不忍欺。三国时期,孙权军中"疑施明盗官物,收拷极毒,俟死无辞。而后交给陈表,表破械沐浴,厚设酒食,劝以诱之。明乃首服"[3]。这些都是以德服人取得自白的例子。但是一方面,周秦巨变以来,黜亲情而尚权势,爹亲娘亲不如皇上亲;[4] 上述理想失去了社会基础。另一方面,决狱官员与犯罪嫌疑人之间是陌生人的关系,期待官员待犯罪嫌疑人如亲人是过高的要求,不可能普遍实现,上述理想具有空想的色彩。

从制度上来说,自秦以来,法家在我国占据主导地位,法家强调分权,我国历史上的司法分权非常发达,如鞫谳分司、三法司会审、审

---

[1] 参见秦晖:《传统十论——本土社会的制度、文化及其变革》,山西人民出版社2019年版,第143页。

[2] 《尚书·康诰》。

[3] 《三国志》卷五十五。

[4] 参见秦晖:《传统十论——本土社会的制度、文化及其变革》,山西人民出版社2019年版,第65、66页。

转复核制等,名目繁多。但是这种分权纠错制度效果不佳,以复审制为例,“不待当事者的不服申诉,作为官僚机构内部的制约,通过若干次反复调查的程序以期不发生错案的上述制度,可以称为必要的复审制”〔1〕。在复审制下,“刑狱出入,生死攸关。在外督抚成招,在内刑部定案,自首以上,必敕三法司核拟。此诚明慎刑之至意也。近见三法司衙门会审,皆勉强,当其承问时,出论多有参差,乃至成招看语,仍然照旧,依样画题。近十年来,未见翻驳一人,出入一囚者,总因法司诸臣,彼此恐招嫌怨,不肯力破情面”。〔2〕

之所以出现纠错流于形式的局面,一方面与等级化的官僚式分权有关。因为等级制下官民的分量是不一样的,在这样的格局下,“办公事,就等于办公文,公文仿佛不是为政务活动服务的,而是一种目的,衙署和官吏就是为公文而存在,公文上呈下达了,官吏的责任也就完成了”〔3〕。官僚主义讲究形式真实,繁文缛节,以文牍代真实。几个机关形成争议时,首先是彼此商量交涉,形成妥协,还不能解决争议就要将问题上交,向领导机关汇报请求协调;与其为了一个素不相识的人犯而反复周旋,不如多一事不如少一事,依葫芦画瓢,照抄了事。另一方面,皇上设置分权制度,醉翁之意不在酒,目的并不在于纠错,而在于避免帝王之权被作为代理人的官员架空,大权旁落。对此,黄宗羲评论说:“后世之法,藏天下于筐箧者也,利不欲其移于下,福必欲其敛于上,用一人焉,则疑其自私,而又设一人以治其私,行一事焉,则虑其可欺,而又设一事以防其欺。”〔4〕

《商君书·禁使》云:“今夫驺虞以相监,不可,事合而利异者也。若使马焉能言,则驺、虞无所逃其恶矣——利异也。”官府的判断是对

〔1〕 [日]滋贺秀三等;王亚新、梁治平编:《明清时期的民事审判与民间契约》,法律出版社1998年版,第9页。

〔2〕《清圣祖实录·御史李秀上疏》卷十一。

〔3〕 郑秦:《清代司法审判制度研究》,湖南教育出版社1988年版,第55页。

〔4〕《明夷待访录·原法》。

还是错，本来要问利害攸关的犯罪嫌疑人，就像马是否被虐待要让马自己说话一样，不问犯罪嫌疑人，而代之以各种为民做主的监督机制，自然会徒有其形。而纠问制下实行儒表法里，儒则寄希望于官员美德，通过良心发现来纠错；法则认为人性本恶，希望通过分权制约机制来纠错。但是这些纠错机制都是为民做主，而不让犯罪嫌疑人自己说出“是与否”，与获得被告人理性的、真正的承认相悖。

3. 纠问式程序易出现君主擅断

早期法家认为君臣不同，君是立法者，臣是司法者。《管子·任法》云：“有生法，有守法，有法于法。夫生法者，君也；守法者，臣也；法于法者，民也。”但是后来法家认为君既是立法者又是司法者，言出法随，可以干预司法，因而纠问式程序下的司法不具有自治性。据《晋书·刑法志》记载，刘颂认为：“法欲必奉，故令主者守文；理有穷塞，故使大臣释滞；事有时宜，故人主擅断。”对此，俞荣根解释为：“‘主者’，指主司官吏，他们执法断狱必须严守律问；‘大臣释滞’，是说像刘颂这样的廷尉、三公尚书才有权‘议事以制’，运用法理、经义解决疑难案件；‘人主擅断’，即皇帝有任心裁量、生杀予夺的擅断之权。这样就形成了一个法吏实行严格的罪刑法定主义、‘大臣’实行罪刑非法定主义、‘人主’实行罪刑擅断主义三者结合、互补互济的执法体制。”〔1〕据《宋史·刑法志》记载，宋徽宗于1106年诏曰：“出令制法，重轻予夺在上。比降特旨处分，而三省引用敕令，以为妨碍，沮抑不行，是以有司之常守，革人主之威福。夫擅杀生之谓王，能利害之谓王，何格令之有。臣强之渐，不可不戒。自今应有特旨处分，间有利害，明具论奏，虚心以听，如或以常法沮格不行，以大不恭论。”

（二）审判决断式定罪程序

1. 审判决断式程序及其成就

清末变法开始我国逐渐建立现代的刑事程序，将定罪权力从官

〔1〕 俞荣根：《儒家法律思想通论》，广西人民出版社1992年版，第98页。

府剥离出来,交给了新设立的独立第三方——法院,同时法院实行不告不理,为此设立专门的公诉机关检察院,而犯罪嫌疑人变为享有辩护权的诉讼主体。三方之间按照诉讼化的方式组合起来进行审判;检察院和被告方居于两端,平等辩论;法官居于其中,踞于其上,公正裁断;于是新型的审判决断式定罪程序取代了古代纠问式定罪程序。审判决断式程序克服了纠问式的基本不足,是定罪程序走向正当化过程中的一次飞跃。

其一,当事人平等辩论代替纠问式监督。在纠问式定罪中,犯罪嫌疑人和被告人没有主体地位,有祈求官员"为民做主"的期盼心理;官员对犯罪嫌疑人进行纠问,存在"为民做主"的外表形态。为防止权力滥用,需要进行层层监督。在审判决断式程序中,追诉方和被告方作为当事人,可以为自己的利益进行辩论。一方面,被告方可以行使辩护权,不再需要被代表。另一方面,追诉方不得强制取供,也不得自行定罪,定罪权属于中立于双方之外的独立的审判者;追诉方只能以参与言词辩论的方式说服审判者接受自己的主张。在辩论当中,审判者应当保证给予双方同等待遇,正如沈家本在《〈刑事诉讼草律〉告成装册呈览一折》中所说:原被待遇同等;同等云者,非地位相同,指诉讼中关于攻击防御俾以同等便利而言。这样一来,当事人在三方组合框架中的平等辩论就取代了等级制下的层层监督。

其二,通过审判决断式程序取得被告方对有罪结论的接受。首先,审判决断式程序下,犯罪之事的认定实行自由心证,犯罪之事是否存在,在三方组合框架下实行兼听独断,由法官单方面决断,法官内心确信其有就有,法官不能形成确信就没有。其次,审判决断式程序下,单方决断可能与被告人认可的犯罪事实是重合的,这样的情况下,犯罪嫌疑人接受单方决断的实质理由是发现了"实体真实"。最后,单方决断也可能没有揭示事情本身,在这样的情况下,人们接受单方决断,将单方决断视为事实,所依据的就是一种审判决断式的正当程序理念,以三方组合的审判化方式行使定罪权是正当程序,由此形成的结论应当接受。

原始察终，古代的纠问式司法，是针对狱诉而言的，国家处理狱诉的活动就是司法活动。这样的司法活动中，官员为主，官员运用各种方式取得人犯的口供，即可引律定案。清末以来，我国被裹入近代世界潮流，近代的一大特点就是个人的发现，每一个人都不再需要忍受各种侦讯，不负有"如实招来"义务，而是成为享有辩护权的诉讼主体。相应地，原来可以运用各种方式获得人犯口供给其定罪的官员，不再享有这样的特权，不得使用刑讯逼供等方式，也不得自行给被告人定罪，定罪权移交给了新设立的法院，法院在兼听之后作出指控是否成立的结论。这样一来，司法权的行使方式出现了质的转变，成为以诉讼化三方组合方式行使的审判权。近代的审判决断式定罪权，是针对狱诉等事项以诉讼的三方组合方式行使的司法定罪权。一方面，和古代一样，不是针对狱诉等事项进行的认定活动，一般不称为司法活动。例如，市场监督管理局的执法活动一般不称为司法活动，甚至公安机关的治安案件调查活动也不称为司法活动。另一方面，定罪活动如果不采用三方组合的审判化方式进行，不符合审判的诸项正当性要求，也会被指不具有正当性，不符合司法活动的本性，相应的有罪结论也不会被接受。我国学界以陈瑞华为代表，孜孜不倦地探索，今天形成了发达的程序正义理论，认为审判正义包括实体正义和程序正义等，审判活动不符合程序正义的各项要求的话，会损害审判本身的正当性，也不利于人们从心理上和行动上接受审判结论。这些理论虽然在学理上的渊源不一而足，但是实践上的渊源大体上是由此而出的。

其三，以举证案件填补自白案件所不及的空间。沈家本在上述奏折中还说："证据之法，中国旧用口供，各国通例则用众证。"面对疑难案件，缺少证据加成，决狱官员突出口供对定罪的作用，无口供便可能陷入束手无策，而为获取口供便可能进行刑讯逼供，圣贤们也找不到切实可行的出路。清末变法以来，人们接受了以下观点：被告方受无罪推定权利保护,公诉方需要举证证明其指控的观点。这也意味着,在被告人不作供述的情况下,公诉方可以举出其他证据让法官相信其有罪,从而摆脱了纠问式程序下被告人若不供认则“遇有疑难之案,仁厚者束手难行”[1]的局面。

其四,以独立司法摆脱君主擅断。自我国清末变法以来,部分仁人志士接受了西方的司法理念,认为法官进行审判只服从法律,不受外部干预,从而摆脱纠问式定罪中君主擅断的影响。例如,沈家本在《审判权限厘定办法折》中讲道:“西国司法独立,无论何人皆不能干涉裁判之事。虽以君主之命,总统之权,但有赦免,而无改正。中国则由州县而道府,而司,而督抚,而部,层层辖制,不能自由。”伍廷芳也认为:“审判官为法律之代表,其司法之权,君主总统莫能干预。判断之后,铁案如山,除上控于合格衙门,若再由合格法官审结,无可再反矣。”[2]

其五,审判决断式程序实行一事不再理或者禁止双重危险,及时终结程序,避免反复开启程序而将被告方的命运置于悬而未决当中,起到了节制司法恣意、保障人权的作用。

2. 审判决断式程序的不足

其一,审判决断式程序不是基于对话理性的交往性程序,不足以保障被告方所作承认的有效性。

首先,对被告方来说,审判决断式程序是他主而非自主亦即法官为当事人做主而非当事人自主的程序,具体表现为:第一,控辩双方虽然地位平等,但是彼此对抗,各执一词,绝不认同,无法自行达成共识,只好把争端交给一个第三方来处理,服从第三方的决断。第二,审判者和当事人之间是建言关系,而不是辩论关系。第三,虽然审判者需要兼听各方当事人以平等对抗方式发表的意见,当事人可以借

---

〔1〕 沈家本撰:《历代刑法考》,中华书局 1985 年版,第 518 页。

〔2〕 伍廷芳:《民国图治刍议》,商务印书馆 1915 年版,第 593 页。

此机会参与审判，影响审判结论，就此而言和纠问式程序是不同的，但这种兼听是建言意义上的兼听，审判者的裁决其实并不需要在审判过程中参与辩论，取得被告人的同意，达成共识，就此而言，仍然是他主而非自主。

其次，在确定犯罪事实是否存在方面，审判决断式程序的标准是“我决断犯罪”，而不是“我服从叙事逻辑”。我听到传来的歌声，判断隔壁有一个人，之后我不由自主地要过去看一看，才能确定是否真的有一个人在。由此可见，审判者决断除了意味着独自决断外，另一方面也意味着依据不足，尚未达到事实本身。指控的犯罪之事是否存在，有其内在的叙述逻辑，在“四位一体”的叙述逻辑中展开，包括审判者在内的诉讼主体，本来应当服从这样的逻辑，随之流转，与之徘徊，在这样的叙述展开到无可置疑的状态，才承认指控之事能够成立为犯罪事实。但是在审判决断式程序中，审判者反过来是至高无上的，因为我是你们双方争端的决断者，按照制度规定你们必须服从我，把我的决断视为事实；作为决断者，不必服从这样的逻辑，可以在这样的逻辑之外得出结论，也可以半途停止，事实自身的逻辑要服从审判者的决断。

再次，审判决断式程序的正当性是为审判者唯我的决断做辩护的正当性。审判者也是常人，自然受到叙述逻辑的支配，往往超越决断而遵循叙述逻辑达到事实本身。这时，审判者的决断可能与叙述逻辑是重合的，如果出现这种情况，那么审判决断式程序就不但是尊重各方程序参与权利的程序，而且是实现了“实体真实”意义上的正当性的程序，自然应当得到尊重。但是从制度上来说，审判决断式程序并不能就此提供保障，审判决断式程序所要做的事情，反倒是以依循叙述逻辑而呈现的客观事实和审判者的结论出现断裂为前提，在这样的前提下，审判决断式程序的任务就是为与叙述逻辑不符的裁决结论提供辩护，将其拟制为事实，让被告方接受。无论“既判之事视为真实”的古老谚语，还是“法律真实而非客观真实”的诉讼真实观以及各种程序正义理论,其实都是在重申“我思故我在”,我——审判者作出的结论之所以有效,不是因为基于事实,而是因为我在审判程序中居于这样的位置上。

最后,审判决断式程序下的被告人承认,是以接到裁判之后不提出上诉或者不得提出上诉的方式体现出来的,属于对于审判者裁决的事后的拟制的追认。这样的追认可能包含了并非基于事实的成分,可能不是以犯罪事实为依据的承认,可能与四位一体的犯罪事实叙述逻辑各行其道,不是指向对于指控之事的承认,而是指向对于审判者裁决时的追认。也就是说,审判决断式程序不能从制度上保障被告人的承认是基于事实的理性承认,无从区分理性承认和虚假承认,因而不能保障承认的有效性。审判决断式定罪程序有审问式和对抗式之分,以下略为分述。

审问式实行自由心证,早期的自由心证中,审判者内心确信即可定罪。在法国大革命期间根本不能阻止暴政,以至于罗兰夫人走上断头台时诅咒:“自由啊自由,多少罪恶假汝之名而行。”英美法系的对抗式程序主要适用于陪审团审理。对抗式程序中,控辩双方都只讲对自己有利的一面之词,并由双方分别举证支持自己的主张,陪审团听审后作出指控成立与否的结论。陪审团作出的裁决不附理由,不存在按照正反合的商谈理性加以展开从而得出结论的前提。当事人接受裁决的理由来自“信任”,亦即“不顾不确定性去相信”[1],相信陪审团会作出公正的裁决,这与商谈理性相去甚远。一项裁决,只要是值得信任的裁决者作出的,无论自己是否认为正确,是否对自己有利,争议当事人都预先承诺了予以接受。这种因信任而接受的逻辑,是在组成陪审团的过程中形成的,陪审团的12名陪审员是由双方通过有因回避和无因回避的方式共同选定的,当双方共同选定陪审团的时候,就已经承诺了无论结论如何,都愿意接受陪审团的结

---

〔1〕 郑也夫:《信任论》(第2版),中国广播电视出版社2006年版,第19页。

论。换句话说,结论正确和裁决者值得信任之间存在内在联系,双方已经认可的值得信任的裁决者作出的裁决自然而然就是正确的,除此之外,没有衡量裁决结果是否正确的独立标准。退而求其次,即使败诉的一方认为陪审团的裁决是错误的,也只能抱怨自己运气不好,“愿赌服输”,没有不予接受的理由。据说,拳王泰森被陪审团裁定强奸罪成立之后,他抱怨的是自己运气不好,而不是自己确实构成了强奸。

其二,审判决断式程序忽略了自白的案件类型。审判决断式程序把审判和争议联系在一起,预设了控辩双方就案件存在争议,因而需要审判。然而,并非有争议才需要审判,没有争议的案件也应当进行审判,未经审判不得确定任何人有罪。客观来说,案件类型可以分为自白案件和举证证明案件。自白案件是被告方主动请罪,不存在向其证明其有罪的问题;而举证案件是被告方不作自白的情况下,检侦机关收集证据,向其证明其犯有指控之事。自白案件没有争议,不需要采取争端解决的诉讼方式进行审判,不能机械套用审判决断式程序。纠问式定罪程序的问题不在于以自白定案,而在于把所有的案件都作为自白案件,强行取得自白,这自然是不能成立的。但是审判决断式程序的纠正和反对有些矫枉过正,以为举证证明的案件与自白案件相互排斥,忽略了自白案件总是优先的案件类型,只有在自白不能获得的情况下才会退而求其次以候补的举证证明的案件类型加以填补。而且,审判决断式程序忽略了自白案件的特质,没有为其提供有别于举证案件的刑事程序。

其三,没有妥当解释审判前程序的性质。审判决断式程序以民事诉讼为榜样,但是民事诉讼没有审判前的阶段,而审判决断式程序则有审判前程序,包括侦查和起诉等。通过审判前程序,追诉机关需要收集证据,查获犯罪嫌疑人,查明案情。在审判决断式定罪程序的视野下,人们严格区分审判前程序和审判程序,认为两者性质是有区别的:前者属于行政权,后者属于司法权,以致有意无意地忽视甚至贬低审判前程序,甚至认为它不是诉讼程序的组成部分。即使论及联系,也是从主从关系的角度入手的,人们一般认为审判前程序和审判程序的区别在于前者属于行政权,后者属于司法权。两者的联系在于审判前程序系审判准备活动。徐朝阳认为:“提起公诉应为相当之准备,故须搜集关于犯人与犯罪之内容及处罚条件、诉讼条件之证据而调查阐明之。此种搜集保全之程序,谓之侦查。”[1]

关于审判前程序系行政权而审判程序系司法权的观点,笔者认为司法是一个有弹性的概念。就事项而言,只要涉及国家对于人民的基本权益进行剥夺或者限制的活动,都可以称为司法活动;就活动方式而言,只要以取得被告方同意为追究行为成立条件的国家行为都可以称为追诉。秦以来的纠问式程序是司法,审判决断式程序也是司法,不过后者克服了纠问式程序很多不足,因而属于更具正当性的司法,现在为司法的代名词。

关于审判前程序系审判程序之准备的观点,其问题在于:首先,即使没有审判程序,追诉也可以进行,也可以得出结论并交付执行,纠问式程序就是在没有实质性审判程序的情况下进行的,就此而言,追诉程序并不依赖于审判程序。其次,审判前程序中,追诉机关行使的追诉权,如紧急情况下采取拘留措施、扣押涉案物品等,这些权力不是来自审判法院的授权,更有可能是追诉机关本来就有的权力。再次,追诉机关的起诉书等需要查明犯罪事实,就如何追究刑事责任形成明确结论,而不是只提供资料由审判者做出结论;追诉结论和审判结论之间的关系如何处理是一个不能回避的问题。最后,追诉机关负有客观公正的义务,对于有利于被告方的证据也需要一并收集,而不能像民事诉讼的当事人一样,只收集不利于被告方的证据。

(三)审查式正当定罪程序

回顾历史,纠问式程序和审判决断式程序各有优劣,但是都不足

---

〔1〕 徐朝阳:《刑事诉讼法通义》,商务印书馆2016年版,第157页。

以成为取得被告方有效承认的正当程序，不过知道了他们各自的优劣，我们也就看到了保障承认有效性的正当程序的面目：无论针对自白案件还是举证案件进行追诉，都将追诉发展为审判前程序和审判程序两个阶段，前一阶段进行狭义的追诉，形成明确指控；后一阶段以审判的方式对狭义的追诉进行审查，审查无异议的，由法院将指控认定为犯罪事实；异议成立的则不得定罪。我们在心灵的眼睛中看到的这套正当程序，可以简称为审查式正当定罪程序。以下试述其要点。

1. 对追诉进行自我审查

审查式程序是进行自我审查的追诉程序。在审查式程序中，追诉分为两个阶段，前一个阶段是追诉，进行调查，形成明确的指控；后一个阶段是审查或者检验前一阶段追诉的正确性，在审判中通过了审查或者检验的才是有效追诉，才能由法院认定为犯罪事实，否则应当宣告无罪。关于这个特征，笔者说明以下四点：

其一，自我审查的追诉是对纠问式程序的扬弃，它一方面保留了刑事程序是追诉程序的底层特性，另一方面又和纠问式程序的阶段有所不同。纠问式程序在纠问之后，往往后置了纠错程序，从而也呈现阶段性的特征。不过这些纠错程序不是被告人可以有效参与的审判决断式检验与纠错。

其二，自我审查的追诉是对审判决断式程序的扬弃。审判决断式程序认为审判前程序追诉不同于审判，前者属于行政，后者属于司法，性质相异；而且前者是后者的准备性程序。而按照审查式程序的揭示，一方面，审前追诉和审判，其实并非彼此异质，而是同一个追诉的两个不同阶段，前一阶段的任务指向狭义的追诉，需要进行调查，形成明确的指控；后一阶段则是对追诉活动以及所形成的指控进行审查，确保其正确。没有以审判方式进行审查，或者审查不通过的，前一阶段的追诉无效，所作指控也不能成立。另一方面，前一阶段的追诉和后一阶段的审判，其实同属于司法活动，并非前者行政后者司法，不过审判需要胜任对（狭义的）追诉的审查，在行动方式上自然与（狭义的）追诉有所区分，不应将两者相提并论。

其三，自我审查的追诉是对“混合式程序”的扬弃。大陆法系有的学者认为，他们的刑事程序是混合式程序，审判前阶段是纠问式的，不告也理，审判阶段是告劾式的，不告不理。这种观点把两个阶段都看作司法程序，是有其合理性的。不过“混合”的表述不得要领，因为两阶段或者两环节不是杂乱的拼凑，而是有机发展的审查关系——没有前者，后者就失去了审查对象；没有后者，前者就不能产生法律效力。

其四，自我审查的追诉也是刑事程序区别于民事诉讼程序和行政诉讼程序的关键所在。一方面，民事程序没有审判前程序，当事人的诉讼准备活动没有独立的程序意义，因此也不具有将审判定位为自我审查的可能。就此而言，刑事程序其实无须以民事审判作为榜样。另一方面，虽然行政诉讼程序和刑事程序都具有司法审查的性质，可以比较借鉴之处更多一些，但是也要注意到两者之间的如下区别：第一，行政诉讼是对具体行政行为进行司法审查，而刑事诉讼的审查对象并非行政行为，而是司法行为。第二，行政诉讼的审查对象外在于行政诉讼，并不具有同一性；刑事自我审查中的审查对象和审查结果其实是同一个追诉行为发展过程中需要经历的两个阶段，具有同一性。第三，行政诉讼中，被审查的行政主体以被告名义出现，利害关系人以原告名义出现，更接近民事诉讼。而在自我审查中，被审查的追诉者是以原告名义提出主张，受其影响的利害关系人则以被告人名义进行辩护，更接近我国唐朝实行过的中书门下制。其四，行政诉讼不是行政行为生效的必要条件，而审判则是追诉生效的必要条件。

2. 辩证否定式审判

审查式正当定罪程序将兼听独断的审判决断式程序加以改造，使其升华为辩证否定式审判。一方面，辩证否定式程序首先是诉讼程序，坚持诉讼主体的三方组合原则，将国家司法权力按照控审分离的要求分立为公诉权和审判权，分别配置给检察院和人民法院；被告人享有辩护权，可以聘请辩护人进行辩护，法院和检察院都应当采取措施保障辩护权的行使；三方权力（利）界定清楚之后，按照原被告居于两端平等对抗，法官居于其中、踞于其上公正裁断的要求形成三方组合的主体结构。

另一方面，辩证否定式审判是一种将审判权的运行建立在以叙述逻辑为基础的对话理性之上的正当程序。在这种程序中，人民检察院担当原告角色，履行控诉职能，应当按照四位一体的要求叙述指控之事，并提出证据说明其是以证据为依据的传来事实，解释原型罪状说明其是定性准确的法律事实，就事实主张和事质主张两个方面向被告人进行证明。被告人担当被告角色，履行辩护职能，按照同样的逻辑进行复核，发现事实主张或（和）事质主张有疑问或者不成立的即提出疑问，无可辩驳的即予以承认。人民法院维持指控与辩护的秩序，避免受到各种干扰，在这样的前提下发现被告人是否已经承认指控，当其发现被告人已经无可辩驳时，即宣布被告人的犯罪事实成立，否则宣布指控不成立。我国唐代中央决策实行过中书门下制，诏书由中书省起草方案，交给门下省审核，门下省无异议再交皇帝发布，门下省有异议则予以封驳不交皇帝发布。就此而言，辩证否定式的诉讼程序与中书门下制颇有几分神似，可以作为我们探讨正当程序的本土资源。对于辩证否定式审判需要注意以下三点。

其一，辩证否定式审判是确认犯罪事实本身、呈现犯罪事实本身的审判，而不是兼听独断的决断式审判。决断式审判的典型是对抗制。对抗式程序和辩证否定式程序都采用了公诉机关立论、被告方驳论第三方裁判的方式，但是两者的行为方式是不一样的。对抗式程序中，公诉机关只讲指控的犯罪之事能够成立的一面，不讲可能不成立的一面，这一面交给被告方行使；被告方则坚持说“不”，拒不承认指控的犯罪之事可能成立的一面。而在辩证的诉讼商谈式程序中,公诉机关负有正反合全面考虑的责任,对可能不成立的一面及其化解也应当予以说明;被告方在辩护权得到保障前提下无可辩驳的,负有承认指控的理性义务,不能基于利害关系一味否认。对抗式程序中,陪审团不参与双方的辩论,庭审之后作出裁决,而且无须给出理由。而在三方对话的商谈式程序中,理想的法官应当如审问式程序中的法官,参与辩论,发现被告人是否已经承认指控之事,并给出理由供双方检验。

决断式审判的另外一种类型是审问制。审问式程序中,法官庭前阅卷并可以收集证据,此时已经形成了自己的看法和主张,法官在庭审中出示证据,然后听取公诉人和被告方的意见,是将自己的看法和主张公之于众,接受各方的检验,各方无异议或者异议不能成立的,法官就认为案件真相已经得到证明。对裁判有异议的一切事实和证据,法官都应当依职权以这种方式进行调查。审问式程序实质上采用了三方辩论的方式。三方辩论是以 A 向 B 解释 C 的方式进行的。例如,公诉人向法官解释被告人的所作所为,被告人向法官解释公诉人的所作所为,以及法官向被告人解释公诉人的所作所为或者向公诉人解释被告人的所作所为。在审问式程序中,法官出示证据进行调查,可以理解为一方面对被告人说明控诉证据并听取被告人的意见然后作出回应,另一方面对公诉人说明有利于被告人的证据然后听取公诉人的意见并作出回应,法官在听取各方回应后修改自己的主张,直到各方依据对话理性无可争辩之后才作出结论。就此而言,从理念上来说,审问式程序也是一种具有商谈理性的程序,不过这种对话理性从表面上看把正反合的过程颠倒过来了,处于正反合辩证对话的最后环节,没有把前面的正和反、控诉和辩驳两个环节在庭审中呈现出来,只呈现了最后合的环节。前面两个环节,虽然不是以庭审方式呈现出来的,但是法官通过庭前阅卷和调查,已经心中有数,所以他可以从合的阶段开始庭审。不过,审问式程序仍然和辩证否定式程序存在如下区别:第一,尽管实务中法官会不自觉循辩证否定的逻辑与各方交流，但是从法律上来说并不需要通过辩证否定与各方达成共识，就此而言，仍然不属于辩证否定式审判。第二，法官从合开始的活动，是庭前阅卷的单方作业，与庭审中的三方对话还是有区别的，辩证否定式审判中，前者不能取代后者。因为法庭上面对面的表达是各方共享语境的表达，是有误解可以及时发现并消除的表达，也是身体化的表达，这样的原初表达，是书面表达所不能及的。所以，法官的庭前阅卷不能代替参与双方在庭审中的指控和辩驳，定位为庭前准备活动才是比较适宜的。第三，尽管法官对举证、质证发表看法，对于法律适用或者罪状原型发表看法，及时披露自己的观点，以便控辩双方进行检验，做出回应是可取的做法，但是这样的表达顺序，毕竟不符合正反合的正常表达顺序，容易导致混乱，辩证否定式程序并不采用。

其二，辩证否定式审判将诉讼化三方组合和对话理性融为一体。本书主张的辩证否定式审判是诉讼化的对话理性，诉讼三方分别承担角色，以正反合的辩证方式推进对话，最终就被告人是否有罪生成结论的理性。关于三方组合与对话理性的关系，需要探讨两个问题。

第一个问题，三方组合需不需要和商谈理性相结合。在诉讼的三方组合理念中，法官是居于其中、踞于其上的裁断者。这样的法官高高在上，其权力具有判断权的特点。如前所述，孙笑侠认为，司法权的本质特征是判断权。笔者对此持有异议。我看到教室里灯光亮着，于是说教室里有人。同学问我教室里有人，是事实吗？我自然而然地回答是。这只是我的判断，还不能说是事实。我判断了之后还要过去看一看，看到之后才说“教室里有一个人，这是事实”。由此可见，判断和事实还是有区别的，判断总是意味着依据不足，也就是事实不明——事实不明才需要判断。所谓独断性就是法官的判断结论不是建立在与控辩双方达成共识的基础之上，具有非合意性。陈瑞华认为，法官制作裁判具有非合意性，其中一层意思是：“法院对被告人刑事责任问题的确定建立在它通过审判所认定的案件事实与实体法有关原则和规则基础之上，而不取决于控辩双方的共同意愿和选择。换言之，法院经过审判所作的裁判不受控辩双方主张、意见的约束。"[1]笔者认为，诉讼化的三方组合，其目标是发现被告人是否有罪的事实，亦即发现被告人是否承认确有指控之事，这个目标是自古以来始终如一的。诉讼化的司法权不能仅停留在判断之中，而是要发现事实本身、真相本身，以区别于水审、火审或者抓阄决定输赢，司法权与之不同。

第二个问题，三方组合可不可能跟对话理性相结合。定罪过程中的商谈，公诉机关、被告方和人民法院共享相同的定罪叙述与论证逻辑，但各自扮演的角色不同，采用了正反合的辩证方式推进，公诉机关负责指控，被告方负责辩驳，法院负责维持商谈秩序并发现被告人是否已经无可辩驳从而承认犯罪事实。这样的对话是可以操作的，不是抽象的道德规则，而且既符合三方组合要求，也遵循对话理性要求。因此，诉讼的三方组合是可以建立在对话理性的基础之上的。

当然，既然是司法中的对话理性、诉讼中的对话理性，当代司法和诉讼的一些要素还是会保留下来，融入对话之中，换句话说，对商谈理性构成某种限制。例如，诉讼中的参与主体有角色定位的，辩护人不得承担指控职能，审判者不得承担追诉职能，所以不能要求他们超越这样的角色定位而去全面追求真理。又如，诉讼必须及时终结，即使案件真相没有查清楚也必须作出具有约束力的结论，这个方面的公正是商谈理性鞭长莫及的。再如，诉讼参与人可能有优先于查明案件事实真相的一些特权，查明案件事实真相的权力需要保持谦抑，这既不是商谈理性可以回答的，也不是通过诉讼及时定分止争的道理可以回答的，只能从司法公正的角度去寻找理由。所以诉讼的对话理性是一个沉淀着历史的概念，司法公正、三方组合的诉讼化机

---

[1] 陈瑞华：《刑事审判原理论》，北京大学出版社 1997 年版，第 16 页。

制以及对话理性三者交织为一体,不可偏废。

其三,定罪的诉讼对话理性与哈贝马斯商谈理性的关系。哈贝马斯等学者提出了法律的商谈理性,认为商谈理性不仅适用于道德领域,在法律适用方面也可以适用商谈理性,“法律判决的正确性的衡量标准,说到底是判决过程那些使公平判断成为可能的交往性论辩条件的满足程度”〔1〕。

哈贝马斯认为,第一,这样的法律商谈应当满足理想的交往条件,他就此援引了法学家阿列克西的观点。阿列克西列举的条件如下:“(1)任何一个具有言语行为能力者,均允许参加论辩。(2)(a)任何人均允许对任何主张质疑。(b)任何人均允许在论辩中提出任何主张。(c)任何人均允许表达其态度愿望和需求。(3)任何言谈均不得在论辩之中或论辩之外由于受到权力压迫而无法行使在(1)和(2)中所确定的权利。”〔2〕

第二,“法庭程序的规则将司法判决实践建制化,其结果是,判决及其论证都可以被认为是一种由特殊程序支配的论辩游戏的结果。法律程序与论辩过程再一次交织起来,在这种交织中,设置法律商谈的法庭程序不得干预内在于这些商谈中的论辩逻辑。程序法并不对规范性法律商谈进行调节,而只是在时间向度、社会向度和实质向度上确保受运用性商谈之逻辑支配的自由的交往过程所需要的制度框架”〔3〕。

笔者认为,与哈贝马斯所讲的商谈逻辑有所不同,定罪过程的逻辑是一种按照正反合方式展开的辩证逻辑,不过,这样的对话过程也

---

〔1〕［德］哈贝马斯:《在事实与规范之间——一种关于法律和民主法治国的商谈理论》,童世骏译,生活·读书·新知三联书店2003年版,第282页。

〔2〕［德］罗伯特·阿列克西:《法律论证理论——作为法律证立理论的理性论辩理论》,舒国滢译,中国法制出版社2002年版,第240、241页。

〔3〕［德］哈贝马斯:《在事实与规范之间——一种关于法律和民主法治国的商谈理论》,童世骏译,生活·读书·新知三联书店2003年版,第287页。

预设了应当满足平等、自由、无强制等交往性条件的要求。无论确定事实还是适用法律，以正反合的方式进行对话时，都预设了这样的理想对话环境，如果它们遭到破坏，对话就不能顺利进行下去。而且，司法过程也应当建立制度化的程序，以避免外在的和内在的干涉，使对话的逻辑展开不被干扰或者破坏。"总之，通过排除各种偏见、不必要的社会影响和不着边际的连环关系的重荷，来营造一个平等对话、自主判断的场所。这就是现代程序的理想世界。"[1]就此而言，笔者倡导的诉讼化的对话理性和哈贝马斯的法律商谈理性有相通之处。

3. 新式追诉

审查式程序的第一阶段是狭义的追诉阶段，通过对纠问式程序的扬弃而成了新式的追诉程序。

其一，和纠问式程序相比，新式追诉有以下特点。首先，新式追诉下的犯罪嫌疑人享有沉默权，可以选择不予自白，而要求追诉的检警机关收集证据向其证明指控。也就是说，新式追诉下的案件分为自白案件和举证案件，犯罪嫌疑人可以选择自白与否。而在纠问式程序中，自白是唯一的案件类型，新型追诉中的举证案件需要转化为自白案件才能办理；而且犯罪嫌疑人负有自白义务，没有沉默权。其次，新式追诉需要接受以辩证否定式审判进行的审查。在纠问式程序中，对于纠问，或者没有审查机制，或者以监督机制进行审查。在新式追诉中，狭义的追诉是未完成的追诉，没有法律效力，必须经过审判检验之后才能确定效力。而且进行审查的方式不是外在监督，而是辩证否定式审判，被告人自主参与审判，没有取得其有效承认，审判者不得宣布追诉行为有效成立。最后，新式追诉需要全面接受审查，作为指控结论的起诉书固然需要审查，具体的侦查行为，如搜查扣押和拘留逮捕等，也需要接受审判的审查。而在纠问式程序下，

---

〔1〕 季卫东：《法治秩序的建构》，中国政法大学出版社1999年版，第16页。

对于后者是不会进行审查的。

其二,新式追诉仍然是追诉,不应当将其和审判混为一谈。尽管具有以上特点,但是新式追诉和纠问式程序一样,属于狭义的追诉范畴,现在很多观点提倡侦查权力的诉讼化,似乎混淆了狭义的追诉和审判之间的区别。狭义的追诉是针对猜测、怀疑解除谜团,其使命是查明真相形成指控,为此可以单方面采取有助于达成这个目的的各种侦查措施——尽管侦查措施必须正当运用,不得滥用。而审判是针对一方声称已经查明的犯罪事实的,需要解决的问题是发现被告人是否有效承认,审判的使命是将取得有效承认的指控确定为犯罪事实,将没有取得有效承认的指控确定为被告人无罪,为此审判需要遵循诉讼化三方组合的对话理性进行。大陆法系一些国家以"实体真实"和"职权调查"作为刑事程序的原则,这样的原则有些泛泛而谈,因为如上所述,"实体真实"和"职权调查"在追诉中的所指和在审判中的所指其实是不同的。追诉机关发现真实,解开谜团证明猜测意义上的真实。审判者发现真实,是发现追诉机构的主张是否已经得到被告人自由地承认。由此,追诉机关和审判机关的区别得以确立,两者的积极性都可以合乎逻辑地得到发挥。从这些区别来看,或许我们这样说是更为妥当的:尽管新型追诉需要接受全面的审判审查,但其本身不是审判,不可能以审判的方式进行狭义的追诉。

4. 适用范围可以全覆盖

审查式程序在适用范围上可以克服纠问式和审判决断式的不足,体现在如下三个方面。

其一,就案件类型而言,审查式程序兼容纠问式和审判决断式,将案件分为自白案件和举证案件两类,无论追诉还是审判,都适用有所区别的程序,被告方可以从中选择。

其二,就适用阶段而言,审查式程序中不论追诉阶段还是审判阶段,都属于司法的范畴,都需要遵循审查式程序的相应规则。而在审判决断式程序看来,只有审判才是司法活动,审前的追诉不是司法活动,从而认为只有在审判阶段才存在严格意义上的刑事程序。

其三,审查式程序的理论在于程序自治,其立论依据在于:一方面,追诉可能出错,但是审查式程序具有自我审查功能,可以通过审判分辨对错,并不需要外力介入;另一方面,追诉权——无论狭义的追诉还是审判——属于国家权力,遵循审查式程序规则的行使才具有正当性,以避免滥用权力。

三、我国建立审查式程序的展望

(一)现行的以混合式程序为基础的多元程序

我国1979年制定了《刑事诉讼法》,该法于1996年、2012年和2018年作了三次修改,现在生效的是2018年修正的《刑事诉讼法》。司法实务当中,我国刑事程序呈现非常驳杂的色彩,很难说清楚其运作的具体情况。不过,从制度层面来说,现行的刑事程序是一种混合式程序,由此取得承认是混沌的承认。实务中以这样的程序为基础,可以加以伸缩和变形,从而形成多元程序。

1. 混合式程序与混沌的承认

中正之刑的思想,流淌在中华民族的血脉之中,是理解犯罪的原型,千年不易。真理观念是佛教传入我国之后才有的说法,不但后起,而且在近代认识论哲学的真理观传入中国之前,影响一直式微,至少在刑狱领域是这样。清末变法的内容之一是以证据裁判取代口供定案;从那时起,被告人承认与否,好像与案件事实真相毫不相关了。根据《刑事诉讼法》的规定,重证据,重调查研究,没有被告人供述,证据充分、确实的,可以认定被告人有罪。实务中往往把被告人的供述等同于被告人的承认,没有被告人的承认,如果有罪证据确实、充分,也可以认定为有罪。学术界往往也认为事实是"去主体的",是否承认与事实问题无关。问题在于离开了被告人的承认,很难确定证据是否充分、确实。而且,全部刑事程序、法庭审判都是为了解决争议、达成共识而设立的,需要考虑被告人的意志。无论理论上如何放逐承认的问题,实务当中,被告人承认起诉书指控和人民法院的判决还是至关重要的。

在我国,人民法院确定指控是否成立,是沿着两条纠纷解决路线进行的,这两条线路的交叉重合之处,就是法庭的判决确认方案。

第一条线路是书面复核的思路。这条线路的组成环节是:公诉机关移送案卷—法庭进行阅卷审查—达到形式上印证的标准—认可起诉书的指控和案卷中的证据材料等,案卷移送、阅卷审查和书面印证是这条线路的三个节点。这条线路,学界参考大陆法系的术语,往往称为间接书面审理主义或者间接书面审理方式。笔者认为,这并非间接书面审理,而是具有中国特色的书面化复核。公检法三机关实行分工负责、相互配合、相互制约原则,它的一个要点是分工负责,将确定被告人犯罪事实的整体事宜分割为不同事项,作为职责配置给公检法三个不同的机关,从而形成相互制约的格局;另一个要点是复核纠错,在后机关应当对在前机关的工作成果进行复核,确认达到标准无误后才能进行自己的工作,从而起到纠正在前机关错误的作用。但就检法关系而言,这种复核纠错具有司法机关间争议解决的特点,具体表现为:其一,法庭认为检察院的犯罪事实认定是错的,原则上不能一锤定音,直接加以否定,而应当作为一个有争议的事项,提出自己的主张和检察院进行交涉。其二,交涉应当遵循相互尊重职权的原则,不得影响其他机关职权的合法行使,一方面,属于检察院已经审查认定事项的,法院不能直接否定;另一方面,检察院的案卷等也需要做相应的调整,如撤回相关证据、补充侦查继续收集证据、变更起诉等,以保证法院的工作符合证明标准,从而可以完成审判。其三,如果检法两机关自行交涉不能解决争议的,需要提交共同的政法协调机关,由后者提出解决方案供双方一体遵行。

陈瑞华提出我国刑事程序以案卷笔录为中心,公诉机关移送给法院的案卷具有天然的证据能力和优先的证明力,法院必须照着办,失去了自主审查证据和认定事实的能力。[1] 近年来陈瑞华又提出，无论证人是否出庭作证，也无论证人、被告人是否推翻原来的陈述，法庭形成裁判结论的依据仍然不是当庭审理中所形成的内心确信，而是通过查阅和研读案卷所形成的主观印象。为了和欧洲中世纪的书面间接审理相区别，他将这种审理模式称为“新间接审理主义”[2]。笔者认为，公诉机关移送的侦查案卷为什么会具有优先的证明力这个问题实际上无论是案卷笔录中心主义还是新间接审理主义都没有给出回答，或者只得到了同义反复的回答——如侦查中心主义、流水线作业等。而且，侦查案卷的审查并非形式化的、单向的，而是按照部门之间解决争议的方式进行了交涉，不过法庭只是其中一方，不能完全左右结局。无法纠错的问题并不是将间接书面改为直接言辞就可以解决的，要视情况将书面审理改为直接言辞的审理方式，法庭在审理前或者审理后有条件地进行阅卷，改善法检之间的交涉方式。

第二条路线是被告人针对公诉案卷向法庭建言的路线。被告人作为案件的当事人，在辩护人的帮助下查阅案卷、进行其他调查，就公诉案卷记载的证据——事实提出疑问，请求法庭加以注意，这是辩护权的题中应有之义。但是公诉机关作为被质疑的一方，可能无动于衷不予澄清，由法官来回答。然而对于法官来说，现在的问题是被告人的这项权利名为权利，实际上却只相当于建言，因为给予质疑的机会、听取质疑意见、调查质疑证据，这些法庭必须予以保障的权利可能无法在每个案件中都得到完整实现。

---

〔1〕 参见陈瑞华：《案卷笔录中心主义——对中国刑事审判方式的重新考察》，载《法学研究》2006 年第 4 期。

〔2〕 陈瑞华：《新间接审理主义“庭审中心主义改革”的主要障碍》，载《中外法学》2016 年第 4 期。

这两条路线交织起来，就成为书面复核框架下听取建言式审理。这样的审理中存在两个争议：一个是被告人对于公诉案卷的指控之事是否属实以及定性是否准确的质疑；另一个是法庭和检察院之间就公诉案卷的这些事项产生的争议。两个争议之间的关系是，前者是小争议，后者是大争议，小争议需要转化为大争议，纳入大争议的范畴才能解决。小争议之所以能纳入到大争议的范畴中来，是因为法官对于小争议中的被告人处于听取建言者的特殊地位，可以使之取得适合于大争议的形态；而在大争议中，法官只是争议中的一方司法官员而已，只能按照书面复核的逻辑去影响判决结论。

由于存在大小两套争议，小争议纳入大争议的轨道中才能解决，因此对于能够有效质疑的被告人来说，他的责任除了有效质疑外，还必须进行整合，最终形成的判决结果就是大小两条路线的交叉汇合区域，并不单纯取决于他的有效质疑与辩驳。例如，实践中也存在定罪证据有疑问的实行疑罪从有量刑打折，一方面维持有罪结论，另一方面又在自主量刑幅度内给予折扣的情形。又如，证据真实性问题太大的，协商后由检察院撤回起诉。也存在更好的情形，检法两机关自行协商或者经过领导机关协调之后，实事求是，在证据不足的情况下宣布被告人无罪。在双轨制争议解决机制中，控审机关在查明个案真相之外，手中握有的其实是一种吴思所谓的“合法伤害权”〔1〕，如果不加以限制，被告人难以与之形成有效的争论、辩驳并发挥其作用。

2. 审判决断式承认

混合式程序中，如果审判者个人具备勇敢坚毅的美德，选择拒绝书面复核，坚持兼听之后独立裁判，那么这样的程序就进化为了审判决断式程序，由此取得的承认是审判决断式承认。不过，目前这样的

---

〔1〕 合法伤害权（合法恩惠权）的概念参见吴思：《潜规则——中国历史中的真实游戏》（修订版），复旦大学出版社2009年版，第3－15页。

程序缺乏制度保障,是否启动取决于审判者个人的素质,启动之后是否能够继续进行下去也有颇多变数。

3. 权衡式承认

混沌的承认,或下降为新纠问式承认,或上升为诉讼式承认,近年来还出现了一种变体,就是认罪认罚制度中的权衡式承认。

(1)认罪认罚制度

我国从 2014 年开始进行刑事速裁程序试点,2016 年开始将速裁程序试点发展为认罪认罚从宽制度试点,2018 年《刑事诉讼法》修改,认罪认罚从宽制度正式成为《刑事诉讼法》的组成部分。《刑事诉讼法》第 15 条规定:犯罪嫌疑人、被告人自愿如实供述自己的罪行,承认指控的犯罪事实,愿意接受处罚的,可以依法从宽处理。综合《刑事诉讼法》第 173 条、第 174 条、第 176 条、第 190 条、第 200 条的规定,对于认罪认罚的案件,实行委托审理制度,人民法院将审判职责委托给人民检察院行使。一方面,对于自愿如实供述的犯罪嫌疑人,人民检察院对有待判定的问题在听取犯罪嫌疑人及其辩护人或者值班律师意见之后,就罪名、量刑和审理程序提出具体建议,犯罪嫌疑人予以认可的签署具结书,不签署的人民检察院不作为认罪认罚从宽案件处理——但属于《刑事诉讼法》第 174 条规定的特殊主体的除外。另一方面,人民检察院将起诉书、量刑建议以及具结书等材料移送人民法院,这些材料对于人民法院具有一定的约束力,人民法院进行形式审查之后,除了《刑事诉讼法》第 201 条规定的例外情形外,应当予以认可,将其转化为判决书的内容。

(2)权衡式承认

"对于认罪认罚的案件,法院采取一种间接和书面的简化庭审程序,不再将控辩双方不存在争议的定罪问题作为重点审理对象,而主要围绕着控辩双方达成的量刑协议进行司法审查。被告人只要坚持认罪认罚,同意检察机关的量刑建议,不出现程序反悔问题,法庭审理基本上就属于一种对量刑建议的简要审查和确认过程。”[1]由于认罪认罚案件简化了法庭审理程序，缓解了法院案多人少的压力，所以可以酌情给予从宽处罚，在那些指控无可置疑的案件中，被告人之所以放弃实质性庭审而承认指控的罪行，往往是为了获得量刑优惠。

但是，认罪认罚制度下，被告人的承认往往是基于两害相权择其轻的理由而做出的，未必是基于指控之事属实并且定性准确的理由而接受的。从认罪认罚的结构上来说，人民检察院作为起诉机关却行使实质上的审判权，在一定程度上违背了控审分离的基本要求，也违背了《刑事诉讼法》第12条确立的定罪权专属于人民法院的原则。另外，双方组合的认罪认罚不适宜协商对话。在双方组合中，犯罪嫌疑人处于较为弱势的地位，双方关系不对等，犯罪嫌疑人签署具结书时会受此影响。检察机关若不严格按照法定程序进行审查，很有可能出现如果签署具结书就取保释放，否则继续羁押的情况。而且我国的认罪认罚制度，将认罪对话和量刑协商捆绑在一起，在是否构成犯罪有疑难的案件中可能出现这样的情况，例如，如果犯罪嫌疑人认罪，建议免除处罚，如果不认罪，建议判处有期徒刑10年；该有期徒刑10年的建议，对于犯罪嫌疑人、被告人来说构成压力，因为由于各种因素的影响，其在审理中获得的实际判决，既有可能是有罪且10年徒刑的判决，也有可能是无罪判决；为了避免自己被判有罪且10年徒刑的风险，其完全可能基于趋利避害的现实考量而承认有罪免罚。也就是说，将认罪对话和量刑协商捆绑起来，对于犯罪嫌疑人、被告人来说，构成了妨碍对话理性的强制因素，形成了将无辜者入罪的风险。

(3)权衡式承认述评

认罪认罚从宽制度隐约嗅到了犯罪嫌疑人、被告人的承认与刑事诉讼中的犯罪事实之间的内在关系。但是检察机关主导的这种认

---

[1] 陈瑞华：《论协商性的程序正义》，载《比较法研究》2021年第1期。

罪认罚，容易影响法院的司法实质审查。龙宗智认为应当改造控辩关系，增强辩方权利，实现诉讼资源配置的大致平衡，使其在博弈中处于大致平等的地位。[1] 陈瑞华认为我国在推进认罪认罚从宽制度改革时存在的最大教训，就是没有给予法官在认罪认罚程序中的主导作用，将这一程序的主导权几乎完全交给检察机关；应当摒弃检察机关主导认罪认罚程序的改革思路，确立检察机关推动认罪认罚、法官确认认罪认罚的新思路，以使控辩双方的量刑协议尽早受到法院的司法审查。[2] 笔者认为，由检察机关主导的认罪认罚制度不符合商谈理性的逻辑，检察机关通过由犯罪嫌疑人签署具结书的方式来实质确认自白事实的制度应当予以完善，让认罪认罚自然回归到以审判为中心的司法确认状态。

（二）建立我国的审查式程序

我国主流观念将刑事程序理解为经验意义上的打击犯罪和惩治犯罪活动，使刑事程序带有明显的行政性治罪活动，而不具有“诉讼”的性质；刑事程序也是一种为解决利益争端而进行的国家活动，争议的一方为国家，另一方为个人，争议的目的在于确定特定的个人应否承担刑事责任；必须将刑事程序活动纳入国家和个人进行平等的理性对抗中来，使国家追究个人的任何行为和决定都具有正当的和合法的基础；由此，刑事程序才能走出行政性治罪的误区，实现诉讼状态的回归。[3] 笔者认为，从行政治罪回归到诉讼，类似于从纠问式跃升为审判决断式，体现出巨大的进步，同时建立正当程序的前景还应端系于审查式定罪程序。以下试作四点说明。

其一，行政治罪的表述可以更换为线性结构的表述更为妥当。

---

〔1〕 参见龙宗智：《完善认罪认罚从宽制度的关键是控辩平衡》，载《环球法律评论》2020年第2期。

〔2〕 参见陈瑞华：《论量刑协商的性质和效力》，载《中外法学》2020年第5期。

〔3〕 参见陈瑞华：《刑事诉讼的前沿问题》，中国人民大学出版社2000年版，第4-6页。

孙笑侠认为："在国家权力结构中，行政权和司法权虽然同属执行权，但是两者大有区别。它们之间最本质的区别在于：司法权具有判断性，而行政权具有管理性。"[1] 正是由于这个本质区别，导致了两者的十项具体区别。[2] 问题在于这种观点讲的诉讼程序其实等同于刑事程序，所讲的司法程序其实就是指以三方组合的方式进行刑事程序，如果不以三方组合的方式进行，那么这种刑事程序就不能叫作司法程序，而应当叫作行使行政权的刑事程序，亦即行政治罪程序。这样的界定并不能成立。如前所述，从根本上来说，司法是以获得被追诉人承认为目的的国家追究活动，纠问式司法以双方组合的方式进行，不采用三方组合诉讼化方式。采用三方组合的诉讼方式行使司法权是近代审判决断式司法的特征，是司法权发展中一次质的飞跃，尽管如此，双方组合的纠问式程序也是司法，而非行政，三方组合的司法与它的区别不在于是否构成司法，而在于前者是诉讼化的司法。清末变法以前，我国由行政官员兼理狱诉，司法权没有采取诉讼化的方式予以分立，清末变法制定的《大清刑事诉讼律草案》中，引入西方诉讼制度，设立了检察官、审判官和辩护人等三方主体。尽管如此，我们不能说清末以前我国古代没有刑事司法，而且也不能说司法权就是刑事追诉权。司法权并不需要放在三权分立的框架中来理解。我国实行人民代表大会制度的政体，"一府一委两院"[3] 都由人民代表大会选举产生，对其负责，受其监督。我国对尊重和保障人权予以高度重视，所以我国的刑事司法权的行使理所当然需要采用三方组合的诉讼方式。实际上，我国现行《刑事诉讼法》从立法条文上来说还是沿袭了三方诉讼主体分别履行诉讼职能的做法，公诉机

---

〔1〕 孙笑侠：《程序的法理》，商务印书馆2005年版，第124页。

〔2〕 参见孙笑侠：《程序的法理》，商务印书馆2005年版，第125－129页。

〔3〕 "一府一委两院"中的"一府"指人民政府，"一委"指监察委员会，"两院"指人民法院、人民检察院。

关履行公诉职能，人民法院履行审判职能，被告人有权辩护；通过区分控辩审三方形成三方组合。

进言之，线性结构的表述，又不如以混合式程序为基础的多元程序的表述妥当。“所谓‘线形结构’，实际上是将诉讼视为一种‘双方组合’，一方是作为整体的国家司法机关，另一方是被告人（包括犯罪嫌疑人），诉讼活动的基本内容是司法机关积极地推进司法活动。”[1]因为实际运行的刑事程序主要是介于两类程序之间的混合程序，当其拒绝了辩驳的成分时才会蜕化为线性结构。而且，线性结构的表述虽然突出了蜕化之后的程序的双方组合特点，但是不足以表示其中公安司法机关作为一方，内部所具有的关系特点。何况，实务中也存在按照三方组合的方式行使审判权的情形。

其二，回归诉讼的思路未达本源。因为定罪的本源问题是承认的有效性问题；而回归诉讼——审判化的决断——并不足以解决承认的有效性问题。这可以展开为以下三点：

首先，定罪活动是司法活动，是国家行使司法追究权的行为。而司法活动，如前所述，建立在犯罪嫌疑人、被告人承认的基础之上，不以被告方承认指控为目的的追究活动，不能称为司法活动。承认的程序多种多样，但不一定都是正当的。正当的定罪程序是能够把国家司法权和论证理性结合起来，将犯罪事实认定权力建立在对话理性基础之上的程序。

其次，三方组合的审判中，控辩双方在法律上的地位是平等的，这是一个巨大的进步。不过，以三方诉讼主体组合的方式行使审判权，并不意味着就能够正确地定罪——确定被告人犯有刑法规定的罪状与否。即使法官洗耳倾听，只要他有独自裁决的特权，只要他无须跟控辩双方以商谈和论证方式达成共识，那么他无法完全避免案件事实认定错误，或者法律定性错误，很有可能导致无罪之人被追究

---

〔1〕 徐静村主编：《刑事诉讼法学》（修订本），法律出版社1999年版，第70页。

刑事责任。就此而言,三方诉讼主体的组合只是正当程序的必要条件,还不是充分条件。三方主体遵循对话理性的要求,针对指控,由被告人一方对人民检察院的事实有效性要求和罪状原型适用有效性请求进行检验无异议的,人民法院才能形成正确的被告人有罪的结论。因此,符合三方组合的诉讼主体要求的程序是正当的程序,三方组合的诉讼主体按照对话理性的要求以否定之否定的方式进行诉讼活动的程序是确定犯罪事实的正当程序。

最后,在审查式程序中,应当按照公诉人展示—被告人质疑—公诉人回应质疑—被告人无可置疑的对话逻辑,确定犯罪事实是否已经得到被告人的默认,这样才能宣告被告人构成了所指控的犯罪;如果偏离了辩论逻辑,各方可以通过上诉等途径要求纠正。也就是说,三方辩论的结构中,法院是因圣而王,因师而王,所享有的定罪权是交往性的权力,而不是等级特权。在这样的程序中,公诉方展示的犯罪事实,当其遇到被告方的否认时,不能假定被告方就是在"抵隐不服",一味刑求,而应当将自己的主张和证据展示出来,当他们的力量足够强大,达到了普通人信以为真的程度的时候,被告方如果否认,就必须进行具体的质疑,提供反证或者作出其他合理的解释,否则就意味着被告方已经默认了公诉方主张的犯罪事实,或者说公诉方的主张已经得到证明。而在兼听独断的审判(诉讼)式程序中,并不能提供这样基于对话理性的交往性追诉程序。

其三,我国定罪程序的根本任务,在于建立审查式程序,为获得基于对话理性的有效承认提供保障,以克服以混合式程序为基础的多元程序中的各种无效承认。如前所述,基于审查式程序作出的承认,是辩证否定的对话式承认——被告人在辩护权得到保障的前提下,基于最佳论据的理性力量,而向法庭承认人民检察院指控之事,因为有证据支持而属实,因为有罪状原型作为准绳而定性准确,那么人民法院即应认定为犯罪事实。对话式承认的要点如下:首先,承认事项是起诉书指控之事是否成立,包括事实论和事质论——指控之事是否属实和指控之事定性是否准确两个分支。其次，就主体间结构而言，是向审判的人民法院承认起诉的人民检察院，接受承认的主体有两个，直接主体是审判的人民法院，间接主体是起诉的人民检察院。再次，承认的前提是辩护权得到保障，亦即有说"不"的自由。最后，承认的理由是更佳论据的力量，亦即基于其指控是有论据的，经过检验之后无可反驳，而不是有其他外在或者内在的强制。

三方组合的辩证否定式承认不同于新纠问式程序下可能出现的强迫要约式承认，被告人是在三方组合中自由、平等而无强制的程序中基于更佳论据的力量而承认指控，这样的承认具有使指控成立为犯罪事实的约束力，而在后一种程序中，被告人不能表达自己的独立意志，只能逆来顺受。三方组合的辩证否定式承认也不同于混沌式承认，它承认被告人是自由而平等的主体，应当得到国家和社会的尊重和关怀，即使为了整体利益也不得加以剥夺；而后者实际上是以整体尚未充分发展，自然人尚未成长为独立的公民为前提的，在这样的背景下，要求个人兼顾整体利益做出一些让步。三方组合的辩证否定式承认也不同于权衡式承认，前者是对话理性，后者是工具理性，前者关心犯罪事实本身成立与否，而后者只关心承认与否的后果有何不同，至于犯罪事实本身是否成立在所不问。

其四，考虑到各种因素，在我国建立审查式程序，应当从六个方面入手：第一，程序可选择。区分自白案件和举证案件，规定有所区别的程序，犯罪嫌疑人、被告人可以选择。第二，对追诉的全面审查。审查对象既包括追诉机关所作的追诉结论——起诉书上的指控之事，也包括追诉行为的合法性，尤其是证据取得的合法性。第三，自治的审判审查。审判机关不能依附于追诉机关，受制于追诉机关既成的追诉结论。第四，辩证否定式审判。基于犯罪事实的叙述逻辑，控辩审三方以正反合的否定之否定方式达成共识，犯罪事实方告成立。第五，终局性的审查。实行一事不再理，国家追诉权一次用尽，禁止不利于被告人的上诉和再审。第六，人民法院独立行使审判权，不受非法干预。

后　记

刑法是怎样适用于被告人的？犯罪事实是怎样查明的？证据在定罪中起什么作用？刑法规定的罪状是怎样进行解释的？怎样的程序才能做到不枉不纵？诸如此类的问题是刑事法学研习者的基础问题。它们盘根错节,形成了相互关联的问题群,塑造了刑事法学各学科的基本框架和整体轮廓。但是这样的问题群纠缠在一起,难解难分,笔者感受到了成百上千的困惑。出现这些困惑一方面是由于实践中遇到的难题,另一方面是由于求理解的天性。笔者多年以来一直在反思,企图澄清自己的困惑,将它们的隐含关联如其所是地揭示出来,日复一日,出现了大规模地更新我们的刑事基本概念体系的想法,以考夫曼的刑法实现阶段论为底本,加以修改后,提出三阶刑法意义上的叙述,于是提出了叙述的定罪论。

叙述的定罪论可以表述为这样一个命题:公诉机关叙述的被告人违反刑法罪状之事,当其是以证据为依据,以司法罪状为原型,而得到被告人在辩证的诉讼化司法程序保障下的承认时,人民法院即应认定为犯罪事实。叙述的定罪论提供了一种新的法学方法论，一种新的刑事法律观，在他徐徐展开的画卷中，刑事法学的犯罪事实、犯罪证据和正当程序论等基本概念呈现似曾相识的新面貌。这个命题的揭示和遮蔽，笔者自己不宜作为评述者。小书有他自己的命运，但愿遇上有缘人，高唱低吟，接着讲，反着讲，类比着讲……

笔者于 2020 年 12 月完成了《叙述的刑事证据观》初稿，本书原来是该书的第一章，于 2022 年年初析出，作为笔者三阶刑事法学体系的总论，几经琢磨，于 2023 年 2 月形成定稿。

责任编辑韩超群是本书的第一位读者，还对一些表述进行了优化，感谢韩编辑的勤勉负责。

湖南大学法学院提供了出版资助，谨致谢意。

袁坦中

2023 年 3 月